数智化革命
——价值驱动的产业数字化转型

［法］刘 震 著

机械工业出版社

本书首先分析了数字化转型的产业背景和趋势，阐述了数字化转型过程中数据的价值，提出了价值驱动的企业数字化转型新理论，并形成以企业级数字孪生为基础的数智化能力体系。然后围绕企业数字化转型必须实施的五大要素：数据治理、数字孪生、决策智能、精益管理和数据运营，剖析了主要的业务价值和技术内涵，并给出行业内的一些优秀实践案例。

本书适合政策研究与制定者、企业管理者、行业研究员、咨询顾问、培训机构从业者，以及高校教师和学生使用。

图书在版编目（CIP）数据

数智化革命：价值驱动的产业数字化转型/（法）刘震著. —北京：机械工业出版社，2022.1

ISBN 978-7-111-70153-8

Ⅰ.①数… Ⅱ.①刘… Ⅲ.①产业结构升级-数字化-研究-中国 Ⅳ.①F269.24

中国版本图书馆 CIP 数据核字（2022）第 024371 号

机械工业出版社（北京市百万庄大街22号　邮政编码100037）
策划编辑：林春泉　　　　责任编辑：林春泉　闫洪庆　翟天睿
责任校对：陈　越　张　薇　责任印制：郜　敏
北京盛通商印快线网络科技有限公司印刷
2022年2月第1版第1次印刷
169mm×239mm·15.75印张·3插页·273千字
0001—2000册
标准书号：ISBN 978-7-111-70153-8
定价：98.00元

电话服务　　　　　　　　　网络服务
客服电话：010-88361066　　机　工　官　网：www.cmpbook.com
　　　　　010-88379833　　机　工　官　博：weibo.com/cmp1952
　　　　　010-68326294　　金　书　网：www.golden-book.com
封底无防伪标均为盗版　　机工教育服务网：www.cmpedu.com

推荐序一

党中央、国务院高度重视数字化发展与数字经济,近年来做出一系列重大决策部署。习近平总书记指出,要充分发挥海量数据和丰富应用场景优势,促进数字技术与实体经济深度融合,赋能传统产业转型升级,催生新产业新业态新模式,不断做强做优做大我国数字经济。《中华人民共和国国民经济和社会发展第十四个五年规划和2035年远景目标纲要》明确提出加快数字化发展,建设数字中国,打造数字经济新优势。

当前,全球范围内新一轮科技革命与产业变革加速演进,数字技术规模化深度应用,正推动实体经济运行模式与企业形态发生根本性变革。一方面,以5G等通信网络为基础,以算力基础设施为核心,以工业互联网等融合基础设施为突破的新型数字基础设施体系不断完善,为数字产业化和产业数字化发展提供坚实支撑。另一方面,数字技术与实体经济的融合走向纵深,数字化应用的广度持续拓展,赋能价值迅速显现,企业实施数字化转型的主观意愿也在增强。数字化转型已不是"选择题",而是企业的"必修课"。数字技术深度融入企业研发、制造、管理、营销等生产经营各环节,各类融合应用新模式如雨后春笋般涌现,呈现千姿百态,正从"样板间"展示步入到"商品房"推广阶段,惠及千行百业,从微观层面上助力企业提质、降本、增效与绿色低碳发展。

越来越多的企业开始踏上转型之旅,在深刻感受数字红利的同时,也遇到了数字化转型从理念到方法的巨大挑战。随着数字化解决方案的部署,海量数据快速生成,但如何用好数据这一宝贵资源,如何快速高效沉淀专家经验和行业知识,如何在庞大的数据基础和深厚的行业机理上高效构建企业全局优化模型,实现最佳智能化决策,敏捷响应市场变化,从而在激烈变幻的竞争中脱颖而出,是每一位企业家都要面临的重大问题。如果说部署数字化解决方案是"业务数据化"阶段,那么对数据价值的深度挖掘就是更高级的"数据业务化"阶段。只有深度分析利用数据,才能将企业宝贵的知识经验沉淀下来,不断炼"数"成"金",获得更高的投资回报率。

在这个时代,我们需要更多的数字化转型先锋将他们的探索经验总结并贡献出来,指导各个行业实践。刘震博士作为一位行业老兵,细致梳理自己多年来在大型跨国企业的实战案例，并结合自身在大数据、人工智能等领域的专业知识积累，撰写了《数智化革命——价值驱动的产业数字化转型》一书，以深入浅出的方式系统地阐述数字化转型方法论，从业务与管理两个角度切入，探讨数据要素的价值释放之道，值得企业家和同仁学习参考。希望有更多的科学家、企业家参与到实体经济数字化转型的浪潮之中，共同推动我国数字经济行稳致远。

刘烈宏
中国联合网络通信集团有限公司董事长、党组书记
2021. 12

推荐序二

当前,工业企业的发展已经经历了工业自动化和信息化时代,正在走向工业智能化时代。工业自动化的目标是将产品全生命周期(产品设计、产品生产、产品服务)制造活动中操作工作实现自动化;工业信息化的目标是将产品全生命周期制造活动中知识工作实现信息化;工业智能化的目标是将产品全生命周期制造活动中知识工作实现自动化和人机互动与协作的智能化,从而实现产品全生命周期制造活动全过程优化。

工业智能将使工业企业向高端化智能化绿色化方向发展,驱动工业企业由资源计划(ERP)/制造执行(MES)/装备控制和过程控制系统(DCS/PCS)三层结构向实现决策与控制一体化的两层结构发展,驱动生产过程向个性定制高效化和制造流程全局优化发展,驱动集中式 ERP 与 MES 向分散式数字孪生驱动的生产要素可视化监控、预测、回溯、决策与控制一体化发展。

虽然工业智能在发展过程中面临如下科技挑战:1)因果关系不清的复杂工业动态系统建模;2)复杂工业动态系统多冲突目标运行优化控制;3)复杂工业动态系统多层次多冲突目标优化决策,但是工业大数据及数据科学、工业互联网和工业人工智能技术使解决上述科技难题成为可能。工业互联网作为新一代信息技术与制造业深度融合的产物,是以数字化、网络化、智能化为主要特征的新工业革命的关键基础设施,也是实现工业智能的基础设施。虽然对工业人工智能的界定并不明确且随时间的推移不断变化,但是目前工业人工智能的核心目标是:针对产品与工艺设计、经营管理与决策、制造流程运行管理与控制等工业生产活动中,目前只能依靠人的感知、认知、分析与决策能力和经验与知识来完成的影响经济效益的知识工作,实现知识工作的自动化与智能化,显著提高经济效益。工业人工智能是工业智能算法的基础。在工业智能的发展过程中,离不开工业大数据。国家信息中心预测,2025 年,中国数据总量预计将跃居世界第一,全球占比有望达到 27% 以上。丰富、全面的工业大数据既是我国发展工业智能的宝贵资源,也为研究动态系统人工智能创造了条件。

刘震博士基于在工业企业数字化和智能化领域的多年积累,撰写了题为《数智化革命——价值驱动的产业数字化转型》这本书,结合工业场景和案例,对工业企业数字化与智能化的发展路径和方法进行了较为全面的总结和阐述，为我国工业企业的数字化转型和智能化发展开阔了思路，提供了有价值的借鉴。我相信，我国的工业智能技术一定会得到良好的发展，并在以制造业数字化、网络化、智能化为特征的新工业革命中发挥重要作用。

柴天佑

中国工程院院士，流程工业综合自动化国家重点实验室主任

2021.12

推荐序三

在智能技术的发展过程中，决策智能（Decision Intelligence）是一个新的领域，也是与产业变革最为接近的一个方向。

当前很多企业都是通过人工经验进行决策，难以对经验进行标准化和量化，对于决策过程难以清晰描述，更难实现追溯和复盘。特别是人的决策总受其经验、能力及其获取信息的影响，遇到复杂问题无法基于全局视角考虑，容易出现决策偏差。在面临复杂多变的场景和问题时，更难以实现快速、高效的决策。

对于决策智能而言，就是要以数据科学和人工智能为基础，融合社会科学、决策理论和管理科学，从而构建新的决策理论和模式，为个人、为企业、为社会提供服务。相比其他智能技术而言，决策智能有其一定的独特性：

首先，决策就是在面对不同选项，收集信息后进行相应的选择。但往往在生活或生产经营活动中，所面临的决策方向可能是不同的，并不一定有唯一的最优解。例如，高考填报志愿时，你可以选择学医、学计算机也可以选择学金融、学考古等等，并没有一个统一的维度，你学什么专业一定是最好的。所以利用人工智能进行决策时，必须考虑多目标优化模型的构建。

第二点，在生产经营活动中，决策可能是一方的也可能是多方的，多方之间可能是协同的也可能是竞合的、博弈的，决策时使用的信息往往是不完美、不对称的。对于企业经营决策的很大一个挑战是，要基于不完美信息，做到全局最优与个体最优的有效平衡。

第三点，对于影响决策的相关因素能否真正做到数字化，能不能用机器的语言做到清晰地描述，对业务活动和影响因素的准确描述，将对能否形成可定量的决策建议构成深远的影响。

针对上面几个问题，刘震博士带领团队采用一种新的业务模型——事件网，进行了精巧的描述，通过基于数据建模和运筹优化的算法全局考虑问题，将彻底颠覆企业过去的决策模式和方法。通过企业级数字孪生，将这样一种决策智能模型广泛地应用到了采购、生产、营销的各个环节，在生产经营场景中发挥出真正的价值。

通过阅读本书，可以一窥事件网的究竟，了解决策智能对企业管理带来的深刻变革，相信读者一定会收益颇丰。

张亚勤

中国工程院外籍院士，清华大学智能产业研究院院长

2021.12

推荐序四

过去几年来，全球技术、市场、商业模式、产业生态急剧变化，逆全球化思潮与新冠肺炎疫情蔓延相交织，深刻影响着产业链供应链乃至全球经济体系，给各行业和各企业带来越来越大的不确定性。同时，以数字化转型为主要特征的第四次工业革命蓬勃兴起，并随着疫情的蔓延显而易见地加速了进程，成为当前和今后相当长一段时期经济社会发展最重要的技术驱动力。本质而言，数字化转型与过去几十年已然发生的全球自动化、信息化浪潮一脉相承，都是信息通信技术驱动的产业变革。但在当前阶段，数字化又有一个显著的新特征，即以数据作为关键要素，以信息通信技术与各个行业的全面融合为主线，通过变革创新范式和优化资源配置方式，实现效率提升、价值增长与敏捷性，从而提升全要素生产率。一般而言，广义的数字化转型包含了业界所谈"数字化、网络化、智能化"的全部内容。

企业数字化转型既是技术和商业的变革，也是业务和组织的重塑；既有对现有业务的优化提升，更会引发生产方式、业务形态、产业组织方式与商业模式的变革。当前，全球对数字化转型的方向已有越来越高的共识，但一个极具挑战性的难题是如何找到科学有效的方法论，从而准确制定战略、把握方向并找准切入点。毫无疑问，每个行业和每个企业的数字化转型都是不一样的，千企千策是基本形态。但在高度差异化的行业特征和企业需求背后，仍然是可以找到共性的方法论和认识论。

刘震博士的《数智化革命——价值驱动的产业数字化转型》做了一个重要的探索，基于其产业实践总结提出了一种价值驱动的数字化转型方法论，试图从数据赋能和价值创造两个维度来评估企业数字化转型的当前阶段，并通过数字孪生实现企业实体与数字空间的相互映射，构建数据维度、价值维度的新闭环。相信本书所展现的实践洞察和理论总结，可以给产业界有益的启发，帮助企业更好地找到数字化转型和智能化升级的路径。

余晓晖
中国信息通信研究院院长
2021.12

前　言

当前，以云计算、大数据、人工智能等新兴技术引领的新一代科技革命正在飞速开展，以此为契机数字技术正广泛应用于现代经济活动中，成为推动经济增长的重要途径。在这其中有越来越多的企业通过数字化转型来改善运营能力、改变运作方式，以实现在未来的市场中具备更强的竞争力，"数字化转型"作为近年来的热词，从传统的IT圈延伸到了各个实体企业，从CIO提升到了企业管理者，成为企业经营发展不得不面对、不得不考虑的重要问题。

然而，对我们接触的大量企业管理者而言，"数字化转型"仿佛是企业发展的重要方向，但同时也带来了更多的疑惑与苦恼。一方面是数字化涉及的前沿技术太多了，如工业互联网、区块链、大数据、数字孪生、知识图谱，这些技术到底对企业的发展能有什么用？另一方面是数字化转型的体系太庞大了，仿佛涉及各个业务板块、各个层面，作为原本资金并不充盈的企业，究竟应该怎么办？与此同时，数字化转型到底是不是万能药，能不能切实解决在企业经营管理中面临的实际问题？

针对上述问题，作为在前沿信息技术领域从业40多年的老兵，结合我们数年来在工业制造领域的实践，在本书中给出我们的探索结果。本书分为两大部分，第一部分主要介绍了对数字化转型的理解，从产业背景到数据价值分析，最终形成一套数字化转型方法论；第二部分，从企业数字化转型必须实施的五大要素：数据治理、数字孪生、智能决策、精益管理和数据运营方面，分析了主要的业务价值、技术内涵，并给出行业内的一些优秀实践案例。

在本书中，提出了一套价值驱动的企业数字化转型新理论，并形成了以企业级数字孪生为基础的数智化能力体系，希望能够给企业管理者、数据运营人员和同样有志于为企业提供数字化转型服务的朋友一些新的启示，共同开创数智化革命新时代！

作　者

目 录

推荐序一
推荐序二
推荐序三
推荐序四
前　言

第1章　趋势之变——产业发展进入数智化时代 ... 1
1.1　迎变局开新局 ... 1
1.1.1　新一轮科技革命推动产业变革 ... 1
1.1.2　新冠肺炎疫情加速数字化转型 ... 2
1.1.3　产业链、价值链向中高端升级 ... 4
1.2　数智化新时代 ... 5
1.2.1　从自动化到数智化 ... 6
1.2.2　数智化时代的特征 ... 7
1.3　拥抱数字经济 ... 11
1.3.1　中国高度重视数字经济发展 ... 12
1.3.2　国家推动"上云用数赋智"行动 ... 13
1.3.3　数字经济与实体经济深度融合 ... 14

第2章　价值之道——让数据创造真正的价值 ... 19
2.1　数据：发现价值新大陆 ... 19
2.1.1　数据作为生产要素的关键作用 ... 19
2.1.2　数据价值化的巨大潜力 ... 20
2.2　数字化企业：发掘内生价值 ... 23
2.2.1　数字化转型的内涵 ... 24
2.2.2　数字化企业的特征 ... 24
2.2.3　企业数字化转型的问题和挑战 ... 25
2.2.4　企业数字化转型的内生价值 ... 27

2.3 数字化产业链：创造外生价值 ·· 30
　　2.3.1 融合创新实现产业赋能 ·· 30
　　2.3.2 五种企业商业模式创新 ·· 31
2.4 打造数字生态：共享聚能价值 ·· 32
　　2.4.1 经营企业变成经营生态平台 ···································· 33
　　2.4.2 生态型平台的内涵 ·· 33
　　2.4.3 生态平台型企业的运作模式 ···································· 34

第3章　革命之法——价值驱动的数字化转型 ·································· 37

3.1 转型之痛：不想、不会、不能、不敢 ···································· 37
　　3.1.1 组织两难，导致"不想转" ···································· 37
　　3.1.2 能力两难，导致"不会转" ···································· 38
　　3.1.3 要素两难，导致"不能转" ···································· 39
　　3.1.4 效益两难，导致"不敢转" ···································· 40
3.2 思维转向：从自下而上到自上而下 ······································ 40
　　3.2.1 从自下而上模式转向自上而下模式 ······························ 40
　　3.2.2 建立"企业经营的数字孪生" ·································· 41
3.3 方法论：价值导向，数据驱动 ·· 42
　　3.3.1 业务数字化和数字业务化 ······································ 42
　　3.3.2 从数字化到数智化的诸多挑战 ·································· 43
　　3.3.3 价值导向，数据驱动 ·· 44
3.4 兵器谱：数据地基＋应用平台＋场景应用 ································ 47
　　3.4.1 打造数据地基，构筑数字化生态"基础底座" ···················· 47
　　3.4.2 开发应用平台，夯实服务应用的坚实基础 ························ 50
　　3.4.3 针对场景应用，构建特色服务，满足客户需求 ···················· 52
3.5 目标系：数字生态引领价值实现 ·· 52
　　3.5.1 加快数字化转型，有效应对挑战 ································ 52
　　3.5.2 从产品供应到服务运营，实现更多价值 ·························· 54
　　3.5.3 构建平台经济，实现生态聚合 ·································· 55

第4章　数智化治理 ·· 57

4.1 数智化基础：数据要素的有效配置 ······································ 58
　　4.1.1 技术推动生产力变革 ·· 58
　　4.1.2 从"数字化"到"数智化" ···································· 59

目　录

4.2 数据资源化：万物互联与海量汇聚 ················ 60
  4.2.1 数据资源化有助于优化资源配置 ················ 61
  4.2.2 实现数据资源化的技术核心 ················ 63
  4.2.3 数据资源化的实践案例 ················ 67
4.3 数据资产化：分级分类与质量体系 ················ 71
  4.3.1 数据资产化有助于提升业务效率 ················ 72
  4.3.2 实现数据资产化的核心技术 ················ 74
  4.3.3 数据治理的实践案例 ················ 79
4.4 数据资本化：数据共享与价值流通 ················ 81
  4.4.1 数据资本化有助于数据流通和共享 ················ 82
  4.4.2 实现数据资本化的核心技术 ················ 84
  4.4.3 数据资本化的实践案例 ················ 87
4.5 本章小结 ················ 89

第 5 章　数智化孪生 ················ 91
5.1 数字孪生：企业数字化转型之钥 ················ 91
  5.1.1 数字孪生的概念由来 ················ 91
  5.1.2 数字孪生技术的沿革 ················ 92
  5.1.3 数字孪生的应用价值 ················ 94
5.2 实物数字孪生：万物互联 ················ 96
  5.2.1 实物数字孪生的应用价值 ················ 96
  5.2.2 实物数字孪生的关键技术 ················ 99
  5.2.3 实物数字孪生的实践案例 ················ 107
5.3 组织数字孪生：虚实互动 ················ 112
  5.3.1 组织数字孪生的应用价值 ················ 112
  5.3.2 组织数字孪生的关键技术 ················ 116
  5.3.3 组织数字孪生的实践案例 ················ 120
5.4 本章小结 ················ 130

第 6 章　数智化决策 ················ 131
6.1 数智化价值体现：让数据实现最优决策 ················ 132
  6.1.1 数智化时代下企业战略决策的变革 ················ 133
  6.1.2 数智化时代企业管理决策面对的挑战 ················ 134
  6.1.3 数智化时代对企业战略决策的影响 ················ 135

6.2 风险预警：保障经营活动效益 ·· 135
   6.2.1 风险预警系统的建设要求 ·· 136
   6.2.2 风险预警的运行机理 ·· 139
   6.2.3 风险预警系统的实践案例 ·· 145
6.3 量化分析：挖掘数据价值 ·· 147
   6.3.1 量化分析的价值和意义 ·· 148
   6.3.2 预测的作用和价值 ·· 150
   6.3.3 预测分析的运行机理 ·· 153
   6.3.4 量化分析的实践案例 ·· 157
6.4 模拟推演：基于数据的预测 ·· 159
   6.4.1 模拟推演的价值 ·· 159
   6.4.2 模拟推演的过程 ·· 160
   6.4.3 模拟推演的运行机理 ·· 161
   6.4.4 模拟推演的实践案例 ·· 162
6.5 决策优化：引领价值实现 ·· 163
   6.5.1 决策优化的价值和意义 ·· 164
   6.5.2 决策优化的运行机理 ·· 165
   6.5.3 决策优化的实践案例 ·· 168
6.6 本章小结 ·· 170

第7章 数智化管理 **171**

7.1 企业管理的数字化转型 ·· 172
   7.1.1 现代意义上的企业管理四次革命 ·· 172
   7.1.2 数据驱动的企业数字化管理 ·· 174
7.2 数字化管理：数据价值的可视化呈现 ·· 175
   7.2.1 数据可视化的价值和意义 ·· 175
   7.2.2 数据可视化的运行机理 ·· 179
   7.2.3 数据可视化的实践案例 ·· 182
7.3 知识管理：将数据固化为经验 ·· 185
   7.3.1 知识管理的价值和作用 ·· 185
   7.3.2 知识管理的运行机理 ·· 188
   7.3.3 知识管理的应用案例 ·· 192
7.4 管理模式：新技术驱动的革新 ·· 193
   7.4.1 管理模式亟待革新 ·· 193

　　　　7.4.2　新技术新要素驱动下的管理新模式 …………………………… 196

　　　　7.4.3　管理模式创新的实践案例 ………………………………………… 199

　　7.5　本章小结 ……………………………………………………………………… 200

第 8 章　数智化运营 ………………………………………………………………… **203**

　　8.1　高效简捷的运营手段：数字化的实施路径 …………………………………… 204

　　8.2　积木化：实现快速迭代 ………………………………………………………… 205

　　　　8.2.1　积木化的价值和作用 ……………………………………………… 205

　　　　8.2.2　积木化的运行机理 ………………………………………………… 208

　　　　8.2.3　积木化的实践案例 ………………………………………………… 208

　　8.3　低代码化：随时按市场需求调整 ……………………………………………… 213

　　　　8.3.1　低代码化的价值和作用 …………………………………………… 213

　　　　8.3.2　低代码化的运行机理 ……………………………………………… 215

　　　　8.3.3　低代码化的实践案例 ……………………………………………… 217

　　8.4　智能交互：便捷实现新需求 …………………………………………………… 220

　　　　8.4.1　智能交互的价值和作用 …………………………………………… 220

　　　　8.4.2　智能交互的运行机理 ……………………………………………… 221

　　　　8.4.3　智能交互的实践案例 ……………………………………………… 223

　　8.5　本章小结 ……………………………………………………………………… 225

结束语 ………………………………………………………………………………… **227**

参考文献 ……………………………………………………………………………… **229**

第 1 章
趋势之变——产业发展进入数智化时代

1.1 迎变局开新局

历史的车轮滚滚向前,当今世界正经历百年未有之大变局,中国已转向高质量发展的新阶段,我们正处在迎变局、开新局的关键时点。

1.1.1 新一轮科技革命推动产业变革

当前,全球正经历一场更大范围、更深层次的科技革命和产业变革,人类社会正处在一个大发展、大变革、大调整的时代。

随着科学技术的不断发展,特别是大数据、人工智能、物联网、云计算、区块链等数字技术的不断涌现,数据成为新的生产要素;同时,在数据要素和数字技术的作用下,原有的土地、劳动力、资本和技术等要素也有了新内涵;这些新生产要素构成了数字化新时代的新生产力。在新生产力的推动下,数字化转型成为产业变革的主要特征和企业打造数字经济时代新型能力的根本选择。

- 数据正成为核心生产要素,数据流带动技术流、资金流、人才流和物资流。数据流的自动化水平成为衡量一个企业、一个行业乃至一个区域的发展水平和竞争实力的关键指标。
- 形成于工业经济时代的产业运行体系正在发生根本性变革,其资源配置、生产组织、创新协作、商业运营等方式加速转变,全球经济进入体系重构、动力变革、范式迁移的新阶段。
- 大到国家,小到企业,都需要重新审视自己的地位,重新定位自己的角色,重新找到发展的方向。国家与国家、区域与区域、行业与行业、企业与企业之间的竞合关系日趋复杂,全球经济格局正面临深刻变革。

在数字化转型的浪潮中，领先企业抓住技术红利和创新先机，主动加快组织变革、业务创新和流程再造，推动研发、生产、管理和服务等关键环节数字化转型，实现研发体系开放化、生产方式智能化、产品服务个性化、组织边界弹性化、价值网络生态化，形成以数字技术为核心要素、以开放平台为基础支撑、以数据驱动为典型特征的新型企业形态。例如美国通用电气公司（GE）转身布局工业互联网平台，微软转战云服务生态圈，西门子、日立、英特尔等产业巨头密集开展技术并购，组建战略联盟，主动变革商业模式，抢占数字化转型解决方案市场的主导权。同时，一些盛极一时的企业，没有在数字化洪流中顺势而为、主动变革，因为无法适应数字时代的进步而被时代所抛弃。美国通用电气公司案例见表1-1。

表1-1 美国通用电气公司案例

美国通用电气公司（GE）：依托Predix打造顶级软件业务
美国通用电气公司是世界范围内超大的多元化服务性公司，目前业务遍及全球180多个国家和地区，包含8个业务集团和9个全球研发中心，拥有30多万名员工，占据了全球40%的航空发动机、50%的燃气轮机、20%的影像诊断设备的市场份额。
近年来，GE通过强化软件能力，进行全面的数字化布局，在其优势的航空、能源、医疗和交通等领域深入运用数字技术，向全球领先的工业互联网公司转型。GE首席数字官Bill Ruh表示："工业领域转型的价值将远远高于消费领域。"
2013年，GE推出了工业互联网平台产品Predix，将各类数据按照统一的标准进行规范化梳理，并具有随时调取和分析的能力。2015年Predix2.0发布，在全球建成4个云计算中心（北美2个，英国、日本各1个），每天监测和分析部署于全球各地的1000万个传感器传来的5000万项数据。
Predix平台开发者数量已近2万人，用于创建工业App的基础服务和分析工具超过160种，其中超过10%的基础服务和分析工具由统计分析软件商（SAS）、开源消息代理商（RabbitMQ）、移动通信设备商（ERICSSON）等第三方开发。
美国通用电气公司以航空发动机、医疗设备等领域的资产管理、预测性维护应用为基础，基于Predix平台开发部署了计划和物流、互联产品、智能环境、现场人力管理、工业分析、资产绩效管理、运营优化七大类工业App，预计工业App总量将达到50万个。
GE围绕Predix平台构建了产业生态。2016年，GE有近10起围绕Predix平台的收购案，总金额近400亿美元，为平台开发了石油、风电、电厂等领域的数据库并具有一定的分析能力。

1.1.2 新冠肺炎疫情加速数字化转型

新冠肺炎疫情对经济增长、就业、全球贸易等造成重大负面冲击的同时，也给数字化转型带来了加速发展的历史性机遇。从需求看，疫情一方面激发了企业和政府的数字化转型意愿，另一方面直接创造了许多新的数字化转型需求。

从供给看，疫情促使数字基础设施加快建设完善，助推数字化新工具的改进升级和市场推广。

数字化转型意愿改善。疫情充分彰显了数字化转型在提升企业韧性、弹性方面的巨大价值。数字化基础好的企业利用数字技术打破时空局限，以信息流为牵引，促进产业链、供应链中物流、资金流、商流的快速重组融合，迅速接链补链，在疫情中受损较小甚至获得额外收益。中国中小商业企业协会数据显示，数字化成熟度高的企业在疫情冲击下3个月内恢复比例高达60%，而数字化成熟度低的企业恢复比例只有48%。

数字化转型需求扩张。疫情在极短时间内激发了数字化新需求，推动数字化转型跨越式发展。在生活领域，数字化应用爆发式增长，经济活动加速向线上迁移，各企业纷纷通过在线方式寻求出路，大量无接触经济新业态涌现。在生产领域，新的数字化生产模式加速渗透并得到推广。复工复产过程中，企业面临产业链中断、销售下滑、资金不足等问题，工业互联网、大数据等手段催生出数字化生产新模式，实现了产业资源在线调配、协同制造、产能共享、跨域协作等功能，企业发展中的痛点和难题得到了极大的缓解。

数字化转型供给升级。新冠肺炎疫情打破常规，为数字化产品服务的改进和升级提供了"试验场"，助推它们进入市场，加速了数字化工具的质量升级和推广普及。5G、数据中心、工业互联网等新型数字基础设施快速启动建设，为数字化转型提供了更多性能优良、分布广泛的数字化工具和资源，更好地支撑数据流、信息流的高效流转，赋能经济社会的数字化转型。

新冠肺炎疫情是一堂生动的数字化培训课，也是强劲的数字化加速器。在新冠肺炎疫情"大考"之下，对于传统企业尤其是传统的中小企业而言，数字化转型已经不再是一道选答题，而是一道必答题。越来越多的传统企业，特别是中小企业数字化转型意识觉醒，更加清醒地认识到数据要素在价值创造和分配中的重要地位，更加积极地寻求适合自身特点的数字化转型路径模式。

企业要结合自身业务特点，与数字化服务提供商合作，运用5G、工业互联网等技术，将企业个体资源融入产业集群当中，扩大集群内各个企业间的协同效应，共享技术、产能与订单等资源，拓展线上服务，提升管理信息化水平，从而增强企业的竞争力。例如，传统制造业的中小企业，在实施数字化转型时，可采用数字化制造、行业平台化服务等策略，一方面利用企业资源计划（ERP）、制造执行系统（MES）、客户关系管理（CRM）等信息管理系统，用大数据打造智能化生产线和智能车间，提升企业的数字化制造水平；另一方面通过"互联网+"，在产业集群内实现技术、产能与订单互联互享，实现数据开放共享，如运用工业互联网打造云平台，把产业集群内各企业的产品、供应商、客户以及生产、仓储等信息紧密连接起来，优化配置要素资源，发挥网络协作优势，提升单个企业的生产效能。

2020年新冠肺炎疫情暴发，整个山西省没有一家口罩生产企业，于是国内某企业帮助山西在48小时之内建了一条每天能够生产10万只口罩的全自动生产线。该企业本身并不做口罩，那为什么可以在48小时内建造一个日产10万的口罩生产线呢？因为其运用了工业互联网平台，把生产口罩的原材料、设备作为一个任务在平台上发放，然后进行生产能力的重新组合。

1.1.3　产业链、价值链向中高端升级

中国已转向新发展阶段，开启全面建设社会主义现代化国家的新征程，要求转变发展方式、优化经济结构、转换增长动力，着力解决人民日益增长的美好生活需要和不平衡不充分的发展之间的矛盾，由中等收入国家迈向高收入国家行列，实现中华民族的伟大复兴。国家提出要进入新发展阶段、贯彻新发展理念、构建新发展格局，实现高质量发展。

数字化转型是企业高质量发展的内生动力。通过数字化转型，作为市场主体的企业将更加敏捷地感知市场环境并准确做出相应对策，在不确定性中保持韧性，实现企业的高质量发展。

数字化转型是助推企业创新发展的关键引擎。通过数字化转型，企业既能够实现资源内外协调、平台开放共享的智能化运营，又可进行业务和模式的数字化创新，推动企业质量、效率和动力变革，最终实现智慧企业的目标，新发展理念则始终贯穿这一发展的全过程和各领域之中。

数字化转型是企业融入双循环新发展格局的必由之路。双循环新发展格局要求企业始终敏捷地把握国内市场需求的变化，一方面通过供给侧改革更好地满足国内需求，另一方面则需要通过数字化创新、数字化营销准确地满足国内需求。同时，对外要把握数字经济时代机遇，通过数字化转型在国外市场中构建核心竞争力和形成新优势，共同推动新发展格局的构建和实现。

近年来，中国企业借助数字技术应用和集成创新推动数字化转型，也取得了可喜的成效。在电信、金融、商贸、旅游等行业，以龙头企业为主导的数字化转型起步早、模式成熟，涌现出数字金融、电子商务、数字贸易、在线旅游等一批以业务创新和价值重构为核心内容的新微观主体，以及以生产—服务—消费深度融合，线上线下应用场景深度融合，传统产业和新兴业态深度融合为特点的新型模式。

智能化的坐便器生产线案例见表1-2。

表1-2 智能化的坐便器生产线案例

智能化的坐便器生产线
福建省泉州市所属的永春县，地理位置比较偏僻。永春出产高岭土，历史上就是福建白瓷的出产地之一。在一般人看来，陶瓷是一个非常传统而又落后的产业，属高能耗、高污染、劳动密集型。 　　我国较大的卫浴企业之一投入20亿元在永春投资建了一家工厂，生产的是陶瓷坐便器。如果你站在那个工厂里，就会发现它和人们想象中的传统陶瓷企业完全不同。它是一个5G工厂，大量硬件由华为提供，是中国电信的一个样板，使用了很多智能化工具和机器人产品，很多传统工种已经消失了。 　　比如喷釉。原本都是靠喷釉工完成，一个工人拿一个喷枪进行喷釉。目前，我国规模以上的陶瓷工厂有5000家，规模以下的有4万家陶瓷作坊，共有几十万工人进行喷釉。喷釉这个工种，使我国每年产生很多尘肺病人，而尘肺病是不可逆的。而这个工厂使用了智能化的机械手，如果这种机械手推广开来，那么施釉工这个工种就可以消失了，未来中国的尘肺病人会因此减少。另外，机械手还有其他的好处。坐便器虽然不是高科技的产品，但是有些坐便器使用一两年后就会变臭，原因是污染物附着在坐便器里没有喷釉的死角。在使用了编程控制的机械手以后，不同形状的坐便器都可以使用不同的程序喷釉，消除了死角。 　　坐便器坯进入电窑后，因为电窑里装了传感器，所以天然气能耗下降了15%。 　　质检环节中，每年要进行100万只坐便器的检查，人工质检一只坐便器的时间大概是5~8min，但是现在通过十几台摄像机镜头，30s之内就完成。 　　坐便器质量很大，在整个生产过程中，都需要将它搬来搬去。所以原本陶瓷工厂里最庞大的人力就是搬运工，专门负责搬运坐便器，从生产线搬上搬下，堆起来晾干，搬运到仓库里码起来等。现在工厂里装了很多运输机器人，原本的铲车工人、搬运工人、码垛工人，都被运输机器人替代了。 　　在这个工厂现场，你会看到人均产值在增加，能耗在下降，很多工种都在消失，这是一个特别传统的行业正在发生的智能化变革。

1.2 数智化新时代

人类历史进程表明，任何社会均由生产力与生产关系、经济基础与上层建筑构成基本框架。生产力决定生产关系，经济基础决定上层建筑，而生产关系和上层建筑又具有反作用。从人类历史上看，随着生产力的发展，人类社会经历了三次巨变：在原始社会，劳动生产的主要内容是以采集为手段选取食物，这就是采集生产。第一次巨变后，劳动生产的主要内容变成了以种植、养殖和培育为手段选取或创造生活资料，这就是农业生产，推动人类进入农业社会。第二次巨变后，劳动生产的主要内容变成了以促成物理变化或化学变化为手段选取或创造生活资料和生产资料，这就是工业生产，人类进入高速发展的工业文明。第三次巨变后，劳动生产的主要内容变成了以知识创新、传播和应用为手段选取或创造满足生理和心理需要的各种资料，这就是知识生产，自此，人类社会进入信息化、数字化、智能化的新时代。

1.2.1 从自动化到数智化

科技进步对于社会生产力具有重大推动作用。回看美国、英国、法国、德国和日本等发达国家近百年的劳动生产率，在以信息技术为代表的第三次工业革命的驱动下，呈现出从自动化、信息化、网络化迈入数智化的特点。

1. 自动化

20世纪中期，自动化开始萌芽并迅猛发展，1945—1975年，自动化控制技术（如SCADA、SPC、DDC、PLC、DCS等）陆续涌现，带来劳动生产率的大幅提升，催生了西门子、施耐德、Honeywell等巨头企业。

2. 信息化

20世纪70年代开始，信息化系统进入企业，ERP、CRM、MES、OA、WMS、FM、HM等极大地提高了管理效率，同时加剧改变世界经济总量的发展速度。参照世界银行的数据，自动化时代GDP的增长速度是每年0.3万亿美元，信息化时代达到了每年增长1.1万亿美元，是自动化时代的3.5倍，代表性的行业巨头有IBM、甲骨文、SAP等。

3. 网络化

21世纪初，世界开始进入网络化时代，出现了电商、社交媒体、社交网络、云平台、云计算和移动计算，这些技术、产品、服务将全球经济发展速度又提升到一个新的台阶，GDP从原来的年均1.1万亿美元增长到年均2.8万亿美元；全球市值排名前5的上市公司中，以技术引领的西方发达国家企业逐步替代资源、资金、规模等传统要素的企业，例如苹果、亚马逊，其中中国企业如腾讯、阿里等开始崭露头角。这场变革规模极大、范围极广，30年来全球市值最高的十大公司的变化印证了这一点。全球市值TOP10公司名单变迁如图1-1所示。

4. 数智化

当前，信息化已迎来第四次浪潮，数字化、智能化是未来的发展趋势，数智化转型是中国经济实现跨越式追赶的历史机遇。

一方面中国工业企业亟需转型升级。中华人民共和国工业和信息化部（简称工业和信息化部）强调要提高制造业的数字化、网络化、"智能化水平"，并给出了"聚焦10个重点行业、形成20大典型工业应用场景"的具体目标，可以预见，智能化改造将成为中国工业各领域的重点工作。根据IDC数据，占我

第 1 章 趋势之变——产业发展进入数智化时代

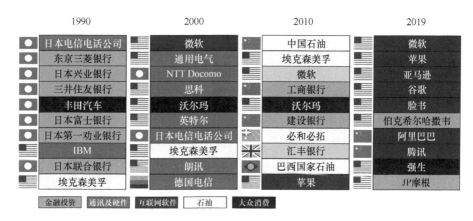

图 1-1 全球市值 TOP10 公司名单变迁图

国国内生产总值（GDP）52% 的泛工业领域仍处于数字化早期阶段，亟待信息化转向数智化，让数据发挥显性的业务价值。对比占比为 2% 的零售行业，已经孕育了阿里、京东等巨大规模的企业，泛工业领域数字化转型挖潜创造的产业动能将空前巨大。

另一方面数智化转型服务商尚未形成巨头垄断格局。一些数字化转型服务商选择了供应链、生产、销售等自下而上的业务视角切入，可以不同程度地为企业创造价值。而自上而下的经营视角仍是空白。这两套设计方案均可为企业创造价值。我们更倾向于自上而下的路径，运用"数字孪生"技术，帮助企业对"产、供、销"经营铁三角做出智能化决策，将对工业企业数智化转型带来性价比更高、更显性的价值。

1.2.2 数智化时代的特征

技术和数字化将会改变一切，第四次工业革命带来的"数智化时代"是一场深刻的系统性变革。

在 2011 年的汉诺威工业展上，德国提出了"工业 4.0"的概念，描绘了全球价值链将发生怎样的变革。通过发展"智能工厂"，实现虚拟和实体生产体系在全球范围的灵活协作，定制化产品生产将催生新的运营模式。

但我们必须认识到，第四次工业革命绝不仅限于机器和系统的智能互联，其拥有更为广泛的内涵。基因测序、纳米技术、可再生能源、量子计算等新技术的融合，带来了跨越数学、物理、生物等几大领域的交叉互动，使得第四次工业革命与前几次革命相比有着本质的区别。

1. 数据基础：万物互联

数智化的基础是连接，要把工厂、设备、生产线以及产品、供应商、客户紧密地连接起来。通过无处不在的传感器、嵌入式终端、智能控制系统、通信设施等连接起来，形成一个智能网络，使产品与设备之间、不同设备之间产生互联，进而将物理世界和数字世界连接起来，使机器、设备、部件、系统以及人之间能够通过网络交流数字信息。

设备之间互联。将不同类型和功能的单机智能设备互联起来，就组成了智能生产线；将不同智能生产线互联起来，就组成了智能车间；将各个智能车间互联起来，就组成了智能工厂；进而，将不同地域、行业、企业的智能工厂互联在一起，就组成了一个具备无所不在的制造能力的信息物理系统（CPS）。还可以自由、动态地将这些单机智能设备、智能生产线、智能车间和智能工厂进行组合，从而满足不断变化的制造需求。

设备和产品互联。数智化的智能工厂能够自行运转，其间的零件与机器之间可以进行交流。由于产品和生产设备之间能够相互通信，产品就能够理解制造的细节，也知道自身将被如何使用。同时，产品和设备能够回答诸如"我是何时被制造的""应该用哪组参数来处理我""我应该被送到哪里"等问题，从而协助生产过程。

虚拟和现实互联。信息物理系统（CPS）是数智化的核心，其间的物理设备连接到了互联网上，具备了计算、通信、控制、远程协同和自治等功能，实现了虚拟网络世界与现实物理世界之间的融合。信息物理系统（CPS）将资源、信息、物体与人紧密地联系在一起，进而创造相关服务，把生产工厂转变成为智能环境。数智化赋能的智能制造，其核心在于实现机器智能、人类智能和两者的协同，进而实现生产过程的自感知、自适应、自诊断、自决策和自修复。

互联企业是企业转型发展的高级形态，构建互联企业是云计算、大数据、移动互联、人工智能等新一代信息通信技术应用的集中体现，是企业降低运营成本，提升各环节协作效率，加强员工知识和技能传承，应对安全风险等方面的现实选择，也是实现企业资源共享、业务优化、智慧运营、服务增值的重要基础。

2. 数智化系统：系统集成

数智化的过程是集成。数智化将无处不在的传感器、嵌入式终端、智能控制系统、通信设施等高度集成在一起，形成一个人与人、人与机器、机器与机器、服务与服务之间能够互联互通的智能网络。

企业内的集成。数智化追求在企业内部实现所有环节信息的无缝连接，这也是智能化的基础。即要实现企业内部信息流、资金流和物流的集成，包括生产环节上的集成，如研发设计的内部信息集成；跨环节的集成，如研发设计与制造环节的集成；产品全生命周期的集成，如涵盖产品研发、设计、计划、工艺以及生产和服务等全生命周期的信息集成。

企业间的集成。在市场竞争的牵引下，在信息技术的驱动下，对于数智化新时代的企业有了新的要求，信息由企业内部集成走向产业链集成，研发由企业内部协同走向企业间网络协同，供应链由企业内部管理走向企业间协同管理，进而价值链也由企业内部重构走向企业间重构。通过价值链和信息网络，企业间实现资源整合，无缝合作，为客户提供实时产品与服务。企业之间从研产供销到经营管理与生产控制再到业务与财务，实现全流程无缝衔接和综合集成，从而实现信息共享和业务协同。

端到端集成。数智化是围绕产品全生命周期的价值链创造，通过整合价值链上的不同企业资源，从产品设计、生产制造、物流配送到使用维护，实现产品全生命周期管理和服务，进而集成优化供应商、制造商、分销商以及客户的物流、信息流和资金流，为客户提供更有价值的产品和服务，从而重构产业链各环节的价值体系。

3. 价值中枢：数据驱动

数智化的核心是数据。正如 SAP 高级副总裁柯曼所言，企业数据分析就像汽车的后视镜，没有后视镜开车就没有安全感，而更重要的是前风窗玻璃，即实时数据精准分析。伴随着工业互联网、工业大数据、信息物理系统（CPS）的推广，生产装备、感知设备、联网终端，包括生产者本身，都在源源不断地产生数据，这些数据渗透到企业运营、价值链乃至产品整个生命周期，是数智化的基石。

产品数据。从设计、建模、工艺到加工、测试、维护，再到产品结构、零部件配置、变更记录等，各种各样的产品数据被记录、传输、处理和加工，产品全生命周期管理因此而成为可能，进而满足用户的个性化产品需求。外部设备不再是记录产品数据的主要手段，内嵌在产品中的传感器将获取更多实时的产品数据，产品管理可贯穿产品全生命周期，从需求、设计、生产、销售、售后一直到淘汰报废。智能互联产品实时产生大量的数据，通过挖掘和分析这些数据，可动态感知并实时响应消费需求。

运营数据。企业运营中所涵盖的方方面面，如生产设备、组织结构、业务管理、目标计划、市场营销、质量控制以及生产、采购、库存、电子商务等，都会产生大量的数据。在数智化企业中，无所不在的感知和连接带来无所不在的数据，这些数据是企业创新研发、生产、运营、营销和管理方式等的基石。生产线、生产设备所产生的数据可实现对设备和生产线进行实时监控，生产数据反馈至生产过程中还能实现工业控制和管理的最优化。通过采集和分析采购、仓储、销售、配送等供应链环节上的数据，可以大幅提升供应链效率，大幅降低成本，大幅减少库存。销售数据、供应商数据的变化可以用来进行生产、库存的节奏和规模的动态调整与优化。具备实时感知能力的能源管理系统，能够不断实时优化生产过程中的能源效率。

价值链数据。包括客户、供应商、合作伙伴等相关数据。在当前全球化的经济环境中参与竞争的企业，需要全面地了解技术开发、生产作业、采购销售、售后服务等环节。运用大数据技术，价值链上各环节的数据，获取有价值的信息，为企业管理者和参与者提供全新视角，把价值链上更多的环节转化为企业的战略优势。例如，某酒厂通过大数据平台构建全营销系统，核心是让一瓶酒从最初的酒厂发出去，经过经销商、终端到消费者，整个过程中每个环节的信息都在全营销系统中体现出来。

外部数据。包括经济运行、行业、市场、竞争对手等数据。在新形势下，企业必须充分掌握外部环境的发展现状以增强自身的应变能力，应对外部环境变化带来的风险。为提升企业管理决策和市场应变能力，越来越多的企业运用大数据分析技术进行宏观经济分析和行业市场调研。领先企业为企业高管、营销人员、车间工人等提供信息、技能和工具，引导、帮助他们更科学、更及时地做出决策。在数字经济时代，有可能通过及时获取各种高频数据，对经济形势进行实时的在线分析预测。

建设数据驱动型企业的本质就是通过生产制造全过程、全产业链、产品全生命周期数据的自动流动不断优化制造资源的配置效率，就是要实现更好的质量、更低的成本、更快的交付、更高的满意度，从而带来数据驱动的创新、数据驱动的生产和数据驱动的决策。只有将采集到的各类数据进行联网汇总和高效分析，才能反过来指导实现更加智能的生产和服务，重塑业务模式。很多时候，成功者不再是做出最佳产品的企业，而是能收集到最有用的数据并利用它们提供最佳数字服务的企业。

4. 业务提升：转型升级

数智化时代，新一代信息技术广泛而深入地应用和渗透到生产和服务的各个环节，形成个性化、智能化、高度灵活的产品生产与服务模式，生产方式加快转型，从大规模生产转向个性化定制，从生产型制造转向服务型制造，从要素驱动转向创新驱动。

从大规模生产转向个性化定制。数智化给生产过程带来了极大的灵活性与自由度，用户能广泛、实时地参与生产和价值创造的全过程，设计、制造、物流、服务等各个环节都允许用户参与。新的生产体系能够针对每个客户、每个产品进行不同设计、零部件采购，安排有针对性的生产计划，实施制造加工、物流配送，从而有可能实现个性化的单件制造，而用户也愿意为个性化需求支付更高的报酬，企业因此也能实现盈利。

从生产型制造转向服务型制造。越来越多的制造型企业开始围绕产品全生命周期的各个环节，不断融入增值服务以增加企业产品和服务的市场价值。一是拓展在线维护、个性化设计等服务，以增强产品效能；二是拓展融资租赁、现代物流和电子商务等服务，以提高产品交易便捷性；三是提供专业化产品集成服务，以提高产品线效能；四是实现从基于产品的服务到基于需求的服务，以满足客户的全方位需求。

从要素驱动转向创新驱动。数智化新时代，依靠廉价劳动力、大规模资本投入等传统要素驱动的发展模式难以为继，新一代信息技术在制造业的广泛和深入应用，促进了技术、产品、工艺、服务等全方位创新，促进了产业链协同开放创新和用户参与式创新，新技术、新业态和新模式不断孕育和产生，整个社会的创新创业激情被极大地激发出来，推动企业加快从传统的要素驱动向创新驱动转型，在技术、产品、模式、业态、组织等多个维度进行创新。

1.3　拥抱数字经济

进入数智化时代，传统经济模式加快向数字经济转变，数字经济是未来的发展方向已经成为共识。

当今世界，能否抓住数字化变革的"时间窗口"，成为决定国家竞争力的关键。世界各国都把数字化作为经济发展重点，纷纷通过制定出台政策、设立机构、加大投入等，加快布局大数据、人工智能、区块链等领域，抢抓发展机遇。特别是面对新冠肺炎疫情常态化趋势，数字化已成为关乎生存发展的"必选项"，为各国摆脱经济困境发挥越来越重要的作用。

中国数字经济规模逐年快速增长。2020 年中国数字经济依然保持蓬勃发展态势，规模达到 39.2 万亿元，较 2019 年增加 3.3 万亿元，占 GDP 的比重为 38.6%，同比提升 2.4 个百分点，有效地支撑了疫情防控和经济社会发展。2020 年，在新冠肺炎疫情冲击和全球经济下行叠加影响下，中国数字经济依然保持

9.7%的高位增长,是同期 GDP 名义增速的 3.2 倍多,成为稳定经济增长的关键动力。

1.3.1　中国高度重视数字经济发展

近些年来,我国加大了发展数字经济的力度。自 2017 年政府工作报告中被首次提及,"数字经济"至今已累计 4 次被直接写入政府工作报告中,2018 年虽未直接提及"数字经济",但首次提出了建设"数字中国"。2019 年政府工作报告提出促进新兴产业加快发展,壮大数字经济。2020 年提出全面推进"互联网+",打造数字经济新优势。2021 年政府工作报告中"数字经济"和"数字中国"同时出现,并且增加了"数字社会""数字政府""数字生态"等内容。

"十四五"规划独立一篇描绘"加快数字化发展建设数字中国",强调要"迎接数字时代,激活数据要素潜能,推进网络强国建设,加快建设数字经济、数字社会、数字政府,以数字化转型整体驱动生产方式、生活方式和治理方式变革。"在"十四五"乃至更长时期,数字经济在提高经济运行效率、培育新发展动能、畅通国内国际双循环方面将发挥越来越重要的作用,数字经济新发展格局开始逐步呈现。

2015 年 5 月,工业和信息化部在《信息化和工业化融合发展规划(2016—2020 年)》中指出,要推广网络化生产新模式,引领生产方式持续变革;同时深化物联网标识解析、工业云服务、工业大数据分析等在重点行业应用,构建智能监测监管体系,支持机械、汽车等行业发展产品在线维护、远程运维、智能供应链、协同研发等服务新业态,推动大数据在工业设计、生产制造、售后服务等产品全生命周期的应用。

2020 年 7 月,国家发展改革委等 13 部门发布《关于支持新业态新模式健康发展激活消费市场带动扩大就业的意见》要求,把支持线上线下融合的新业态新模式作为经济转型和促进改革创新的重要突破口,建立政府—金融机构—平台—中小微企业联动机制,助力降低数字化转型难度。

2020 年 8 月,国资委发布《关于加快推进国有企业数字化转型工作的通知》,明确国有企业数字化转型的基础、方向、重点和举措,积极引导国有企业在数字经济时代准确识变、科学应变、主动求变,加快改造提升传统动能、培育发展新动能。

2020 年底,工业和信息化部接连发布《工业互联网创新发展行动计划(2021—2023 年)》《"双千兆"网络协同发展行动计划(2021—2023 年)》等政策,加大数字化转型基础设施政策供给,为加快产业数字化进程筑牢根基。

地方政府瞄准数字化转型助力经济增长的巨大潜力,出台一系列政策文件。

上海市发布《关于全面推进上海城市数字化转型的意见》《上海市建设100+智能工厂专项行动方案(2020—2022年)》等政策,提出构建数据驱动的数字城市基本框架,持续开展智能工厂建设行动,推进重点行业的数字化、网络化、智能化升级。

北京市发布《促进数字经济创新发展行动纲要(2020—2022年)》,开展农业、工业、服务业数字化转型工程,持续深化三次产业数字化转型,稳步推进中小企业数字化赋能,显著提升产业数字化水平。

深圳市发布《数字经济产业创新发展实施方案(2021—2023年)》,推进互联网、大数据、云计算、人工智能等数字技术在制造业、服务业领域的全面渗透和深度融合、应用,持续引领产业迭代升级和经济高质量发展。

2021年2月18日,浙江省发布《浙江省数字化改革总体方案》,全面启动浙江数字化改革。方案指出,未来五年内,浙江将以数字化改革撬动各领域、各方面的改革,运用数字化技术、数字化思维、数字化认知对省域治理的体制机制、组织架构、方式流程、手段工具进行全方位系统性重塑,推动各地各部门流程再造、数字赋能、高效协同、整体智治,整体推动质量变革、效率变革、动力变革,高水平推进省域治理体系和治理能力现代化,争创社会主义现代化先行省。

1.3.2　国家推动"上云用数赋智"行动

2020年4月,国家发展改革委、中央网信办印发《关于推进"上云用数赋智"行动培育新经济发展实施方案》通知,从夯实技术支撑、构建产业互联网平台、加快企业"上云用数赋智"、建立数字化生态、加大支撑保障力度等方面做出部署,深入推进企业数字化转型。2020年5月,国家发展改革委、工业和信息化部等17部门联合发起了"数字化转型伙伴行动",倡议政府和社会各界联合起来,共同构建"政府引导—平台赋能—龙头引领—机构支撑—多元服务"的联合推进机制,以带动中小微企业数字化转型为重点,在更大范围、更深程度推行普惠性"上云用数赋智"服务,提升转型服务供给能力,加快打造数字化企业,构建数字化产业链,培育数字化生态,支撑经济高质量发展。

1. 外力赋能

加强平台赋能,开展数字化转型伙伴行动,搭建平台企业和中小企业对接机制，中小微企业提需求，平台企业开发和提供更多转型产品、服务、工具，联合攻关数字化转型关键技术和产品。

强化公共服务，支持建设区域型、行业型、企业型数字化转型促进中心，建设开源社区，强化平台、算法、服务商、专家、人才和金融等数字化转型所需的多种公共服务。

2. 普惠服务

推行普惠性"上云用数赋智"服务，建立政府—金融机构—平台—中小微企业联动机制，由政府补贴平台，平台面向中小微企业提供一定时期的减免费服务。

探索"云量贷"，联合金融机构，根据云服务使用量、智能化设备和数字化改造的投入，认定为可抵押资产和研发投入，为适合条件的中小微企业提供低息或贴息贷款，并探索税收减免和返还措施。

3. 打造生态

树立标杆示范和应用场景，组织平台企业和中小微企业联合打造典型应用场景，树立数字化转型标杆企业，构建设备数字化—生产线数字化—车间数字化—工厂数字化—企业数字化—产业链数字化—数字化生态的典型范式，引导和帮助中小微企业快速转型。

打造"虚拟产业园"和"虚拟产业集群"，开展数字经济新业态培育行动，支持建设数字供应链，支持产业链核心企业搭建网络化协同平台，带动上下游企业加快数字化转型。

1.3.3 数字经济与实体经济深度融合

百年不遇的新冠肺炎疫情带来企业数字化变革契机，在线办公、在线教育、网络视频等数字化新业态、新模式在疫情倒逼下不断涌现，大量企业利用大数据、工业互联网等加强供需精准对接、高效生产和统筹调配。疫情是一堂生动的数字化培训课，也是强劲的数字化加速器。2020年，中国服务业、工业、农业数字经济占行业增加值比重分别为40.7%、21.0%和8.9%，产业数字化转型提速，融合发展向深层次演进。

1. 产业数字化占比提升

在数字经济内部结构中，产业数字化的主导地位进一步巩固。疫情之下数字经济"补位"作用凸显。一方面数字产业化实力进一步增强，数字技术新业态层出不穷，一批大数据、云计算、人工智能企业创新发展，产业体系更加完备，正向全球产业链中高端跃进。2020年，数字产业化规模达到7.5万亿元，占GDP的比例为7.3%，同比名义增长5.3%，占数字经济的比例由2015年的25.7%下降至2020年的19.1%。另一方面产业数字化深入发展获得新机遇，电子商务、平台经济、共享经济等数字化新模式接替涌现，服务业数字化升级前景广阔，工业互联网、智能制造等全面加速，工业数字化转型孕育广阔成长空间。2020年产业数字化规模达31.7万亿元，占GDP的比例为31.2%，同比名义增长10.3%，占数字经济比例由2015年的74.3%提升至2020年的80.9%，为数字经济持续健康发展输出强劲动力。数字产业化和产业数字化对经济贡献的占比图如图1-2所示。

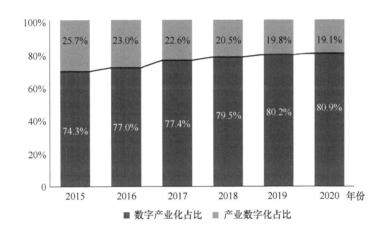

图1-2 数字产业化和产业数字化对经济贡献的占比图

2. 企业数字化转型成效显著

中国企业数字化转型对企业增加值的贡献份额由2018年的11.08%提升至2020年的13.31%，上升了2.23个百分点，对经济产出的拉动作用愈加凸显。假定企业样本能够代表总体情况，2020年企业数字化转型带来的GDP增量为3040.31亿元，预计未来十年内企业数字化转型带来的GDP增量将达到13.88万亿元。

3. 各行业数字化转型需求强烈

领先行业企业非常重视高层领导在企业数字化转型中的作用，46.21%的领先行业企业表示其数字化转型由高层管理者推动，其他制造业企业中有44.46%做到了这一点。数字化转型的顶层设计十分重要，46.45%的领先行业企业将数字化转型置于企业战略和发展规划的核心。

领先行业企业已经将数字化技术直接服务于产品的研发和改进，直接提高产品性能和质量，通过提升产品价值来塑造差异化的竞争优势；领先行业企业通过数字化转型强化了与生态伙伴企业的业务协同和融合共享，扩大了数字化价值网络，具备更强价值共创和应对危机的能力。

4. 工业互联网成为产业数字化转型新途径

近年来，经过大量理论和实践探索，工业互联网已从概念形成普及进入到应用实践推广的新阶段，在经济社会各领域中加速应用推广。

工业互联网平台是面向制造业数字化、网络化、智能化需求，构建基于云边协同的海量数据采集、汇聚、分析服务体系，进而支撑制造资源泛在连接、弹性供给、高效配置的载体。

当前工业互联网应用几乎涵盖了工业的各个行业、各个价值环节，初步显现了其强大的生命力和创造力。行业方面，装备制造业成为工业互联网最主要的应用行业之一，在采矿、钢铁、电力等实体经济其他领域工业互联网正逐步延伸。在价值环节，最主要的应用是生产过程管控、设备资产管理，收到了降本增效的显著成效，正从外围环节向核心业务流程深化拓展。

工业互联网平台应用场景包括：

1）工业现场生产过程优化。工业互联网平台能够有效采集和汇聚生产现场数据，包括设备运行数据、工艺参数、质量检测数据、物料配送数据和进度管理数据等，经过数据分析，进而反馈在诸如制造工艺、生产流程、质量管理、设备维护和能耗管理等场景中，从而优化生产过程。

2）企业运营管理决策优化。借助工业互联网平台，可打通生产现场数据、企业管理数据和供应链数据，提升决策效率，实现更加精准与透明的企业管理，如优化供应链管理、实现生产管控一体化、优化企业决策管理等。

3）社会化生产资源优化配置与协同。工业互联网平台可全面对接制造企业与外部用户需求、创新资源、生产能力，实现设计、制造、供应和服务等各环节的并行组织和协同优化，如协同制造、制造能力交易、个性定制、产融结合等。

4）产品全生命周期管理与服务优化。工业互联网平台可全面集成产品设计、生产、运行和服务等全生命周期数据，以可追溯为基础，实现设计环节的可制造性预测，实现使用环节的健康管理，并通过数据的反馈改进产品设计，如产品溯源、产品/装备远程维护和产品设计反馈优化等。工业互联网应用案例见表1-3。

表1-3 工业互联网应用案例

面向工业现场的生产过程优化的工业互联网应用
制造工艺场景。工业互联网平台可对工艺参数、设备运行等数据进行综合分析,找出生产过程中的最优参数,提升制造品质。例如GE公司基于Predix平台实现高压涡轮叶片钻孔工艺参数的优化,将产品的一次成形率由不到25%提升到95%以上。
生产流程场景。通过平台对生产进度、物料管理、企业管理等数据进行分析,提升排产、进度、物料、人员等方面管理的准确性。博世基于平台为欧司朗集团提供生产绩效管理服务,可在生产环境中协调不同来源的数据,提取有价值的信息并自动运用专家知识进行评估,实现了生产任务的自动分配。
质量管理场景。工业互联网平台基于产品检验数据和"人、机、料、法、环"等过程数据进行关联性分析,实现在线质量监测和异常分析,降低产品不良率。富士康集团基于自平台实现全场产品良率自动诊断,打通车间产能、质量、人力和成本等各类运行状况数据,并对相关数据进行分析计算和大数据优化,使产品良率诊断时间缩短90%。
设备维护场景。工业互联网平台结合设备历史数据与实时运行数据,构建数字孪生,及时监控设备运行状态,并实现设备预测性维护。例如,嵌入式计算机产品供应商Kontron公司基于Intel IoT平台智能网关和监测技术,可将机器运行数据和故障参数发送到后台系统进行建模分析,实现板卡类制造设备的预测性维护。
能耗管理场景。基于现场能耗数据的采集与分析,对设备、生产线、场景能效使用进行合理规划,提高能源使用效率,实现节能减排。例如,施耐德公司为康密劳集团位于加蓬的硅锰及电解锰冶炼工厂提供EcoStruxure能效管理平台服务,建立能源设备管理、生产能耗分析、能源事件管理等功能集成的统一架构,实现了锰矿生产过程中的能耗优化。

第 2 章
价值之道——让数据创造真正的价值

2.1 数据：发现价值新大陆

数智化的核心是数据，是让数据创造价值。数字经济的背后实际上是数据经济。

计算机科学将数据定义为"对所有输入计算机并被计算机程序处理的符号的总称"，国际数据管理协会（DAMA）也给出了相似的定义："数据是以文字、数字、图形、图像、声音和视频等格式对事实进行表现"。国际标准化组织（ISO）对以上两种定义进行了进一步概括，认为"数据是对事实、概念或指令的一种形式化表示"。

2020 年 4 月 9 日，《中共中央国务院关于构建更加完善的要素市场化配置体制机制的意见》对外公布，把数据与土地、劳动力、资本、技术并列为生产要素，凸显了数据这一新型、数字化生产要素的重要性。

2.1.1 数据作为生产要素的关键作用

在传统经济中，土地、劳动力、资本和技术是主要生产要素。新一轮科技革命和产业变革深入发展，大数据、人工智能、物联网、云计算、区块链等数字技术的涌现，使数据成为新的生产要素；在数据和数字技术的作用下，传统的土地、劳动力、资本和技术等要素也有了新内涵；由这些新生产要素所构成的新生产力，推动人类社会进入到数智化新时代。

1. 数据是数字经济的核心关键要素

数智化新时代，数据要素对经济社会的高质量发展起着关键作用。通过数据可以进行预测，提前布局和规划；通过数据可以更好地了解用户，根据用户喜好进行推荐和定制；通过数据可以不断改进和更新工具，不断创新产品和服务；通过数据可以更加精准地分析、规避和防范风险等。

毫不夸张地说，数据要素和数字技术的结合，带来了生产方式、商业模式、管理模式、思维模式的重大变革，改变了旧业态，创造了新生态。在数据要素和数字技术的驱动下，数字化产业飞速发展，同时也促进了传统生产要素的数字化变革，推动产业数字化转型发展。

2. 传统生产要素数字化，促进产业转型升级

传统生产要素本身的数字化。同样一亩农田，加上一个摄像头，就成为一个可直播的"数字农场"，除了基本农业产品收益，还有更可观的粉丝经济等价值收益。同样一个老师，以前在教室里只能教几十名学生，现在在网上课堂就可以教成千上万名学生，在普惠教育的同时，也能增加教师的合法收益。同样一毛钱，一枚钢镚只能躺在抽屉里无人问津，而在数字银行中还能产生利息。同样一台计算机，以前只是为你一个人服务，现在却可以分享算力给其他人，在便利他人的同时，也可以获得额外收益。

数字空间里产生的"新土地""新劳动力""新资本""新技术"要素。新技术、新应用、新模式的不断发展，革新了人们的生活习惯、社交习惯，产生了社区、社群等类型的"新土地"，7×24 小时在线的"客服机器人"等"新劳动力"，数字货币等"新资本"，中台、云组织等"新技术"。传统生产要素在数字空间里的新形式所能创造的新价值是倍数级甚至指数级的。

2.1.2 数据价值化的巨大潜力

数据背后蕴藏着一块巨大的价值新大陆。数据价值化将成为推动经济社会发展的新引擎。数据价值化是以数据资源为起点，经历数据资产化、数据资本化阶段，实现数据巨大价值潜力的经济过程。

1. 数据资源化

数据资源化使无序、杂乱的原始数据成为有序、有使用价值的数据资源。数据要成为有用的资源需要经过采集、整理、聚合和分析等过程，形成可采、可见、标准、互通、可信的高质量数据资源。数据资源化是激发数据价值的基础，其本质是提升数据质量，形成数据的使用价值。

全球蕴含海量的数据资源。根据 IDC 发布的《数据时代 2025》显示，到 2025 年全球每年产生的数据将从 2018 年的 33ZB 增长到 175ZB，数据将成为一座巨大的宝藏，等待人们去挖掘。数据资源产业分类见表2-1。

表 2-1　数据资源产业分类

数据资源产业
数据资源化是数据价值化的首要阶段，包括数据采集、数据整理、数据聚合、数据分析等。全球已形成较为完整的数据资源供应链。 　　**数据采集产业**。包括数据采集设备提供商和数据采集解决方案提供商。**数据采集设备提供商**为数据采集提供传感器、采集器等专用采集设备和智能设备。如工业数据采集通过智能装备本身或加装传感器的方式采集现场数据，包括设备数据、产品数据、过程数据、环境数据、作业数据等，采集的数据用于工业现场生产过程的可视化和持续优化，实现智能化的决策与控制。**数据采集解决方案提供商**通过人工采集服务、系统日志采集系统、网络数据采集系统等方式为客户提供解决方案。比如百度众测拥有 1 万名专职外场数据采集员，覆盖 40 多个国家和地区，遍布全国 300 多个城市；而网站 Website、API、流型数据是目前网络爬虫主要爬取的三大类对象。 　　**数据标注产业**。现有数据标注以人工标注为主，属于劳动密集型产业。目前，全球已有比较成熟的数据标注企业，如 Appen、iMerit、Infolks，数据标注众包平台如 Playment、Scale AI、Clickworker 等。中国企业在 2005 年以后逐步涉足标注产业，所提供的服务中除基础的文本标注外，多以语音标注、计算机视觉标注为主。百度在山西建立人工智能基础数据产业基地，百度众测推出数据标注开放平台；京东在山东设京东众智大数据标注助残基地，推出 Wise 开放标注平台；数据堂成立了合肥数据基地、保定数据基地，运营数加众包平台；龙猫数据在河南、安徽等十二省建立数据标注基地，运营龙猫众包平台。从垂直市场看，数据标注市场大致可分为智能驾驶、智慧家居、医疗卫生、金融服务、新零售、安防和其他领域。目前，数据标注产业以人工标注为主，企业在华东、华南、华西的一线城市成立分部，管理周边数据标注业务，其标注基地/工厂大都建立在劳动力资源密集省市的小城镇和农村，为当地提供大量就业机会，孵化出新疆和田、河南平顶山、信阳光山县、山东菏泽鄄城县、河北涞源县东团堡乡、贵州百鸟河镇等数据标注地。未来，随着人工智能技术的发展，数据标注将由简单标注到复杂标注升级。从区域分布看，已形成以北京为增长极辐射带动环京、环长三角、环成渝三大产业增长带的区域格局。

2. 数据资产化

数据资产化是数据通过流通交易，给使用者或者所有者带来经济利益的过程。数据资产化是实现数据价值的核心，其本质是形成数据交换价值，初步实现数据价值的过程。

2019 年 9 月工业和信息化部开通了中国首家数据确权平台"人民数据资产服务平台"，主要是对数据的合法合规性进行审核，对数据生产加工服务主体、数据流通过程、数据流通应用规则的一系列审核及登记认证。

2021 年 3 月，北京国际大数据交易所正式亮相，基于"数据可用不可见，用途可控可计量"新型交易范式，定位于打造国内领先的数据交易基础设施和国际重要的数据跨境流通枢纽，开展数据信息登记服务、数据产品交易服务、数据运营管理服务、数据资产金融服务和数据资产金融科技服务。数据资产场景分类见表2-2。

表2-2 数据资产场景分类

数据资产场景
数字资产。2012年，李安导演的《少年派的奇幻漂流》风靡全球，全球票房达到4亿美元。那只让大家印象深刻的老虎其实是由计算机用算法和数据生成的，创作这只老虎花费了1400万美元。假如把这只老虎作为数据"新资产"的话，那么就可以源源不断地产生新的收益：只需付出较少的费用即可获得这只老虎的使用权，就可以让它出现在一部新电影、电视、广告、游戏当中；还可以付出部分费用获得老虎的某个部位的原始数据，在此基础上进行二次开发，得到一只新老虎。在网络游戏行业，有一个新奇的职业是帮别人打怪升级练装备，用自己的时间、技能、经验赚取不菲的收益，从而把自己的数据"新资产"越练越雄厚，价值也越来越高。与之相应的是，他们所练出的"装备"是可以在游戏中交易的，顶级装备甚至能卖出天价。
资产设备。制造业中小微企业一直面临融资难、融资贵等问题，即使部分中小微企业资产收益率高、资产负债率低，也难以获得金融支持，其核心问题在于尚未建立起一套面向中小微企业科学、高效的征信评价体系。常州天正采集了上万家企业设备的开关机状态、工作时长、平均运行时间、故障情况等核心数据，基于自行开发的企业工业生产力征信模型、区域竞争力模型，为中小微企业、金融机构、保险公司，提供融资租赁、风险预警、客户遴选等各类服务。当企业购买设备经费不足时，金融机构可以基于设备信用提供浮动利率融资租赁、担保、证券化服务。当企业当月生产力信用低于阈值，主动提醒金融机构注意风险隐患，减少了传统征信体系对财务数据的依赖。自上线以来为客户金融借贷8亿元、联合授信300亿元以上。
资产运营。国内某农产品生产加工的领先企业通过销售管理平台提升销售管理效率50%以上，通过定价系统每年增收超过1000万元。通过建立销售数据管理平台，企业大大提高了信息的时效性，一方面提升了销售管理效率，另一方面通过对销售数据的积累，建立科学的定价体系，实现了对客户利润贡献的实时监控并调控定价，为企业创造了利润空间。

3. 数据资本化

2016年3月，麻省理工科技评论与甲骨文公司联合发布了名为《数据资本的兴起》的研究报告，报告指出，数据已经成为一种资本，和金融资本一样，能够产生新的产品和服务。数据资本化目前主要包括两种方式，即数据信贷融资和数据证券化。数据信贷融资是用数据资产作为信用担保获得融通资金的一种方式。数据证券化则是以数据资产未来所产生的现金流为偿付支持，进行增信，发行可出售流通的权利凭证，获得融资的过程。数据资本化是拓展数据价值的途径，其本质是实现数据要素的社会化配置。

> **数据资本化**
>
> 数据资本化阶段，数据被打包成金融产品进入资本市场，推动资本聚集，促进资源合理配置，数据要素的乘数效应得以发挥，实现数据价值的深化。
>
> **数据证券化**。依托数据资产，通过 IPO、并购重组等手段获得融资。例如，LinkedIn 拥有 4 亿用户，产生了大量行为数据，2016 年 Microsoft 以 262 亿美元收购了拥有海量数据资产的 LinkedIn，溢价超过 50%。
>
> **数据质押融资**。数据权利人将其合法拥有的数据出质，从银行等金融机构获取资金。比如，华夏银行杭州分行推出电商贷产品，通过获得企业经营数据，创建信贷估值模型，为符合条件的电商企业提供贷款。
>
> **数据银行**。数据银行把分散在个人和集体中的数据资源集中起来，使其易于被发现、访问，并具备互操作能力。比如日本从自身国情出发，创新"数据银行"交易模式，最大化释放个人数据价值，提升数据交易流通市场活力。数据银行在与个人签订契约之后，通过个人数据商店对个人数据进行管理，在获得个人明确授意的前提下，将数据作为资产提供给数据交易市场进行开发和利用。

2.2 数字化企业：发掘内生价值

"天下大势，顺之者昌，逆之者亡。"新一代信息技术全面推动制造业与服务业的深度融合与创新，带动制造业产业链进行重构，生产者和消费者之间的关系从供给导向转向需求导向，生产方式从大规模标准化生产向大规模个性化生产转变，刚性生产系统向可重构模块化系统转变，工厂化生产向社会化生产转变。生产组织和社会分工发生重大变化，产业边界模糊化、产业组织网络化、企业组织扁平化、产业集群虚拟化日益明显并有加速趋势，线上服务等新业态新模式快速发展，企业组织边界日益模糊，"公司+雇员"的组织模式向"平台+个人"的模式转变。在这样的大势之下，数字化转型已经成为企业发展的必然选择。

当前，多数企业都已经把数字化提上了议事日程，然而效果却不太理想。IDC 此前对 2000 名跨国企业 CEO 做的一项调查显示，到 2018 年，全球 1000 强企业中的 67%、中国 1000 强企业中的 50% 都将把数字化转型作为企业的战略核心；但遗憾的是，传统企业数字化转型的失败率至今仍徘徊在 70%~80%。究其缘由，主要是企业对数字化转型的目标不甚明确，对数字化概念的理解偏于狭窄。数字化不仅仅关乎 IT 和技术，这些只是数字化的基础。数字化更关乎企业的整体转型——重新定义企业战略、业务流程、产品和服务、商业模式、组织管理、企业文化等。更深层次的原因，中国企业数字化转型面临的最大障碍还是来自于价值观,来自于认知与思维方式的滞后,来自于对过去成功套路的路径依赖,没有长期主义思维,缺乏系统思考与战略共识。

2.2.1 数字化转型的内涵

数字化转型是顺应新一轮科技革命和产业变革趋势,不断深化应用大数据、人工智能、物联网、云计算、区块链等新一代信息技术,激发数据要素潜能,加速业务优化升级和创新转型,改造提升传统动能,培育发展新动能,创造、传递并获取新价值,实现转型升级和创新发展的过程。

数字化转型对企业提出了很高的要求,核心的要求是企业要具备对趋势的适应能力,具备新技术的运用能力,具备将数据要素转变为有效生产资源的能力,具备传统业务的优化能力,具备数字业务的培育能力,具备持续的创新发展、量变引发质变的能力。

2.2.2 数字化企业的特征

数字时代的特点是变化快,同时这也是它的魅力所在,因而要给数字化企业下一个准确的定义比较难。结合领域内专家学者和企业家的意见和想法,我们认为数字化企业是适应数字时代新要求,运用数字化思维,以数字化技术为基础,以数据要素为核心,以数字化组织和企业文化为保障,对企业的业务模式、运营流程、管理体系等进行数字化重构和创新,提升企业自身竞争力,创造更多价值,实现可持续发展的新型企业形态。数字化企业包含两种基本类型,一种是传统企业数字化转型,另一种是与生俱来的数字化公司(如华为、腾讯、阿里巴巴等)。本书探讨的主要是传统企业数字化转型。

根据上面的定义,数字化企业的几个关键特征是:

1. 建立数字化思维

数字化转型是一场深刻而系统的变革,数字化技术的运用是基础,更重要的是认知和思维方式的革命。数字化转型是在"数据+算法+算力"驱动的数字世界中,以智能化的数据赋能和服务,化解复杂系统的不确定性,优化资源配置效率,创新产品、服务和商业模式,从而构建起企业新型竞争优势。同时,数字化又是一个不断迭代更新的过程。因而企业要勇于摆脱过往成功的束缚和路径依赖,大胆突破创新。

2. 以客户为中心进行价值创造

数字化时代的市场条件发生了很大的变化,以客户需求为中心进行价值创造的逻辑日益彰显。企业数字化转型不仅仅是优化生产,更重要的是更有效地连接市场、为用户提供更好的服务,从而更好地满足客户需求。第一,数字化企业可以运用大数据技术更好地了解客户需求,从单一产品供应向"产品+服务"组合供应升级,从而满足客户的多样化需求。第二,数字化企业可以通过智能制造技术实现柔性化生产,从而满足客户的个性化需求。第三,数字化企业可以基于智能产品和数据分析,构建起全生命周期服务体系,从而挖掘客户的潜在需求,提高企业服务附加值。第四,数字化企业还可以通过社区、社群、众创平台等形式,鼓励客户直接参与产品设计。由此,企业价值链实现了重构,成为既包含生产价值链增值又包含服务价值链增值的融合型价值链。

3. 技术支撑,数据驱动

数字化企业通过充分运用数字技术,汇聚和挖掘企业内外的大数据资源,开发和释放大数据所蕴藏的巨大价值,转化提升员工、机器、设备、系统的智慧能力,赋能企业生产、经营和管理的全流程。首先是要建立企业的人与人、物与物和人与物的全连接,连接员工、连接客户、连接设备。通过连接解决业务协同,在业务协同中产生和积累数据;通过对数据的处理、分析和洞察,进一步驱动业务和运营;随着数据持续积累,进而支持更高级别的自我学习,把实时决策融入业务流程,实现自动化,使运营更加简单、高效、智能,形成闭环,持续优化改进。

4. 重塑企业组织和文化

数字化转型是企业组织和文化的重塑,需要加强顶层设计,激发全员参与。企业要在创新产品、服务和商业模式的同时,调整、重塑其组织架构和企业文化,通过企业内部大规模网络协同和智慧决策中枢,构建敏捷型组织、学习型组织、生态型组织,激发每一个个体的潜能,实现自我组织、自我管理、自我驱动,通过多部门协同应对各种不确定性。

2.2.3 企业数字化转型的问题和挑战

在实践的过程中,我们发现传统企业数字化转型还面临不少困难和挑战,在一定程度上制约了企业数字化转型的进程。企业数字化转型的问题和挑战模型如图2-1所示。

一是认识不足,缺乏方法论。很多企业并没有深刻认识到数字化不仅是技术更新,而是经营理念、战略、组织、运营等企业经营全领域全方位的变革。

图 2-1 企业数字化转型的问题和挑战模型图

这些企业在数字化转型的过程中,还认为就是一种信息技术的应用,往往停留在引入先进信息系统上,没有真正上升到战略层面,单一地靠信息部门来推动数字化。而信息部门的位势低,加之资源经常不到位,导致数字化与经营战略两张皮,难以实现数字技术与经营的融合。同时,数字化转型是一项长期、艰巨的任务,面临技术创新、业务能力、人才培养等多方面的挑战,需要在全局层面的有效协同。而目前多数企业没有进行强有力的制度设计和组织重塑,部门之间数字化转型的责、权、利不清晰,也缺乏行之有效的考核、激励制度和措施。

二是核心技术与服务供给不足。传统企业数字化转型实践中遇到的一个头疼的问题是核心技术与服务供给不足。一方面,目前市场上的方案多是通用型解决方案,无法满足企业和行业的专业化、个性化需求。另一方面,目前数字化转型相关技术与服务还缺乏行业标准,市场上的软件、大数据、云计算等各类技术和业务服务商良莠不齐,对于很多中小企业而言,选择难度较大,试错成本较高。更为重要的是,目前有能力承担集战略咨询、架构设计、核心技术开发、数据运营等关键任务于一体,且能够实施"总包"的第三方服务商还很稀缺。

三是"数据孤岛"待打通。随着新一代信息技术的广泛运用,数字经济蓬勃发展,数据成为新的生产要素。但是,数据不流通,就很难形成生产力。当前,数字化企业面临着"数据孤岛"的窘境,既有外部孤岛,也有内部孤岛。一方面,在企业内部,由于开发时间与部门的差异,存在异构以及多个软硬件平台的信息系统同时运行的现象,这些系统数据相互独立、隔离,无法实现数据共享。另一方面，企业对外部数据的需求不断上升，比如产业链上下游企业信息、政府监管信息、社会公共服务信息、公民基础信息等。目前，政府、事业单位等公共部门的数据尚处于内部整合阶段，对社会公开仍需时日；在社会数据方面，哪些可以采集并独享、哪些能采集但必须共享、哪些不能采集等，还缺乏详细的规定和法律依据。

四是数据口径不统一。数字化转型中的企业每天会产生和利用大量的数据，比如经营管理数据、设备运行数据、外部市场数据、用户行为数据等。但由于生产设备的种类繁多、应用场景较为复杂、业务流程不尽相同，不同环境下接口协议不同，数据格式差异较大，不统一标准就难以兼容，也难以转化为有用的资源。数据标准问题已经引起了国家的高度重视，以制造业为例，目前中国已有全国信息技术标准化技术委员会、智能制造综合标准化工作组、工业互联网产业联盟等多个机构从事相关标准研发，制定并发布了《国家智能制造标准体系建设指南（2018年版）》《工业互联网标准体系框架（版本1.0）》等文件，但具体标准的研制和推广工作刚刚启动，市场接受度还不够高。

五是数据安全有隐患。数据安全问题是企业数字化发展过程中要面临的重大问题。企业数据事关企业核心机密和利益，因而其安全要求要远高于消费数据。比如，工业企业的数据涵盖设备、产品、运营、用户等多个方面，一旦发生泄露，将给企业和用户带来严重的安全隐患。更为严重的是，如果这些数据被恶意篡改，很可能导致生产过程混乱，进而威胁到人身安全、关键基础设施安全、城市安全、社会安全乃至国家安全。当前，各种信息窃取、篡改手段层出不穷，防不胜防，单纯依靠企业自身技术能力难以确保数据安全。

2.2.4　企业数字化转型的内生价值

在中国的GDP构成中，占GDP 2%的零售行业孕育了京东、阿里等巨大规模的企业，而泛工业在GDP中的占比是52%，这52%的数字化程度相对来讲还很低。如果这52%的数字化潜力被挖掘出来，所创造的产业新动能是巨大的。

阿里研究院对企业数智化转型目标的调研显示：企业数字化转型贯穿到企业的全业务、全领域、全流程，因而从成本、效率、创新、营收、品牌等各个方面能够激发出巨大的内生价值。企业数智化转型后的价值如图2-2所示。

1. 降低成本

每个企业家念念不忘的一件事就是如何有效地降低企业的经营成本。数字化运营体系带来生产力明显提升的同时，也从多个方面降低了企业成本。

以智能制造为例。先进的机器人技术能够较大幅度地提高劳动效率，从而

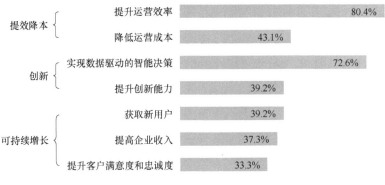

图 2-2 企业数智化转型后的价值图

有望降低 20%～50% 的劳动力成本;数字化的质量管理可以降低 20%～40% 的间接劳动力成本;基于大数据、人工智能的工业高级分析可以降低 5%～10% 的制造成本;而在数字营销中,数字技术带来的精准营销和智能定价模式,使企业能够专注于目标客户细分市场,从而降低 5%～10% 的销售成本;此外,售后预测性维护的推广和运用还可以降低 10%～30% 的售后服务成本。

2. 提升效率

数字化转型的另一个重要价值,是对原有管理和业务效率的优化与提升,包括决策效率的提高、人财物运转效率的提高等。

"世界上没有相同的哈雷"。哈雷摩托是世界上高端的摩托品牌。在数字化转型之前,一辆哈雷摩托车从客户下单到交付要 21 天。通过数字化转型,所有的订单下单在线化,所有的生产线实现了互联互通,哈雷的生产管理几乎能精确到秒,200 多个零件组装成一辆摩托车仅需 89s;消费者可以选择发动机的型号、颜色,并将交付的时间缩短到了 6 小时。

3. 新增长空间

传统企业数字化转型,能够开创新业态,打造新模式,从而打开原来难以触及甚至难以想象的新的增长空间。

"新客户"。基于客户资产分层、精细化运营,实现更加精准的客户触达、拉新、转化和忠诚度计划,拓展品牌线上线下新客户。

"新产品"。通过新品创新、渠道发布、营销创新等的数字化,实现产品创新链路上"从零到一"的突破,孵化出一系列新产品,并取得显著业务增长。如雀巢面向年轻人群的果萃咖啡、冬季饮品甜心拿铁等。

"新场景"。基于人和货的精准运营,可以持续创新和优化新的消费场景、拓展消费空间。李宁的数字化门店，如果发现商品缺货，只需要在店里的云货架下单，就可以直接送到家，这一举措给线上线下店铺销售带来了约5%的额外增长。中小企业数字化转型案例见表2-3。

表2-3 中小企业数字化转型案例

中小企业数字化转型案例
1. 多企业间协同制造 数字化转型能够帮助中小企业以网络化协作的方式，推动企业间协作，弥补自身资源和能力的不足，实现优势互补和"化零为整"。福建泉州制造业企业"小而散"，数字基础薄弱，每家企业只有零散的机械设备，竞争力弱。对此，当地40余家投资商联合"众创"投资了 家科技公司，专门负责整合各家小厂零散的制造设备，将多家厂房通过数据系统集成在一起，各企业技术和加工设备并联，实现了一块数字控制屏幕实时连接超过800台3C数控加工中心。通过共享不同企业数据、技术和生产能力，各企业的无人控制数控设备以极高的协作效率和国际竞争力成为国际一线手机品牌（如苹果、华为、OPPO）的零部件供应商。
2. 创造全新数字业务 某科技公司联合传统制鞋工厂共同应对服装行业的激烈竞争，开发了新的智能跑鞋产品，创造了全新的数字业务，其创新智能跑鞋产品搭载英特尔Curie™模块，自带加速计和陀螺仪的6轴组合传感器等，利用手机App可精准监测跑步、步行、骑行和爬楼4种运动状态下的即时数据。传统服装生产企业从传统服装及运动用品的供应转型，通过追踪和记录运动数据为消费者提供健康概念的增值产品与服务，以及新型硬件、技术和数据服务，这对传统服装生产企业而言是一项全新的数字业务。
3. 一站式数字化运营 数字化转型可以帮助企业实现数字化运营，提高运营效率，特别是对于一些有涉外业务的企业，通过数字化信息平台，可以加强一站式运营建设，集中解决管理难题。对于零售行业，打造生产、配送、服务、评价全链条数字化，有助于提高经营水平。 某鞋业集团集设计、生产、加工、仓储、销售、运输一体化，分别在国内和非洲各国设厂，产品主要销往乌干达、肯尼亚、卢旺达等十余个国家。受新冠肺炎疫情影响，该集团存在无法从集团层面统一管理、信息化建设难等痛点。公司采购国内厂商提供的数字化转型服务，解决了在线全球化经营、在线多组织协同、在线一体化和一站式运营服务难题，实现了全球在线管理和集中核算。

4. 基于数据的运营

数字化企业的内生价值最令人惊叹的是数据资产化带来的持续性、乘数级增长潜力。

随着企业数字化转型的不断推进，数据规模不断扩大，数据价值的潜力日益显现，数据逐步从生产资料变为企业的重要资产。加强数据资产管理已经成为数字化企业的共识，企业资产管理的中心开始从物理资产转向数据资产。数字化企业逐渐意识到，数据资产的应用范围已经从以企业内部应用为主发展到支撑内部和服务外部并重；与此同时，企业也认识到并非所有数据都能成为资产。由此，科学规划数据的采集、筛选、加工、存储、应用等各环节，基于数据加工的全链条构建数据资产治理体系，挖掘和释放数据价值，扩展数据应用和服务，已经成为数字化企业经营的重要内容。如何提高数据资产价值，正在成为企业发展的重要任务，企业数据资产管理呈现出运营化发展趋势。

以某集团为例。其数字化转型按照"小数据—大数据—工业数据资产"的脉络，大体经历了三个阶段。第一个是2013年以前的企业信息化阶段，可以定义为该集团的数字化基础阶段。第二个阶段是2014—2017年的数据业务化阶段，集团制定了"'互联网+'融合行动方案""集团智能制造实施方案"，成立了业内首家专业化信息技术股份公司，并被确定为国家工业和互联网融合示范试点企业。第三个阶段是2018年以来的大数据时代下的数据资产化阶段，全面开启数字化转型，并首次在集团"十三五"战略规划中提出将数据定义为资产。

成效是十分显著的。2018年收获历史佳绩，全年营业收入超千亿元，产品出口总额同比增长22%，利润同比增长89.9%，持续引领行业增长，推动产业层次迈向高端化。该集团仅用了10年的时间，就走过了国外巨头50年的技术升级之路，跻身世界工程机械行业的强者之列：1999年，该集团员工25000人，年销售额30亿元；而2019年，该集团员工25000人，年销售额增长到1100亿元。

2.3 数字化产业链：创造外生价值

进入数智化新时代，数字技术和数据要素的穿透效应使得产业链供应链上下游之间的物流、信息流、业务流、资金流等更加便捷、更加融通，数字化产业链能够创造更多新价值。

2.3.1 融合创新实现产业赋能

企业利用工业互联网技术实现融合创新，以模式创新为核心实现产业赋能。

1. 工业互联网打通企业产业链各个环节

工业互联网涉及社会生产、分配、交换、消费等经济活动各个环节、各类要素，涵盖了人类各种生产活动和服务活动，贯穿于企业的研发、设计、采购、生产、销售、供应链、金融、物流等各个生产经营环节，从需求分析、生产、经销、使用，直到回收再利用的整个产品生命周期都可以通过工业互联网来实现。工业互联网理念、技术、平台的应用，重构了全社会生产经营生态，变革了企业内部的组织经营架构、运营管理模式与商业服务模式，降低了成本，节约了资源，提升了效率，提高了质量和推动了协同创新。例如，利用实时短期客户需求数据调整规划和生产，从而灵活地匹配产量与消费者偏好，或是将数字化功能集成到产品中，以提供能挖掘数据价值的服务。

2. 以技术创新驱动了各类工业模式创新

工业互联网集成应用了云计算、大数据、移动互联、物联网、人工智能、区块链等新一代信息技术，使其能够持续革新并焕发新的生命力。工业互联网深刻地改变了人类的生产生活方式和思维模式，以技术创新驱动了技术模式、商业模式、融资模式、应用模式、服务模式、管理模式、经营模式等各类工业模式的融合创新。例如，机器制造商可以使用传感器和人工智能来销售增强型维护套餐服务。

2.3.2 五种企业商业模式创新

随着数字经济的迅速发展，各种垂直、细分、专业的平台涌现，许多在传统制造行业、产业链领先的龙头企业都在借助生态系统向平台模式转型，重新构建企业组织架构、产业链以及价值链，乃至重构原有的产业生态。产业链平台、物联网平台、工业互联网平台逐渐成为传统产业拥抱数字时代的重要工具和支撑。未来，工业企业为了提高能效、降低成本将会形成对这类平台的强依赖。当前国内主流工业互联网平台大致分为五种商业模式。

1）个性化定制模式。个性化定制以用户全流程参与、定制化设计、个性化消费为特征，颠覆了"标准化设计、大批量生产、同质化消费"的传统制造业生产模式。在整个过程中，用户不仅是消费者，同时也是设计者和生产者，这种用户需求驱动下的生产模式革新最大程度契合了未来消费需求的大趋势。某企业打造的工业互联网平台集成了系统集成商、独立软件供应商、技术合作伙伴、解决方案提供商和渠道经销商，致力于打造工业新生态。用户可以通过智能设备提出需求，在需求形成一定规模后，该平台可以通过所连接的九大互联工厂实现产品研发制造，从而产出符合用户需求的个性化产品。这种颠覆传统的个性化定制形成了以用户需求为主导的全新生产模式，实现了在交互、定制、设计、采购、生产、物流和服务等环节的用户参与。

2）网络化协同模式。网络化协同模式是一个集成了工程、生产制造、供应链和企业管理的先进制造系统。网络化协同模式可以把分散在不同地区的生产设备资源、智力资源和各种核心能力通过平台的方式集聚，是一种高质量、低成本的先进制造方式。某企业的云制造支持系统包含了工业品营销与采购全流程服务支持、制造能力与生产性服务外协与协外全流程服务支持、企业间协同制造全流程支持、项目级和企业级智能制造全流程支持等四个方面的功能，可满足各类企业深度参与云制造产业集群生态建设的现实需求。

3）智能化生产模式。智能化生产是指利用网络信息技术和先进制造工具来提升生产流程的智能化，从而完成数据的跨系统流动、采集、分析与优化，实现设备性能感知、过程优化、智能排产等智能化生产方式。某企业于2017年开发了工业互联网平台，通过整合工业互联网、大数据、云计算等软件以及传感器、工业机器人、交换机等硬件，建立了端到端的可控、可管的智慧云平台。平台将生产数据、设备数据进行集成、分析、处理，以创建开放、共享的工业级App。通过对生产流程进行优化和改造来实现企业数字化、网络化和智能化转型。

4）服务化延伸模式。服务化延伸模式是指在产品上添加智能模块，实现产品联网，采集运行数据，通过大数据分析提供多样化智能服务，从销售产品拓展到优化服务，如客户增值体验、产品优化方案等。值得注意的是，能够提供服务化延伸的工业互联网平台企业大多已具备工业产品基础或已具备较强的服务输出能力。某企业打造的根云应用平台，通过平台对设备数据的采集，可以为工业企业提供设备监控和大数据分析，改变企业的运营管理模式，进而提升运营效率，塑造数据的可视化，给企业带来更多价值，最终引领工业模式创新。在当前制造业积极探索由传统的以产品为中心向以服务为中心转变的背景下，服务化延伸模式可以有效延伸价值链条，扩展利润空间，成为制造业竞争优势的核心来源。

5）数字化管理。企业基于工业互联网平台开展数字化管理，打通研发、生产、管理、服务等环节，实现设备、车间、物流等数据的泛在采集，推动全生命周期、全要素、全产业链、全价值链的有效连接，打造状态感知、实时分析、科学决策、精准执行的数据流动闭环，辅助企业进行智能决策，显著提升企业风险的感知、预测、防范能力，打造数据驱动、敏捷高效的经营管理体系，推进可视化管理模式普及。如，某企业与久隆保险、三湘银行合作，将工业互联网与大数据分析应用于动产融资、UBI保险等领域，实现对各档保险的精准定价和定向营销。

2.4　打造数字生态：共享聚能价值

在制造业领域，以平台为核心、以软件定义为标志的产业链垂直整合日益加速，竞争关键点已从单纯的产品和技术的竞争演变为生态体系的竞争。GE、IBM、西门子、SAP、阿里巴巴、小米、海尔、研华、中国电信、中国移动等龙头企业，都在制造领域打造自己的生态体系，创造新的生态商业价值。随着新一代信息技术与工业、制造与服务、软件与硬件快速跨界融合，面向制造业的工业软件企业也在加速转型，众多企业也都在致力于打造生态体系。传统的以产品或企业为主体的竞争模式已然被打破，生态体系竞争成为工业领域竞争的制高点。

2.4.1 经营企业变成经营生态平台

数智化时代，企业可以通过无所不在的网络面向所有客户整合所有的资源。市场、产品和服务的空间距离被最大化地缩短或消失，地域垄断乃至原有的竞争逻辑也被打破。企业之间的竞争正在从初期产品之间的竞争演变成供应链之间的竞争，再到今天不同生态系统之间的竞争，传统企业的运营模式正经历着一次深刻的变革。企业不再只关注自身产品和服务的性价比，而是更多地关注对产业链的掌控能力、商业生态系统的构建和孵育能力。供应链协作、网络组织、虚拟企业、国际战略联盟等企业合作形式也应运而生，适应平台竞争是未来企业竞争的关键。

2.4.2 生态型平台的内涵

1. 平台范式

互联网时代推动了平台的产生，企业在平台上可以与其他企业实现资源流通、信息共享，甚至是共同发展、共同盈利，获得可持续的竞争优势，因此越来越多的企业在向平台型组织发展，或者通过获得某个平台的领导地位从而获得相应的权力和收益。例如，携程通过机票服务构建了和顾客的深度联系，但是随着人们对于商务和旅游的要求越来越高，原有的机票服务已经不能满足人们的需求。为了获得更大的竞争优势，携程与其他服务供应商合作，构建了一个在线旅游综合服务平台，整合了机票、酒店、出行、旅行管理、会议旅游等服务，成为一家在线旅游集成供应商，这就是平台范式。平台范式被认为是数字经济时代商业模式创新的重要途径，成为平台型的价值链领导者也是许多企业实施战略转型并走向成功的重要原因。

2. 生态系统

企业生态系统的商业模式，颠覆了传统价值链、生产链、管理链和资金链的运营理念，不仅涉及供应商、经销商、外包服务公司、关键技术提供商和互补与替代产品制造商，还要统筹考虑包括竞争对手、客户、监管机构与媒体等在内的企业利益相关者。一般来讲，企业生态系统的形成要么是强势核心企业通过控制核心资源，如资金、技术、流量等，吸引其他企业依附形成的；要么是若干家初创企业自发联合，通过打通上下游产业链，组建强有力的协调机构，从而带动更多企业加入而形成的。生态系统的兴起必然引起众多企业走向价值共生、网络协同的关系。企业生态系统中的各参与方牵手合作，依托科技，聚焦场景，围绕用户打造新生态系统。例如，腾讯通过投资控股和参股了上百家企业，围绕社交入口及内容服务，打造了属于自己的完整生态系统；阿里巴巴以电商平台为基础，通过直接控股、兼并，整合了一大批各行业的优秀公司，努力扩充、完善了自己的生态系统；小米、今日头条也都在努力扩充产品线，构建自己的生态系统。

2.4.3 生态平台型企业的运作模式

打造生态平台型企业的运作模式可以从产品、企业、员工和用户四个层面进行。

1. 把产品做成平台

把产品做成平台打破了原有产品的经营理念，产品不再只是产品，而要围绕用户需求不断进行升级，围绕核心功能进行体系化扩展，使产品成为更多功能的平台载体。比如，海尔智能冰箱不仅可以用来储存食物，还有在线购物、百科问答、生活小常识、信息咨询、语音留言等功能，一台冰箱就可以满足购物、搜索等多种需求。

2. 把企业做成平台

把企业做成平台是指企业通过整合全球资源来构建一个商业生态系统，帮助自身实现战略目标。如海尔过去非常强调对员工的管理和控制，现在则转变成经营生态平台，将权力下放，给予员工更大的自由，海尔每个员工都可以在这个平台上进行内部创业，企业被打造成了一个供更多合作伙伴自由创业，供更多用户自由分享的开放平台。

3. 把员工做成平台

互联网时代是一个员工个人价值崛起的时代，把员工做成平台是指充分发掘现代知识型员工的个人价值潜力，让员工不再是单一岗位的工作者，而是成为可以拥有更多资源，为公司创造效益的合作伙伴。不少知识密集型企业，如3M公司，在其研发中心，新产品发明和新技术应用都是在员工的自由时间产生的，在这些企业里，员工拥有工作时间之外的自由时间，可用来完成自己想做的事情,产生了众多的新产品发明和新技术应用,为企业带来了丰厚的利润。

4. 把用户做成平台

把用户做成平台是指充分挖掘用户需求,为用户定制生活、工作和交往的系统解决方案。用户的需求就体现在大数据中,企业通过大数据的挖掘,分析用户真实需求,在不同的阶段实现精准营销。例如,网联汽车企业在用户购车之后,通过用户数据分析,为其提供一些网联化的服务,如个性化运维等,还可以通过数据的反馈了解汽车的行驶情况,是否会出现一些安全问题以进行预警等,形成全生命周期的服务。上汽集团平台化转型应用案例见表2-4。

表 2-4 上汽集团平台化转型应用案例

上汽集团:平台化转型
上汽集团名列 2020 年世界 500 强第 52 位,在此次上榜的全球汽车企业中排名第七。上汽集团在汽车"电动化、网联化、智能化、共享化"的新四化领域,坚持战略转型和创新发展,积极探索数字化转型路径,建设工业互联网平台。在战略指引下,上汽采用 C2B 模式进行数字化转型。C2B 模式实质就是一切由客户选择,以及由用户驱动的研发、智能化生产、运营和营销流程、组织管理。在产品的研发设计方面,上汽构建了面向用户的"我行 MAXUS"平台和"工程在线"平台。
"我行 MAXUS"平台。"我行 MAXUS"平台是上汽自己搭建、自主运营,用户参与、用户制造的"入口",是汽车行业首个由车企创建的数字化平台。平台构建之初就让所有的用户一起参与,目的是让用户深入了解产品开发、制造、销售的全过程。随着此平台的发布,C2B 中最为关键的"C 端"被打通,进而贯通包括研发、制造等企业整个体系流程和全部系统,造车过程实现了全透明化,同时能够与用户充分沟通以满足用户对汽车产品的个性化需求。
"工程在线"平台。"工程在线"平台是研发专家与用户互动的"社区",平台能够让用户看到上汽产品的"设计端",参与到产品的设计环节,同时提高用户参与的趣味性,丰富用户参与的内容。平台通过大数据、人工智能、虚拟/增强现实等先进技术,构建了上汽工程师和社会设计力量的协同环境,形成了 C2B 社会化协同设计社区及新体验研发在线平台,以社交化的在线设计产品与服务培养年轻设计人员,突破企业边界,优化行业资源,形成社会化协同生态。催化开发环节与资深用户和广大设计师的化合反应,将传统意义上的消费者转变为生产型消费者,实现一个集众创、众包、众筹及众测为一体的业务创新平台。除了研发设计层面,上汽在营销、运营、组织结构与管理、生产制造等方面的数字化平台也为用户驱动型组织助力,为 C2B 智能定制模式提供全方位多层次的支撑。

第 3 章
革命之法——价值驱动的数字化转型

3.1 转型之痛：不想、不会、不能、不敢

在数字化发展的大潮下，中国行业龙头企业通过数字化转型实现了"扬帆再起航"。然而广大中小微企业受限于战略认识、数字技能、资金储备等多方面因素的影响，仍面临数字化"转型找死、不转等死"的两难困境。

当前，数字化转型已不是新鲜事物，但受制于各种因素，真正找到良好的数字化转型路径的企业仍然稀少，大部分企业尚未进入正确轨道。德勤的一项调查表明，在推进数字化能力建设的企业中，处于良性建设阶段的企业为40%，其中仅有13%的企业处于领先者地位，在建设规模和成效上取得了可观的成就；其余为跟随者，还存在明显的差距。60%的企业受制于自身与外部的困境，还在数字化的门外徘徊。其中有22%的企业数字化建设相对缓慢，成效甚微，处于落后；12%的企业数字化仅停留在企业的某些部门或业务环节，处于停滞；剩余26%的企业缺乏正确的建设方法与路径，数字化建设反倒变成吞噬企业资源与机会的陷阱，给企业带来了损耗。企业数字化转型成效调查分布图如图3-1所示。

中小微企业的数字化转型升级面临的问题主要表现在以下几个方面。

3.1.1 组织两难，导致"不想转"

一是高层的认知不够。数字化转型是一场系统的变革，要涉及很多利益关系的重构，这就需要企业家、高层团队要有变革创新的勇气与责任担当。而且，数字化转型是一个长期的过程。中国企业数字化转型面临的首要问题是高层没有达成共识，很多企业的领导团队知识老化、观念陈旧、追求短期绩效，加之数据意识淡薄，数据沟通力、数据决策力和数字化协同优化能力短缺。

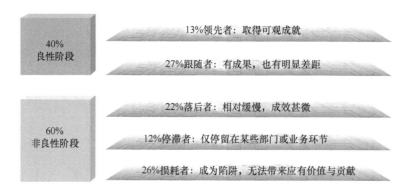

图 3-1　企业数字化转型成效调查分布图

二是组织模式不适应。层级复杂、多重领导和反应迟缓的传统企业组织模式已不适应数字时代的要求。数字时代要求更快的信息交互，要求数据的高效流通。而传统企业的组织模式人为地割裂了数据的生产、流通和加工，造成数据流通不畅。此外，多数企业没有进行强有力的制度设计和组织重塑，造成各部门之间数字化转型的职责和权利不清晰，同时缺乏有效的配套考核和制度激励。数字化转型将基于小型化、自主化、灵活化的决策单元，重构企业组织模式，构建扁平化、平台化的新型组织架构。

当前，很多企业对数字化转型认知不足，为数字化而数字化。一些企业认为数字化转型就是通过信息化应用对现有业务流程的提升改造，一些企业认为实施"机器换人"、搭建工业云平台、建设数字工厂等就是数字化转型。它们都没有认识到数字化转型是企业战略思维、业务流程、组织管理、商业模式和人才培养等全方位转型，是通过数字技术重新定义和设计企业产品和服务，建立数字化运营模式替代原有机制，从而真正为企业效益和经济发展带来质的提升。还有一些企业通过数字技术解决一些具体问题，却没有一个完整的数字化转型蓝图。大部分企业仍缺乏足够的互联网经验，对云计算、大数据、人工智能等新技术了解不足，从而无法正确预估投入产出比，无法正确选择技术平台和架构模式。

3.1.2　能力两难，导致"不会转"

一是基础差。据了解，中国有超过 55% 的企业尚未完成基础的设备数字化改造。多数开展数字化转型的企业还处于"上云"的基础性阶段，推进更深层次的业务"用数赋智"还很不够。

二是门槛高。由于目前严重缺乏数字化转型服务机构和共性服务设施，企业往往需要自己投入建设数字化设计、仿真、测试、验证等环境。对于中小微企业而言，门槛有些高了，往往做不了。

目前，中国绝大多数制造企业的数字化转型能力尚处于初级水平，数字化转型能力薄弱。在工业技术储备方面，中国工业化进程尚未完成，许多制造企业仍停留在初级加工阶段，工艺设计能力不够强，工业技术水平不够高，工业机理、工艺流程、模型方法等方面的经验和知识积累不足，难以进行复杂数据分析，难以支撑数字化知识的传承、迭代与复用。在企业数字化改造能力方面，多数制造企业尚处于工业 2.0 和工业 3.0 补课阶段，设备、产品、生产线上的传感器部署不足，连接水平低，难以有效采集数据，使得企业业务系统互通互联程度不高。工业和信息化部两化融合公共服务平台的数据显示，2021 年第一季度，全国制造业重点领域关键工序数控化率为 52.7%，尚未构建起覆盖全流程、全产业链、全生命周期的工业数据链。由于 IT 基础设施的限制，40% 的企业尚未采用物联网、人工智能等与数字化转型息息相关的数字技术。解决方案供给方面，现有方案大多为针对特定行业的通用型解决方案，缺乏集战略咨询、架构设计、设备上云、IT 和 OT 融合、核心软件、数据运营、流程优化、风险评估于一体的端到端解决方案，并且在核心技术掌握度、行业认知深刻度、实践经验丰富度、数据挖掘分析能力、生态构建能力等方面还有较大的改进和完善之处，难以支撑制造企业全方位转型。

3.1.3　要素两难，导致"不能转"

一是资金缺乏。大数据、人工智能、物联网、云计算、区块链等新技术应用成本仍然偏高，硬件改造或替换成本也很高。以美的数字化转型为例，连续 8 年投入已超过 100 亿元。报告显示，中国数字化转型投入超过年销售额 5% 的企业占比为 14%，近七成企业的数字化转型投入低于年销售额的 3%，其中 42% 的企业数字化转型投入低于年销售额的 1%。而据测算，制造业中小微企业税后利润仅为 3%～5%，转型成本承受不起。同时，中小企业贷款难问题突出。有关研究数据显示，中小微企业贷款额仅占银行贷款总额的 25%，企业信用信息覆盖率为 21.4%，难以覆盖广大中小微企业，由于缺少可信抵押资产，中小微企业贷款十分困难。

二是人才短缺。企业数字化转型过程中，人才是决定性因素。企业进行数字化转型，其人力资源结构要进行适应性调整，需要一批掌握数字技术的专业人员，以满足企业数字化转型的技术需求。据统计，中国企业 ICT 员工占总员工的比例仅为 1%～1.5%，而欧盟为 2.5%～4% 是我们近 3 倍。根据工厂研究与顾问咨询公司 Gartner 的估计，由于数字化人才短缺，2020 年有 30% 的技术岗位空缺。人才短缺已经成为数字化转型的主要瓶颈。

3.1.4 效益两难，导致"不敢转"

一是周期长。阵痛期难以逾越。当前，中国企业数字化转型仍处于起步期，通用型解决方案不多，可借鉴的案例较少，需要企业自己摸索，因而见效比较慢。很多企业担心还没熬过阵痛期就先死掉了。

二是协同差。数字化转型不仅仅是一家企业的事情，其上下游、产业链间的协同转型十分重要。当前，数字化产业链和数字化生态尚未建立，无法形成协同倍增效应和集群效应，一家企业难以带动上下游企业联动转型。

一些制造企业认为数字化转型投入巨大，而目前又缺乏足够的企业数字化转型成功案例和模式，导致难以估算数字化转型的投入产出比，加之企业自身缺乏技术支持、资金支持、投资模式不清晰及文化制约等，可能面临预算超支、利润下滑等风险，因此很多企业不敢贸然推进数字化转型。还有企业担心核心设备和重要业务上云后，数据被平台企业或竞争对手获取并另作他用。此外，网络攻击带来的安全威胁、隐私泄露、稳定性顾虑、生产突然停滞等风险性损失也让很多企业望而却步。

3.2 思维转向：从自下而上到自上而下

我们已经进入数字化时代。数字化时代的主要标记是大数据和人工智能：用数据给企业创造新的价值，用人工智能赋能企业的生产、运营和经营。

根据 IDC 的统计，2019～2022 年，数字化转型在中国的市场规模将达到 10000 亿美元。这样一个巨大的市场，毫无疑问会引来各种不同的企业展开竞争，包括传统的自动化企业、传统的信息化企业、网络化企业等，这些企业都有自己的优势，如市场优势、技术优势等。同时，在这个领域里面也会出现一大批新技术、新产品和新服务的需求和机会，一大批初创公司在这里博弈。

3.2.1 从自下而上模式转向自上而下模式

可以说，当前企业数字化转型出现了"百家争鸣"的局面。在供应链方面，有供应链的数字化管理、采购的数字化预测等；在生产端，有工艺的大数据分析，有机器人，有柔性制造等，甚至还有最近出现的软件电影制造；在营销环节，有 C2M（Customer to Manufacturing，从客户到生产）等。众多不同的做法，不同的切入点。应该说，这些切入点都是很好的切入点，都给企业带来了不同的价值。

但仔细分析，我们就会发现，这些切入点是一种自下而上的模式，是"碎片化"的，也就是采购、生产、营销、财务各个板块、各个部门独立做信息化、数字化。这里面缺少了一个整体协同的重要维度。也就是对企业来说，更重要的全局化优化的维度，也就是自上而下的维度，即从决策者到管理者、到各个部门的管理者再到执行者进行数字化转型的统一规划。

这是我们在做技术开发和产品开发时应该考虑的问题，企业经营者考虑的是整个企业的经营效益。经营效益考虑的是全局的统筹，也就是说要把"供产销"的经营铁三角进行协同考虑，每一个部门都要做优化，同时进行协同，比如说产和销之间的协同，供和产之间的协同等，这些协同能够更好地提升企业的经营效益。也就是从自下而上的模式转向自上而下的模式。

企业做数字化转型需要有顶层设计，对于工业企业来说，这个顶层设计的切入点就是经营铁三角，如图3-2所示。

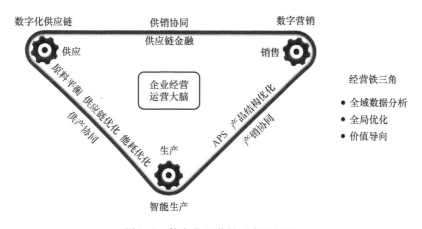

图3-2　数字化经营铁三角逻辑图

供应上做数字化供应，销售上做数字化营销，生产上做智能生产。将工业企业的产供销三端做整体协同，形成良好闭环，由此才能帮助企业提升生产经营效率，达到整体上最大程度降本增效的目的。

3.2.2　建立"企业经营的数字孪生"

近年来，"数字孪生"正在成为新晋"热词"。实际上，自2016年起，全球最具权威的IT研究与顾问咨询公司Gartner连续四年都将"数字孪生"（Digital Twin）列为当年的十大战略科技发展趋势，持续看好"数字孪生"在未来发展的前景。2020年，"数字孪生"已经频繁地出现在国家发展改革委、工业和信息化部、中央网信办等多部委制定的政策文件中。

在国内，数字孪生开始在全产业链被应用。除研发和制造领域外，也在市场营销、供应链物流和维保服务等领域发挥巨大作用。例如阿里巴巴构建了聚集消费者、供应链和制造商的网络电商平台，成为一个年营收超过世界80%国家GDP的庞大经济体。同时，阿里巴巴也构建了一个共智的数字孪生经济体，通过精准画像建立信用体系、支付系统和个性化金融等服务产品，取得了更好的消费者黏性和营销效果。

2020年6月，国家重大研发计划"国家新区数字孪生系统与融合网络计算体系建设"项目在雄安新区启动，保障雄安新区建设成为世界领先的数字孪生城市。在数字孪生城市应用中，可进行自然现象、物理力学规律、人群活动和自然灾害等仿真，比如可预测台风灾害、优化应急预案；可通过地形分析进行风电选址，并分析其对城市的影响；可进行城市风、水、污染物、热岛等现象进行仿真和演进态势预测。实现城市问题诊断，解决方案辅助设计、方案验证、未来预测等，从而为城市智慧治理提供数据、决策支持。近期，广东省创新引入基于数字孪生技术的大数据治理平台，为"数字政府"建设再添新内涵。

具体到工业领域，则是建立"企业经营的数字孪生"，将人、机、料、法、环、财乃至业务逻辑和流程，组织架构、外部数据等进行数字化，提升企业整体的数字化、智能化经营水平，实现降本增效。

3.3 方法论：价值导向，数据驱动

工业是国民经济的主导产业，泛工业的数字化转型是实现中国由工业大国变为工业强国的必经之路。从工业互联网为方向看，当前中国正在从工业经济迈向数字经济，进入以大数据、人工智能为特点的"数智化"时代。

当前，占中国GDP52%的泛工业领域，仍处于信息化阶段，泛工业企业亟待从信息化转向数字化、数智化，让数据发挥显性的业务价值。一方面企业经营需要通过大数据提升管理效率和水平，另一方面大量存在于"信息孤岛"中的沉睡数据，需要打通并相互赋能，真正为企业的经营决策服务。

3.3.1 业务数字化和数字业务化

我们认为，数字化转型主要由两大部分构成。

第一部分是业务的数字化,也就是说将业务里的数据抽取出来,然后通过数据的整合来做分析,对整个业务有所洞察,业务的数字化要通过工业互联网和/或信息化系统来做,这是第一步。

第二部分则是要把数字业务化。数字业务化借助数据智能技术来完成。数据智能指的是人工智能和大数据的融合,也就是说要用大数据将人工智能的算法模型与应用范围做得更好。这首先要把抽取出来的数据建模,然后做模拟仿真,进而做预测、做优化,使得决策者能够通过数据做出更准确、更好和更靠前的决策。

3.3.2 从数字化到数智化的诸多挑战

从数字化到数智化的过程中,我们将遇到诸多挑战。以工业互联网为例,工业互联网作为一个工具,对数字化转型起到至关重要的作用。在实践当中,我们发现目前工业互联网主要有五大挑战。

一是数据维度的扩大。现在做数字化转型,需要将不同数据源的数据整合在一起,打通数据孤岛。在打通的同时,碰到的问题就是应怎样将这些数据统一地分析,统一地建模。数据维度的扩大是第一个挑战。

二是应用范围越来越广。现在的数据或者说人工智能的应用范围越来越广。原来的人工智能基本就是人脸识别、语音处理、语言的人机对话等,这些基本是 To C 的业务。而现在,我们看到的更多是人工智能在 To B 领域的应用,这个应用范围大得多,场景多得多,涉及各行各业。

三是人工智能的应用深度。人脸识别、语音识别是认知服务。现在,我们要的不仅仅是认知服务,同时还要做预测、预警,这就要求我们的数据能够做更深入的分析,要把所有的历史数据进行考量并分析规律。

四是全局化的优化。原来大家看到更多的是局部优化。据工业和信息化部统计,工业 App 已经突破了 59 万个。我们发现,这些工业 App 往往是局部化的优化,针对某一个工艺点、某一个工序、某一个小场景来做应用。但对企业来说,更重要的是全局化的优化,从企业的经营效益出发进行全局统筹,产供销的每一个部门都要做优化,同时进行协同。

五是智能化的系统化。之前我们在企业里看到的是自动化系统、信息化系统。自动化系统主要是在生产线当中提升生产效率,信息化系统主要是给管理、决策人员做执行的时候使用,即把决策作为一个结果记录下来,然后贯彻下去。但是在决策层也要有一个工具,也就是要有一个数智化的系统,这个数智化系统主要是给决策者做辅助决策用。既然是给决策者做辅助决策用,实际上就相当于是给决策者配备了一个大脑，假如一个系统或者是一个企业有多个大脑那就出问题了，只能一个大脑来统筹。这意味着我们要把局部的大脑统筹起来，真正做一个企业级的大脑。而且这个企业级大脑要不仅能够管好企业所有的部门、业务与流程，同时要上下游做好协同，能对外围市场有一个很好的应对。

3.3.3 价值导向，数据驱动

不同于一般的消费电商领域，中国工业企业目前的数字智能系统存在这样或者那样的问题，走什么样的工业互联网技术路线的讨论也非常多。目前，很多问题的根源在于企业在信息化建设过程中所使用的 ERP、CRM、MES、FMS 等条块化的信息化系统数据彼此独立，事实上形成了企业内部大量的"数据孤岛"，管理层很难及时了解企业经营的全貌。

价值驱动的数字化转型路径如图 3-3 所示。

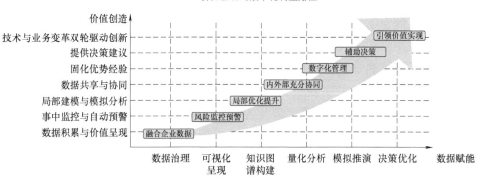

图 3-3　价值驱动的数字化转型路径图

解决的办法是，以为企业创造价值为出发点，切中工业数智化转型所需，着眼于全局优化，建立产、供、销协同的"经营大脑"，服务工业企业数智化转型，大幅提升数据利用效率和价值，为企业带来显著的降本增效。

1. 价值导向

在数字化转型过程中，我们要以价值为导向，从整体上、系统上进行把握。从价值的维度来看，自下而上（自小而大）呈现如图 3-4 所示。

当然，正所谓"万丈高楼平地起"，如果底层的基础工作做得不好，做得不扎实，上面的高价值目标也就无从谈起。

第 3 章 革命之法——价值驱动的数字化转型

引领价值实现	充分评估企业发展潜力与长期盈利能力，帮助企业构建清晰合理的发展路径
智能辅助决策	利用数字化手段参与企业的全过程管理，帮助决策者解决生产经营活动中的关键问题，成为"在线智库"
数字化管理	实现企业管理活动的标准化和定量化，逐步建立数据驱动的企业化管理文化
产业链优化	改善优化产业链上的物流、资金流、信息流和业务流，使得产业链的运行效率和价值不断提升
内部优化提升	建立内部可控因素的优化方案，以达到企业生产经营降本、增效、平稳、安全的效果
风险感知分析	在风险事故发生前，认识生产经营获得所面临的风险以及风险事故的潜在原因
统一数据口径	统一不同部门的业务数据口径，是数字化转型的基本要求，但往往也是传统企业难以做到的

图 3-4 数字化转型的价值维度分解图

2. 数据驱动

数据，如同农耕时代之水源、工业时代之石油，是数字经济时代最宝贵、最核心的生产要素。要做企业级的数字孪生就需要充分发挥数据的驱动作用，包含如下过程：

数据治理——通过企业数据全面汇聚、清洗和分类归集，形成可用的数据资产。

可视化呈现——通过 3D、大屏、驾驶舱、BI 等手段，实现关键数据的动态展示。

知识图谱构建——通过知识抽取、知识融合与知识推理，构建企业统一的知识库。

量化分析——将一些不具体、模糊的因素用具体的数据来表示，从而为分析比较提供手段。

模拟推演——采用沙盘推演方式，还原企业业务活动过程。

决策优化——基于数据，提供直接的决策建议。

单一的、孤立的数据是没有多少价值的。因而要把企业内外部各方面数据都要考虑到，包括人、机、物、法、环、财等，这些不同维度的数据都要整合在一起。从数据的抓取到数据的入库、数据的标识、数据的使用，一整套地整理起来，保障数据能够得到更有效的使用。然后基于整合后的数据进行呈现、建模、分析、推演和优化，形成高价值的决策建议。

卡特彼勒企业数据中心案例见表 3-1。

表 3-1　卡特彼勒企业数据中心案例

卡特彼勒：打造企业数据中心
卡特彼勒是一家专业生产高度复杂的工程化产品的企业，公司深知从根本上转变密集型生产流程蕴含的重大价值。2016 年，时任卡特彼勒首席执行官的道格·奥伯赫尔曼（Doug Oberhelman）宣布："目前，我们有 40 万台互联设备，这一数量还在继续增长。到今年夏天时，我们每一台下线的机器都将实现互联，为业主、经销商和我们提供设备生产率方面的反馈数据。"他预测未来卡特彼勒将会"在用户的手机上显示包括机器、车队、性能状况、出勤率和生产率等在内的所有信息。"
卡特彼勒的数字化转型战略取决于公司的数字化互联设备，目前公司在全球范围内投入使用的设备约有 47 万台（预计很快会增加到 200 万台以上）。为实现转型，公司的第一步是成立可扩展的企业数据中心，对全球 2000 多种卡特彼勒的应用、系统和数据库传回的数据进行统一整理。这些数据包括业务应用数据、经销商数据、客户数据、供应商数据和机器数据。这些数据会被汇集、分类、规范并整理成统一的数据格式，以支持各种机器学习、预测分析，以及在公司所有业务部门中的物联网应用。
通过企业数据中心，卡特彼勒开发了一系列应用来推动其数字化转型活动。公司首先在库存管理方面实现了智能应用。面对需求随时变动的 28000 多个零件供应商和 170 个国外经销商，如何管理好供应网络是一个令企业感到极其头疼的问题。如何利用人工智能、大数据和预测分析手段实现供应网络的可视化、了解国外零件海运的中转时间、减少过度库存和备件库存，这些都是卡特彼勒亟待解决的重要问题。
随着人工智能应用的出现，卡特彼勒现在可以搜索监视整个供应链的库存情况，接收人工智能应用对最佳库存水平提出的建议，在缺货风险和过量库存之间找到完美平衡。公司开发部署的高级人工智能解决方案可使经销商可视化地观察到从产品组装到成品入库的整个流程。此外公司还能提供复杂的"相似性搜索"功能，帮助经销商对接近客户需求的库存产品进行搜索，从而更有效地满足客户的需求。这项应用还能向卡特彼勒的生产规划人员和产品经理提出配置选项建议和库存水平建议。
接下来，卡特彼勒准备利用所有互联设备返回的遥测数据以及和每一台设备环境工作条件相关的数据。其中，部分遥测数据的发射频率能达到每秒 1000 多条信息。这种人工智能应用可以帮助卡特彼勒及时发现设备异常、预测设备故障、设计开发更具竞争力的保修产品，以及利用整套运行数据开发下一代产品和特征。

3. 数智化转型体系

基于价值驱动的数智化转型路径，我们可以构建出一套数智化转型体系（见图 3-5），即以数智化孪生为核心，以数智化治理为基础，以数智化决策为目标，以数智化管理和数智化运营为支撑，以价值为导向，以数据驱动业务为企业创造更大的价值。

第 3 章 革命之法——价值驱动的数字化转型

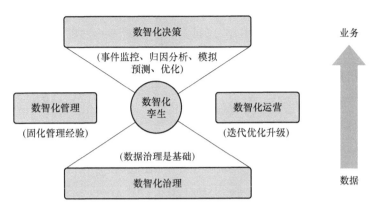

图 3-5 数智化转型体系架构图

3.4 兵器谱：数据地基 + 应用平台 + 场景应用

工欲善其战，必先利其器。在"价值导向，数据驱动"方法论的指导下，综合运用先进技术和创新模式，打造数据地基，开发应用平台，构建场景应用，赋能企业数智化转型。数字化转型的"兵器谱"如图 3-6 所示。

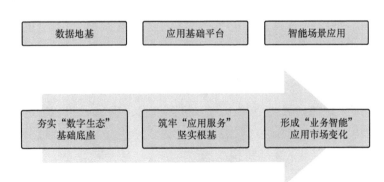

图 3-6 数字化转型的"兵器谱"图

3.4.1 打造数据地基，构筑数字化生态"基础底座"

作为以新一代数字技术为基础，整合数据、算法、算力，实现集中撮合、连接多个群体以促进其互动的服务中枢，数字平台是数字经济时代的重要基础设施，对生产、分配、交换、消费和服务等环节中的相关信息进行收集、处理、传输及交流展示，为人类的生产、生活提供数字交易服务和技术创新服务。通

47

过建立合理定价、公平交易、利益分享等机制，能够实现各方在同一平台上最大程度地达到价值共创、共赢的产业生态，为全要素、全产业链和全价值链连接提供载体。

从发展历程上看，数字平台大概经历了以信息交流为典型特征的门户平台、以产品交易为典型特征的电商平台阶段，正在步入以知识交易为典型特征的工业互联网平台发展阶段。

工业互联网平台是面向制造业数字化、网络化、智能化需求，构建基于海量数据采集、汇聚、分析的服务体系，支撑制造资源泛在连接、弹性供给、高效配置的工业云平台，包括边缘、平台（工业 PaaS）、应用三大核心层级。除此之外，工业互联网平台还包括 IaaS 基础设施，以及涵盖整个工业系统的安全管理体系，这些构成了工业互联网平台的基础支撑和重要保障。

根据《工业互联网平台白皮书（2017）》中阐述，工业互联网平台具备泛在连接、云化服务、知识积累、应用创新等四大特征。泛在连接具备对设备、软件、人员等各类生产要素数据的全面采集能力。云化服务实现基于云计算架构的海量数据存储、管理和计算。知识积累能够提供基于工业知识机理的数据分析能力，并实现知识的固化、积累和复用。应用创新能够调用平台功能及资源，提供开放的工业 App 开发环境，实现工业 App 创新应用。

数据采集是基础。数据采集的本质是利用泛在感知技术对多源设备、异构系统、运营环境、人等要素信息进行实时、高效采集和云端汇聚。核心就是要构建一个精准、实时、高效的数据采集体系，把数据采集上来，通过协议转换和边缘计算，将一部分数据在边缘侧进行处理，这适用于对实时性、短周期数据的快速处理，处理结果将直接返回到机器设备；将另一部分数据传到云端，通过云计算更强大的数据运算能力和更快的处理速度，对非实时、长周期数据进行综合利用分析，从而进一步优化形成决策。

IaaS 是支撑。IaaS 是通过虚拟化技术将计算、存储、网络等资源池化，向用户提供可计量、弹性化的资源服务。IaaS 是工业互联网平台运行的载体和基础，其实现了工业大数据的存储、计算、分发。在这一领域，中国与发达国家处在同一起跑线，阿里、腾讯、华为等所拥有的云计算基础设施已达到国际先进水平，形成了成熟的提供完整解决方案的能力。

工业 PaaS 是核心。工业 PaaS 本质是一个可扩展的工业云操作系统，它能够实现对软硬件资源和开发工具的接入、控制和管理，为应用开发提供了必要接口及存储计算、工具资源等支持，它为工业应用软件开发提供了一个基础平台。由于开发工具不足、行业算法和模型库缺失、模块化组件化能力较弱，现有通用 PaaS 平台尚不能完全满足工业级应用需要。通过对通用 PaaS 平台的深度改造，构造满足工业实时、可靠、安全需求的云平台，采用微服务架构，将大量工业技术原理、行业知识、基础模型规则化、软件化、模块化，并封装为可重复使用的微服务，通过对微服务的灵活调用和配置，降低应用程序开发门槛和开发成本，提高开发、测试、部署效率，为海量开发者汇聚、开放社区建设提供技术支撑和保障。

工业 App 是关键。工业 App 主要表现为面向特定工业应用场景，整合全社会资源推动工业技术、经验、知识和最佳实践的模型化、软件化、再封装（工业 App），用户通过对工业 App 的调用实现对特定制造资源的优化配置。工业 App 由通用云化软件和专用 App 应用构成，它面向企业客户提供各类软件和应用服务。

在通用工业互联网平台架构的基础上，形成一套完整的中台产品，解决企业数据治理与数据应用、优秀经验与知识数字化、快速开发的问题；打通企业信息孤岛、提高数据使用效率、固化优秀知识、高效响应；实现产品模块化组合，业务场景化搭建。

数据地基平台包含如下模块和功能：

数据湖。企业数据信息的统一存储，以原始数据的形式存储企业的各种结构化、半结构化、非结构化数据。整合接入多种数据源和主流数据库，能够将企业各种信息系统的数据入湖，并提供用户友好的数据查询及数据深层次分析接口。

主数据管理。对企业跨多个部门、多个信息系统的关键数据进行统一管理，保证关键数据的一致性、完整性、相关性和准确性，为企业数据的深度关联分析和商业信息挖掘提供数据标准。

大数据实时智能分析。基于流式计算实现业务数据的智能分析，能够从宏观到微观各个视角查看数据与数据之间的数据流向，以图的方式展示企业数据资产之间的血缘关系。

数据质量。支持基于行业特性等不同维度进行规则库的定义与建设，提供对不同质量需求进行检查规则的配置，在数据接入、提取、清洗等阶段对数据质量进行实时监控，提供问题数据的统计、分析与管理，并可根据客户需要提供定制化的质量分析报告。

数据服务。支持数据的精准、模糊、联合检索，以及多种数据类型的查询，数据对外 API 的申请审批等管理，数据上报参数配置等功能 BI 智能数据分析。通过流计算、批计算的方式对业务需求进行深度挖掘，提供易用的配置界面实现业务指标的快速配置、动态扩展、动态计算、实时查看,及时响应组织架构的动态变化及业务分析的及时调整。

当然,完善的数字平台除基础的工业互联网平台以外,还包含大数据治理平台、数据分析平台、机器学习平台、区块链平台等,各平台协同共同构筑起数字化生态的"基础底座"。

3.4.2 开发应用平台,夯实服务应用的坚实基础

在数据地基的基础上,提炼企业数智化转型所需的特色能力,开发多个应用平台,以进一步夯实上层场景应用的基础。

1. 大数据分析平台

大数据分析平台作为大数据分析的平台工具,具备多样化的数据接入能力、海量数据存储能力、多维分析、深度学习、数据挖掘、模型应用与管理等,提供全流程端到端的数据接入、数据建模、数据可视化探索,实现低门槛、易使用的模型开发、数据建模,满足数据分析需求。

大数据分析平台包含如下模块和功能:

1)工作空间。工作空间可以有效管理一个团队的数据资产,满足多个团队之间使用互不影响,一个人可以拥有多个工作空间的权限,一个工作空间可以容纳多个人员。

2)数据接入。支持接口数据源、数据库数据源、文件数据源、FTP 服务器、消息中间件等数据源的管理;支持多种数据接入任务的编排和调度;支持数据接入运行状态的监控。

3)数据分析。通过算子拖拉拽的方式构建数据处理流程,计算原子指标、派生指标、复合指标,从而构建企业指标体系,沉淀企业 knowhow。

4)资源管理。用于管理机器学习平台、知识工程平台等平台生成的用于数据分析的模型。

5)数据展示。内置丰富的图表组件,支持关联、下转、跳转等;满足用户基于不同的场景灵活配置条件分析数据;支持数据多样化多维度分析。

2. 机器学习平台

提供全流程可视化的特征分析、模型构建评估以及部署应用功能,降低人工智能在企业中的使用成本,帮助数据分析师提高智能应用的构建能力以及效率。

支持模型训练、评估、部署等,同时支持模型自学习可以有效地解决随着

时间推移模型预测不准确的问题；支持对模型自学习状态的监控，可以及时地发布评估参数更优的模型。

3. 工业互联网平台

提供快速的物联接入，实现物联数据的数据计算、告警、指标计算、数据挖掘；通过云端与边缘侧相融合的处理技术，基于独有数据及链路安全保障体系，实现物联数据价值及资源的优化配置。

工业互联网平台包含如下基本模块和功能：

1）设备概览。按时间倒序显示设备的实时报警信息；包括在线设备，离线设备；地图上呈现设备的位置信息。

2）数采设备管理。对设备采集单元的数据处理进行定义。对设备采集单元进行增删改查等管理工作，对数据上传的网关设备进行增删改查等管理工作，对数据采集设备的连接可视化监控，支持多层连接节点的显示。

3）设备管理。对设备级的数据处理进行定义，支持包含多个数采模型。对不同的模型设置不同的规则，包括报警规则的设置，以及设备工作状态等设置。

4）应用管理。对产线级别的数据处理定义，支持包含多个物模型，对应用实体进行管理。

5）数据管理。查看某个时间段上报的历史数据，可以查看某个异常参数的历史数据；呈现设备的实时数据；显示当前报警信息，以及历史报警记录。

6）权限管理。对用户进行基本增删改查，同时分配数据权限和功能权限；通过角色管理来控制功能权限；基于设备的数据权限控制，给予用户查看设备数据的权限。

4. 可视化呈现工具

自助 BI 报表分析和制作可视化数据大屏的工具，组件丰富，开箱即用，无需 SQL 和任何编码。

可视化呈现工具包含以下模块和功能：

1）工作空间。工作空间可以有效地管理一个团队的数据资产，满足多个团队之间使用互不影响，一个人可以拥有多个工作空间的权限，一个工作空间可以容纳多个人员。

2）数据接入。支持接口数据源、数据库数据源、文件数据源、FTP 服务器、消息中间件等数据源的管理；支持多种数据接入任务的编排和调度；支持数据接入运行状态的监控。

3）数据分析。通过算子拖拉拽的方式构建数据处理流程，计算原子指标、派生指标和复合指标。

4）数据展示。内置丰富的图表组件，支持关联、下转、跳转等；满足用户基于不同的场景灵活配置条件分析数据；支持数据多样化多维度分析；支持将多个面向相同业务主题仪表板集成到数据门户当中统一管理。

3.4.3 针对场景应用，构建特色服务，满足客户需求

比如，针对"营销场景"，可以构建相关应用，满足客户对降低活动费效比的需求。

消费者生命周期运营。围绕着消费者画像、消费者洞察及消费者运营打造的精准营销闭环软件，提升消费者满意度和消费能力。

渠道终端运营决策。针对销售渠道及终端，打造多场景、全链路的管理系统，帮助企业实现降本增效。

产品全生命周期管理。聚焦企业产品，对产品进行全生命周期管理。提升产品销售力，加强产品竞争力。

3.5 目标系：数字生态引领价值实现

价值驱动的数字化转型，目标是构建数字生态，引领价值实现。通过数据能力的逐步积累，逐步实现企业商业模式从传统模式跃迁为新的模式，为企业创造更多新价值。

在数据和信息技术的推动下，企业业务模式和运行模式转型为数字业务模式和运行模式，驱动企业实现产品增值、流程再造、效率提高，提升企业核心竞争力，进而实现可持续发展。

企业数字化转型目标可以分解为两个层面：一是实现产品增值、收入增长，即以消费者为中心、借助新一代信息技术提升现有产品和服务附加值，开拓数据密集和信息技术密集的新业务市场，发展新的竞争优势并产生新收益；二是提高运行效率，即采用数字技术优化流程，推动企业运行模式实现数字化、网络化、智能化和自动化，降低运营成本。

3.5.1 加快数字化转型，有效应对挑战

1. 新技术赋能，加速转型

伴随技术革命的创新驱动，互联网通过实现"人与人""人与物""物与

物"之间的高速连接，促进信息的自由流动，提高交易效率和生产效率，催生新模式新业态，帮助企业创造新价值。同时，互联网赋予企业配置全球范围内研发资源和劳动力资源的能力，使基于网络的协作式分工成为可能，推动生产关系产生变革。数据作为独立的生产要素在价值创造过程中被加速流动和利用，促进以物质生产、物质服务为主的经济发展模式向以信息生产、信息服务为主的经济发展模式加速转变，从而大幅提升全要素生产率。根据研究显示，以"数据驱动型决策"模式运营的企业，其生产力普遍可以提高 5%～10%。随着数据、算法、算力三大因素的升级迭代，人工智能的发展行稳致远。

企业通过对大量蕴含在生产、交换、消费中隐性数据的显性化和技术、技能、经验等隐性知识的显性化，推动形成"描述—诊断—预测—决策"的数据闭环，实现数据的自动流动，形成智能数据，从根本上解决了企业生产过程的不确定性、多样性和复杂性问题，形成具有自感知、自学习、自决策、自执行、自适应等功能的新型生产方式。

2. 个性化需求驱动，快速响应

随着时代的发展和信息技术的不断升级，以用户为中心的企业竞争更趋激烈，企业的外部环境发生了巨大变化。一方面，过去的卖方市场变为买方市场，客户的收入水平不断提高，对产品时尚性和独特性有强烈的追求，客户需求变得不确定；再加上客户通过互联网获取信息也日趋便捷，客户感知价值发生了变化，他们希望能够随时随地以他们选择的方式，在他们选择的设备上获取信息并参与产品和服务的设计，对产品外观和功能的要求也越来越高，这意味着将出现更加频繁的小额交易、更快的物流期待、更复杂多样的工序模块、更多的小众客户。另一方面，技术更新加快，产品开发周期、生命周期缩短，市场不确定性大大增强，所有这一切动摇了以前生产模式赖以生存的基础。

在这样的形势下，企业应用数字技术的目的从提高生产制造能力和运行效率转向为客户提供更高满意度的商品和全方位体验服务，全渠道、多触点的客户体验成为设计数字产品和服务、优化业务流程、重塑组织模式的主要出发点。企业的关注点从后端供应链延伸至前端的需求链，实现企业内部业务与外部客户紧密连接。企业需要重新定义以用户为核心的产品逻辑、业务逻辑和供需关系，快速、精准地响应客户对低成本、高质量、个性化的产品和服务的渴求。

3. 价值追求驱动，加速变革

在数字经济时代，与数字原生企业比较，工业化时代传统企业所处的外部市场条件诸如运行成本已发生深刻变化，劳动力成本上升已成为大多数企业面临的头号挑战。原材料投入成本上升，大大压缩了企业的盈利空间，这使得中国大量劳动密集型的产业正在失去竞争优势，倒逼传统企业变革创新。国家统计局调查结果显示，2018年5月反映资金紧张的企业比重为40.1%，这一比重连续三个月上升。同时，反映原材料成本和劳动力成本高的企业比重均持续超过四成，成本压力较大依然是企业生产经营中的主要问题之一。而以往通过企业临时裁员、兼并重组转向高利润业务、上市融资等老办法无法根治对市场响应迟缓和内部交易成本攀升等问题。

在此背景下，很多企业将技术升级作为降低交易成本、提高效率的首选策略，更多地依靠信息、技术和知识等新要素来获取利润，依靠创新来打造核心竞争力。一些企业通过部署新型传感器、工业软件、工业云平台、CPS、人工智能等技术，打通企业内部信息孤岛，提高对供应链资源和服务的动态分析与柔性配置水平，实现产品全生命周期信息的追溯，大大缩短了产品上市时间和提高了生产效率和灵活性，帮助企业保持在市场上的竞争优势。

3.5.2 从产品供应到服务运营，实现更多价值

在传统经济模式中，企业为客户提供产品和服务，企业是生产者、供应商，客户使用企业的产品和服务，客户是消费者。而在数字经济中，用户和企业的身份和关系变得模糊，用户和企业都可以是"产消者"。比如，用户为企业提供创意产品和服务，用户可以授权企业使用个人数据；企业利用这些创意产品、服务和数据生产出新的产品，创造出新的服务，又反向提供给用户。不仅如此，企业在提供给用户产品和服务之后，通过数字技术和数据分析，深入了解和挖掘用户的延伸需求、隐性需求，进而为用户提供更多的新产品和新服务，由此成为用户的运营商。

以房地产企业为例。传统模式中，房地产商的基本定位是提供房屋这个产品，房子一旦卖出交到住户手里，只要房子质量和购房交易不存在问题，房地产商就基本终止了与住户的联系。而在数字经济形态下，房地产商可以转化角色，成为住户的生活和生产运营商。通过将房子这个物理空间数字化、智能化，房地产商可以更全面、深入地了解和发掘住户的需求，并为之提供更多的产品和服务；反过来，住户也可以把自己的装修方案、创意美食、生活直播等通过房地产商搭建起的平台推销出去。进一步推而广之，房地产商可以基于其所建的一栋栋数字化建筑、一间间数字化房子，构建起更为广大的数字化运营平台，成为社区乃至城市运营商。

3.5.3 构建平台经济,实现生态聚合

1. 提升数据驱动的资源高效配置能力

实现资源优化深度从浅层次走向深层次。打造特色工业互联网平台,形成更多依靠数据、信息、知识等新型生产要素的经济发展增长模式,构建让数据说话、用数据决策、靠数据管理的制造业运行新体系,实现制造业向高端化、智能化、绿色化、服务化跃升。

实现资源优化广度从单点局部走向全局。全面打通企业内外业务链、价值链、产业链,在于推动资源优化的范围从单机、产线、车间、企业拓展到跨企业、跨区域,在于实现资源优化从单点到多点、从局部到全局、从低级到高级的演进,以重塑制造业创新方式、生产范式、组织形式和商业模式。

2. 培育数据驱动的生态构建能力

打造自主产权的工业操作系统。打造出技术先进、功能完善、兼容适配、安全可靠的工业操作系统,围绕工业数据建模分析、海量工业知识沉淀和高效工业 App 的开发,构建一批高质量、广覆盖、易应用的模型库、算法库、知识库和工具库,推进平台功能的持续迭代和演进升级,支撑制造资源泛在连接、弹性供给和高效配置,从而抢占产业生态的主导权。

打造创新活跃的开发者社区。工业互联网生态建设的关键在于能不能吸引海量开发者,重点是基于开发工具、知识组件、算法组件等工具包和应用程序编程接口的开放开源,构建开放共享、资源富集、创新活跃的开发者社区,通过完善培训、认证、评价体系形成一支高素质的工业 App 开发者队伍,培育海量开发者和海量用户之间双向迭代的双边市场。

提升平台资源整合能力。工业互联网平台涉及海量设备接入、数据中心建设、机理模型沉淀、工业 App 培育、工业数据安全等,这就要求我们培育出能够整合控制系统、通信协议、生产装备、执行系统、管理工具、专业软件、平台建设等资源的平台企业,构建集业务流程咨询、软件部署实施、平台二次开发、功能上线调试、人才管理培训和系统运行维护等于一体的综合能力。

3. 打造数据驱动的企业新型能力

推动工业企业研发创新体系重构。工业互联网平台正在构建工业知识沉淀、传播、复用和价值创造的新体系,其应用推广有利于打通企业内部、供应链上下游、供应链之间的数据孤岛,实现研发数据从多数据源向统一数据源演进,研发主体从研发部门向企业内部多部门协作、跨企跨国协作、众创众包演进,

研发流程从串行工作向并行工程演进，研发模式从单向优化向循环创新演进，以此不断提升研发效率、缩短研发周期和降低研发成本。

引领智能制造变革。工业互联网是基于云平台的制造业数字化、网络化、智能化解决方案，在更广的范围、更深的领域优化制造资源配置效率，最终目标在于构建快速迭代、持续优化、数据驱动的制造新体系。平台应用推广的方向和目标，在于快速响应持续变化的市场需求和构建个性化定制、柔性生产新体系，在于构建全产业链精益生产体系和成本精细化管理能力，在于构建产品全生命周期在线分析与优化能力，在于培育网络化协同、分享制造、服务型制造等新业态，使价值创造从传统价值链向价值网络拓展。

提升智能服务能力。把握万物互联时代智能机器广泛普及的机遇，基于"数据+模型=服务"的理念，实现企业从产品生产商到客户运营商的转变，构建状态监测、故障诊断、预测预警和健康优化等各种智能服务，构建检测、加工、认证、配送等制造能力的标准化封装、在线化交易新体系，基于实时数据流培育精准、便捷、智能的新型融资、租赁、保险业态，构建企业差异化竞争优势。

第 4 章
数智化治理

当今社会，已经由土地和劳动力决定的农业社会、技术与资本决定的工业社会发展到了由数据驱动的数字经济社会。以5G、大数据、人工智能为代表的新兴技术一方面助力传统企业数字化转型升级，另一方面推动了数字产业链和产业集群的不断发展壮大，从而推动国民经济的高质量发展，数据在经济发展中的重要性日趋重要。

数据，如同农耕时代之水源、工业时代之石油，是数字经济时代最宝贵、最核心的生产要素。以数据为核心，以云计算、大数据、人工智能技术为承载，中国消费互联网产业取得瞩目成就。随着5G、工业互联网等技术的兴起，当前数据的流动正逐步从消费端延伸到产业端，通过与实体经济的深度融合，为产业结构的转型升级带来新的机遇。

数据作为新时代最为重要的生产要素，是新时代企业不可或缺的部分。但如果将数据作为数字化转型关键的基础性要素，则需要将数据进行转化。在该转化过程中，数据如何治理是关键步骤，只有通过数据治理，打通企业内部不同层级、不同系统之间的数据壁垒，才能全面提升数据质量，实现对内支撑业务应用和管理决策、对外加强数据服务能力输出，从而提升数据潜在价值向实际业务价值的转化率。

数智化治理的核心是把在生产中形成但没有收集的数据或者收集的质量参差不齐的数据，通过治理手段，使数据从无序变有序，从不可用变可用，从只能自己用变可交换和可交易，从而让数据拥有价值，使多方受益。在这个过程中，数智化治理可以分成三个维度：数据资源化、数据资产化和数据资本化，如图4-1所示。

"数据资源化"即是将数据经过加工处理有序化成为高质量的数据资源。许多原始数据都是杂乱的、无序的，难以从中获取对生产经营、对使用者有用的

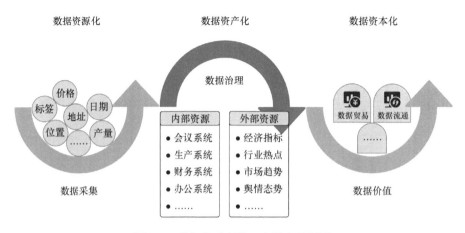

图 4-1 数智化治理的三个维度逻辑图

信息。而经过加工处理有序化之后,不仅可以进行数据整合分析,也可以从中发现许多有价值和隐藏的信息,使原始数据成为高质量的数据资源。而将这种高质量的大规模数据信息资源综合应用于商业场合之中,使其能够产生商业价值,即为大规模信息"数据资产化",就是一个把大规模数据"变现"出去的过程。"数据资本化"则是一种通过数据贸易、流通的方式来实现对数据信息要素的社会化和配置的一种动态化衍生性过程,数据资本化的发展离不开数据资产与其价值之间的衔接。随着企业对数据价值的不断深入挖掘,数据相关的应用将发挥越来越重要的引擎功能,数据资本化的进程也必然稳步地向前推进。

4.1 数智化基础:数据要素的有效配置

数智化的基础是数据,数据对于人们的生产生活变得越来越重要。国家和企业已经把数据作为重要的生产要素,提升至战略层面。企业数字化转型的核心是以数据作为基础、以自身业务为导向,将数据与其他生产要素相结合,通过大数据、人工智能、物联网等新型技术赋能业务、服务创新和培育新动能。

4.1.1 技术推动生产力变革

18 世纪 60 年代,第一次工业革命起源于英国,蒸汽机作为生产动力被广泛使用于工业生产中,人类由"手工时代"进入到了"蒸汽时代",这次工业革命改变了当时的世界格局,率先完成工业革命的英国具有绝对领先的工业生产力,因此成为世界霸主。随着科学技术的不断发展,如今,第四次工业革命已经在我们生活中悄然而至。其中，大数据、人工智能、产业互联网、云计算和区块链等新兴技术对此具有关键驱动作用。

在 2013 年的汉诺威工业博览会上，"工业 4.0"的概念被正式提出，即通过信息物理系统（Cyber-Physical System，CPS）将生产过程中的供应、制造、销售等信息数据化、智慧化，最后达到快速、高效、个性化的产品供应。工业 4.0 的核心是互联，互联网技术降低了信息传递成本，打破了产销环节间的信息壁垒，顺滑了两端的沟通与反馈机制。

4.1.2 从"数字化"到"数智化"

"数智化"与"数字化"既存在相关性又有所不同。"数字化"是技术概念，而"数智化"是应用概念。

"数字化"是指用 0 和 1 两位数字来进行数字编码以便于用户表达和处理传输所有文字数据服务信息的一种数字综合通信技术。如将电话、电报、数据、图像等各种信息都变成数字信号，通过某种手段进行传输，再通过接收器使其复原，复原前后，各种信息没有变化，质量不会因此改变。"知本财团"课题组提出的思维引擎项目报告是对"数智化"的一种解读，最初的定义是：数智化和智能数字合成。这个定义有三层含义：一是"数智化"，相当于云计算的"算法"，即在大数据中加入人类智能，增加数据的价值，增加大数据的效用；二是"智能数字化"，即利用数字技术管理人类智能，相当于"人工"向"智能"的提升，将人们从复杂的劳动中解放出来；三是将这两个过程结合起来形成人机交互，机器在此过程中不断学习人的逻辑，实现深度学习。人与机器之间以智慧为链接，形成了人与机器的新生态，这就是对"数智化"的最初理解。

随着数字技术的不断提高和应用水平的快速发展，人们对"数智化"的概念有了新的认识。"数智化"最初的形式是将数字技术与手机、MP4、机顶盒、电视等家用电器相结合；在"数智化"的第二阶段，将数字技术用于企业的管理。为了提高中小型企业经营管理中决策的工作效率和质量，企业可以通过数字技术做出更好的决策，增强自身的综合竞争能力，应对各种复杂多变的市场形态和挑战；在第三阶段，数据上传到云端，与各方面数据交叉聚合，越来越多的人机交互，使用数据来治理城市已成为一个新的方向——"智慧城市"，人与自然更加和谐。实施数智化治理是促进数字经济持续健康增长的根本性保障。有效实施数智化治理，必须把握其基础——数据要素的有效配置。

目前，数据应用的效率还需要提高。由于企业对于数据的认知度不够，企业不清楚自己有哪些数据，不知道数据对于业务有哪些影响以及数据可以帮助企业解决哪些问题。其次是企业的数据应用能力不足，数据的产生需要时间沉淀，且需要成熟的数据处理技术，因此用好数据的前提是企业具备完备的数据处理技术。第三是企业的数据管理能力有待提高，目前很多企业已经引入数字化系统，但存在的普遍问题是企业各部门、各业务之间的数据没有统一的数据标准，这导致企业的数据难以集成统一，无法形成高质量的数据库，大量的数据无法被有效地利用。

因此，数智化治理的前提是数据要素的有效配置，即通过将数据要素资源化、资产化、资本化的过程，促使数据流通从而释放价值。数据的价值在于应用，数据的应用场景越多，数据越"有用"。因此，数据的价值并不仅仅取决于数据本身，更多是依靠数据的应用场景去释放价值。

4.2 数据资源化：万物互联与海量汇聚

随着移动互联网的快速发展与普及，人们生活的方方面面正在被快速地"数字化"。千禧一代作为互联网的原住民已然成长为社会中流砥柱，拥有互联网思维的他们对于消费、服务的要求更加多元化，个性化需求越来越多，于是对企业提出了更高的要求。

对于企业来说，随着科技的快速发展，特别是大企业的问题也日益凸显。例如，企业架构庞杂，信息不通畅、生产效率低下、部门间信息壁垒、重复性工作等。在企业的生产运营过程中，产生了大量的数据，但由于数据大部分是无序状态，因此对于企业运营、管理、生产、治理的价值非常有限。

当下，数据作为生产要素越来越被企业所重视。将这些数据加工处理有序化成为高质量的数据资源，是使数据作为生产要素投入到生产经营活动的前提。数据资源化的本质目标就是为了实现数据的共享和服务，核心是能够更广泛地获得数据，并将数据有效地存储。从数据走向数据资源化已经是大势所趋，在推进数据资源化发展的过程中，必须要求企业建立高效的数据交流和管理机制，实现企业与数据之间的互联、信息共享、业务相协同，以此成为企业整合各种信息资源，深度利用和挖掘分散数据的重要有效方式。目前，在实现数据资源化，将这些数据整合转变为数据资源时，面临的难点如下：数据采集难、管理效率低、资源分配不均等，而第五代移动通信技术（5G）、边缘计算、工业互联网、时序数据库、数据湖等技术则有效地解决了数据的存储以及信息的通信问题，是实现数据资源化的技术核心。

4.2.1 数据资源化有助于优化资源配置

1. 数据采集难

在《数据库系统概论》一书中明确地提到，数据通常是事实或者人们所观察到的结果，是对一个客观事物的逻辑归纳，是一种用来描述和表现一个客观事物的最初材料。在现代计算机科学中，数据通常是泛指那些能够直接输入计算机且由计算机编译器进行处理的符号的介质的总称。数据是信息的表达和载体，信息是数据的内涵，是形与质的关系。数据本身是没有意义的，只有当它对实体的行为产生影响时，数据才能成为信息。

虽然一些企业为了实现数据资源化，已经掌握了相关的技术手段，并为此开发或购买了数据采集系统，但数据采集困难的现象仍然存在，主要体现在：1）数据量极大。面对不同的数据量，对于系统的技术需求是完全不同的。因为大量工业数据属于"脏"数据，考虑到数据的标准性和清洁度，数据需先经过处理才能采集和存储、分析，这对数据采集系统提出了更高的技术要求。2）工业数据的协议不标准。互联网的数据采集一般都是我们常用的 HTTP 等协议，然而在工业应用领域，会有各种不同的工业协议，如 Modbus、CAN、DeviceNet、Profibus 等。各个自动化设备制造商和集成厂家也会自行研发相关协议，因此形成了工业数据互联、交易、协作壁垒。数据无法有效地收集、分析，是众多开发者在开发工业领域综合自动化项目时遇到的最大问题。3）采集原始系统数据的难度大。对于大型企业或工业生产企业，数据采集一般通过设计和部署的自动化系统直接采集获取。但由于自动化部署的生产商不同，常会因为没有预留数据接口导致大量数据无法采集而缺失。4）对安全因素的考量不足。随着云计算、云存储等技术的不断发展，越来越多的企业选择将数据存储至云端进行计算。如果企业没有充分考虑云存储和云计算技术的安全性，将会存在巨大的潜在风险。

2. 管理效率低

数据管理是运用计算机技术有效地对数据信息进行搜索、存储、处理和应用，其目标就是为了能够充分有效地发挥数据的作用，而实施有效地管理大型企业数据的重点就是数据组织。随着现代计算机信息化技术的进步，数据管理已经经历了人工管理、文件系统和数据库系统三个发展阶段。

数据管理是通过企业资料直观展示经营管理的基本情况，并通过适当的分析为企业的管理者提供决策依据，帮助管理者制定准确、有效的决策，提升企业的科学管理水平。此外，完善数据管理可以帮助企业领导者和管理者清晰明确地发现下属工作中的各种问题，并有效地提出改进办法。这将提高企业领导者和管理者的管理效率，促进团队在工作中的整体性进步和提高。

数据化管理是企业管理改进的关键。一个优秀的公司管理者应该拥有一套完整的经营数据分析制度。数据管理是存在于一个企业的各个方面，参考运营数据管理的企业体制是能够保证企业良性发展的关键。虽然一些公司已经意识到了数据管理的重要性，也开展了数据管理工作，但是由于管理效率很低，并未达到良好效果，出现这种情况的原因主要有以下几点：

1）规范和制度的缺失或不适配性。在开展数据管理工作时，首先要制定一系列规范和制度。有些公司在做数据管理工作时往往忽略了这一点，导致数据管理工作无法起步，相关人员不知道按照什么标准开展数据管理工作，从一开始就迷失了前进的方向。有些公司直接照搬其他公司的规章制度，而不考虑自己公司的实际情况，无法掌握数据管理的本质，影响数据管理工作质量。

2）缺乏好的数据管理工具。数据管理工具是数据管理标准实施的有力保障。在数据管理领域，随着数据量的增大，很难依靠人力保证数据管理的效率。目前的数据管理产品很多，但质量良莠不齐。一个好的数据管理工具应该能够将数据管理功能渗透到数据生产过程中，但很多产品无法做到这一点。

3）管理人员对数据管理不够重视。数据管理是一项系统工程，涉及对企业的生产、管理全流程，影响众多部门和人员，部分人员无法理解数据管理对企业长远发展的优势，只是认为制度、流程重建将影响到现有工作而对数据管理工作不积极、不配合。因此，管理人员的短视、对数据管理工作的不重视，也是阻碍数据管理在企业渗透的重要阻碍之一。

3. 资源配置问题

企业资源是指任何可以成为企业强项或弱项的事物，任何可以作为企业选择和实施其战略的基础的东西，如企业的资产组合、属性特点、对外关系、品牌形象、员工队伍、管理人才和知识产权等。企业的资源管理可以大致将其划分为外部和内部资源两种。企业内部资源大致可以分为人力资源、财务资源、信息资源、技术资源、管理资源、可控市场资源和内部环境资源。而企业的外部资源可分为行业资源、产业资源、市场资源和外部环境资源。

目前，在企业管理中存在以下资源配置问题：

资源配置制度问题。在现代社会的人们工作和生活中，对消费品的功能和质量的要求越来越高，企业在生产过程中采用的技术、使用的物资也越来越复杂，这对企业的管理能力和资源配置能力都提出了更高的要求。但是，一些企业在研究制定合理的资源配置体系时,由于缺乏相关经验,没有充分考虑在资源配置过程中可能出现的各种问题,无法提供合理的方案。

资源配置技术问题。资源配置主要包括两个基本方面:即人力资源与物质资源。由于不同部门在各时期的情况不同,所以在开展与组织资源配置等工作中所面临的问题与考虑都是不一样的。因此,企业要真正实现对各个部门人才的优化配置,必须具备更高水平的人才配置技术。然而,一些企业由于自身经验和技术的不足,在面对新情况时,不能及时地制定出相应的对策,对企业的发展造成了不利的影响。随着全球化经济的不断发展,各国企业间在资源配置及技术的互动日益增多,国内许多公司与企业之间在资源配置和技术上都取得了许多创意性的突破。但是部分企业没有及时地对相关人才进行专项技术的培训,导致与市场脱节而造成技术性资源的严重浪费,甚至导致整个企业治理的混乱,给企业造成一定的经济损失。

资源分配不均。在企业的生产经营活动中,由于各部门开展的工作不同,所需要的资源种类和数量也不同。在企业管理中,很多企业为了节约成本、避免内部矛盾,通常是制定一刀切分配政策,没有根据各部门的具体情况定制资源分配标准和方案,因此造成部分资源浪费、投入产出比低下。

4.2.2 实现数据资源化的技术核心

大数据是指无法在一定时间范围内用常规软件工具进行捕捉、管理和处理的数据集合,是需要新处理模式才能具有更强的决策力、洞察发现力和流程优化能力的海量、高增长率和多样化的信息资产。

大数据具有五大基本特性,即5V:volume(量大)、velocity(高速)、variety(数据信息量的多样性)、value(低于峰值信息密度)和veracity(数据信息的准确真实性)。

目前,中国正处于大数据快速发展的关键阶段。随着中国移动计算机和移动互联网等现代信息网络技术的飞速发展和广泛应用、普及,行业内各类应用数据系统的覆盖范围迅速不断拓宽,因此衍生出大量应用数据也在呈现出一种爆炸式增长趋势。动辄达到数百TB甚至数十至数百PB规模的行业/企业大数据已远远超出了现有传统的计算技术和信息系统的处理能力。因此,寻求有效的虚拟大数据处理基础技术、途径和应用手段,已经成为推动当今社会和虚拟现实信息世界共同发展的迫切技术需求。

目前,百度统计整体的用户总数和数据量已经基本突破1000PB,每日统计需要数据分析和统计处理的海量网页统计数据已经基本突破10~100PB;淘宝的每日累积在线交易用户数据量最多高达 100PB；Twitter 每天在全球最大范围内累计发布总量超过 2 亿条的相关信息，新浪微博每天在全球最大范围内累计发布 8000 万条的相关信息。

在此背景下，许多技术都取得了新的进展。目前，对大数据的组织和收集主要有两种方式：集中收集和分布式收集，通过这两种方法收集的数据也可以以多种形式存在，包括表、树、文件等。传统的数据存储方式在许多方面都受到限制，如数据容量小、处理速度慢等问题，无法处理更多大数据的问题已经不能满足人们现有的需求。

云计算是采用分布式数据存储管理系统对不同属性的数据进行归类和整合存储，通过对属性的查询和及时地检索数据，大大提高了信息和数据处理的准确度和效率；同时，可以充分利用现代大数据和计算机技术，对部分数据进行压缩，使其占用更小的内存，便于高效、准确的管理。此外，第五代移动通信技术（5G）、边缘计算、时序数据库、工业互联网、数据湖等也在助力大数据的发展，促进数据资源的利用。大数据技术的蓬勃发展得益于信息技术的进步和互联网应用的广泛普及。在大数据背景下，实现数据资源的技术核心是数据的有效存储和信息的有效传播。为此，需要详细地学习和掌握 5G、工业互联网、数据湖等。

1. 5G

全球移动通信系统（GSM）最初的设计目的就是用数码技术替换模拟技术，提升语音通话的质量，增加频谱资源的利用效率，降低互联网的成本。GSM 是迄今为止最成功的无线通信技术之一，已实现全球范围的漫游，它主要解决了移动通信中的语音通话问题，随着人们对移动大规模数据需求的扩大，第三代移动通信技术（3G）应运而生。随着人们通信需求的不断发展，GSM 也在不断地迭代更新。目前，人类已经进入第五代移动通信技术时代，即 5G 时代。

5G 是指具有高速率、低时延和大连接特点的新一代宽带移动通信技术，是实现人、机、物互联的网络基础设施。5G 通信技术是在原有的无线通信技术的基础之上进行技术改造与升级，从而具备了更强的性能优势，如速率更快、更具兼容性等。5G 无线通信网络可以实现对 2G、3G、4G 网络的兼容，在兼容多种网络通信技术共同工作下，还可支持 Wi-Fi、蓝牙等无线技术。它是实现人、机、物互联的网络基础设施，5G 技术的出现加速了万物互联时代的到来，使得互联网的范围、容量和速度等级大幅提升。

5G 国际技术标准着眼于满足灵活多样物联网的需求。在频带方面，可同时支持中、高频。中、低频频段满足覆盖和容量需求，高频频段满足热点地区容量增长的需求。这有助于延伸过往移动网络应用场景，更好地实现人、机、物的万物互联。此外，由于5G还具有低功耗、窄带宽等特点，在实现万物互联的同时，还可降低成本。

对于企业来说，可通过使用5G通信技术进行商业化部署，降低企业专网、局域网建设成本以及为解决兼容性而产生的成本。5G是一种面向服务的创新架构，它支持灵活的部署及其对应的差异化业务场景。5G系统采用全业务系统设计，将网络功能进行模块化，支持根据需求自动调用，实现多种功能结构。

随着国际标准组织3GPP对于5G标准的制定与推广，5G网络相关的模组、芯片成本也将大幅降低，对于终端企业的使用成本也将对应降低。因此，对于企业来说，5G不仅可以提高企业获取和使用网络的能力，同时也从多方面降低了企业的使用成本。

2. 边缘计算

边缘计算是指在靠近物或数据源头的一侧，采用集网络、计算、存储、应用核心能力为一体的开放平台，就近提供最近端服务。它是5G网络架构中的重要环节。边缘计算是云计算的延伸概念，相较于云计算，边缘计算的计算能力没有那么强，但是由于物理距离近，因此具有低时延、低带宽、高安全的特点。通过边缘计算，数据可以在本地完成处理、存储和转发，无需传送到远程的数据中心。

在5G移动网络架构下，边缘计算的优势将会充分发挥。移动边缘计算是将计算任务迁移到移动接入网的边缘，这样大量边缘基础设施，如基站将不仅是信号转发设备，还可配合完成复杂的计算任务。边缘计算的发展趋势是"云、边、端"一体化。

边缘计算在工业和企业的数智化进程中发挥了重要作用，它提高了数据的计算效率、性能以及安全性，从而实现计算资源的优化配置，降低企业的使用成本。

3. 工业互联网

工业互联网的本质是通过一个开放的、全球化的新型工业层次网络平台，将所有的生产设备、工厂、供应商、产品、用户等有效地衔接与整合，实现高效共享现代工业经济活动中的各种元素和资源，从而使我们可以通过工业信息自动化，智能生产的方式减少成本，提高效率，帮助中国制造业向传统产业延伸，促进中国制造业向新兴产业转变和发展。工业互联网通过智慧机器之间的相互连接，致力于实现人类之间的相互连接，结合软件和大数据分析，重构一个全球性的新兴产业，刺激了生产力，促使世界变得更好、更快、更安全、也更清洁。

"工业互联网"是第四次工业革命的一个重要依托。作为中国进行数字化经济转型的关键性支撑技术之一，它在中国乃至全球各地的市场上，正在改变传统的制造模式、产品生产结构乃至行业结构，推动传统产业的加快转型升级，也加快新兴产业的发展和壮大。

工业互联网的基本结构包括：智慧的连接层、转换层、计算网络层、认知层以及配置层。其中，智慧的连接层提高了企业大量数据可访问性；转换层是将数据信息转化为可视化信息，并通过对可视化信息处理、分析和挖掘获得有价值的信息；计算网络层则是将收集到的信息与实际工作情况进行对比和分析，发现机遇和挑战；认知层的目的是为管理人员提供前三层的资料，便于管理人员做出合理的判断和有效的决策；配置层是通过网络空间把决策信息传递到物理空间，进入价值子系统后实现设备的分类。

全球的信息通信技术公司、制造公司和互联网公司等多根据各自业务发展角度和技术基础，构建了符合自身需求的工业互联网平台。而中国的工业互联网平台，虽然发展的时间较短，但速度很快，正向规模化、商业化方向发展。

目前，中国的工业互联网发展水平与先进技术国家相比还存在在产业支持、核心技术、综合能力等方面的差距。主要是由于中国企业普遍数字化、智能化水平偏低，缺乏核心技术的突破以及行业通用标准的不完善。

随着中国工业互联网技术创新驱动发展战略的进一步深入和实施，工业互联网不断地被赋予了新的任务和使命，成为促进中国现代制造业体系升级、支撑装备制造业发展的重要推手。

提高工业大数据资源的管理能力，对构建良好的工业互联网具有重要意义。推动产业大数据信息资源服务能力的提高，可以有效地支撑产业大数据互联网高质量的发展。中国的工业互联网正在加快推进中，在网络、平台、安全性相关技术上都实现了突破。

4. 时序数据库

时序数据库是指处理带时间标签（按照时间的顺序变化，即时间序列化）的数据，带时间标签的数据也称为时间序列数据。时序数据通常是被长期保存用于做离线分析的数据。

在工业领域中，时序数据具备以下几个特征：1）数据带有一定的时间戳，是按照时间顺序排列；2）数据是结构化的，且数据源是唯一的；3）数据的分析往往是基于时间段或某组设备的数据变化趋势，单一时间点的数据价值有限；4）数据量巨大，由于时序数据通常是通过传感器自动采集，因此数据体量非常大。

时序数据的数据价值通常需要通过分析、计算处理来体现。例如在智能工厂中，通过物联网、大数据等技术，对工厂生产设备的数据进行实时采集而形成了时序数据。这些数据体现了工厂的设备在某个时间段内，生产进度、生产效率、生产原材料使用情况等，此外，还能体现人员、机器、原材料以及其他生产资源的配置情况，工厂的管理者通过这些数据分析结果，可以更具体地掌握工厂的情况，为管理人员提高生产效率、降低安全风险等治理方案的制定，提供了有序、可视的数据基础。

5. 数据湖

数据湖是企业数据信息的统一存储的大型仓库，以原始数据的形式存储企业的各种结构化、半结构化、非结构化数据。整合接入多种数据源和主流数据库，能够将企业各种信息系统的数据入湖，并提供用户友好的数据查询及数据深层次分析接口。

通过使用数据湖，企业可以更隐式的实现更优化和统一的数据模型，而不必过分担心它会给业务流程带来任何不良影响。这些业务流程都是解决具体问题的"专家"。数据湖基于从实体所有者相关的所有系统中捕获的全量数据来尽可能"丰满"地表示实体。由于企业的数据湖在其物理和表示上更好、更完整，确实为企业的信息化和数字管理工作带来巨大的帮助，让企业对未来的成长方向有了更多洞察，帮助我们实现业务目标。

数据湖能够从以下几个方面对企业有帮助：1）实现数据治理与数据的联系；2）通过机器学习和人工智能技术的运用来实现企业的商务智能；3）预测性分析；4）信息的跟踪及一致性的保证；5）基于历史分析产生新的数据维度；6）建立一个集中的数据中心，存储企业全量数据，有助于企业实现数据有效传输；7）帮助组织或企业在业务增长方面更好地做出决策。

不同的组织具有不同的偏好，会使用不同的形式来搭建数据湖。因此，数据湖的构造方法受业务、办理流程、企业现有体制等各种因素的影响。

构建一个好的数据湖应将一个企业及其信息系统视作一个整体进行看待，对于数据的所有权、相互关系进行分类，并确定一个统一的企业模型。这种方法在设计和执行过程中存在挑战，并且可能会需要很多时间和工作量，但是建立好的数据湖能为企业提供灵活的、操作性强的、稳定的数据系统。

4.2.3 数据资源化的实践案例

作为新一代通信技术，5G技术高带宽、低延时的特性，恰好契合了传统制造企业智能化转型升级对于无线网络的需求，5G技术可以满足工业制造场景中的设备互联与交互需求。

基于5G网络，实现无线传感器、视频监控等设备的实时数据采集与传输，工厂的数据处理中心可以通过数据分析，及时地发现设备故障或其他影响生产的问题，从而提升生产效率，降低次品率以及人工成本。此外，5G技术使远程操控更加高效。通过5G网络、雷达设备、视频设备、传感器等，可实现对于危险作业环境的无人勘测、远程施工与制造。

总而言之，在工业生产场景中布置5G网络，有助于企业实现设备数据的采集、厂内车辆的通信与控制、数据传输和边缘分析等。

(1) 5G智能工厂的定义

5G智能工厂作为一个实现工业智能化制造的重要载体，是指以先进的信息网络技术与先进制造技术的高效率和深度结合，实现对工厂的生产管理、经营管理、企业管理三个层次所有各个业务流程的一个闭环式管理。

与其他传统制造厂相比，智能化制造厂广泛地采用各种传感器和机械手；基于互联网的大数据和云平台的智能分析工具，能够帮助中国企业制定更加科学的战略决策；与此同时，生产者的地方化观念在不断削弱，本土化观念也在逐渐削弱。而且生产正在从一个方面转向另一个地方的互联网化与协调式生产。信息网络技术使得处于不同地域的公司在全世界范围内都能够实现信息共享，实现了资源的高效协作与合理配置。

互联网是5G智能工厂的基础。先是有了大连接才会拥有大数据，才会拥有智慧，才会拥有智慧化生产和制造。

网络连接系统是一个智能化工厂发展的基石，创建一个低延迟、高可靠性的网络基础设施是实现所有元件和链路无处不在、深度互联的重要技术前提。对于中国新增四大制造业基地之一的"网络"，《中国制造2025》明确提出"加强工业互联网+基础设施建筑物搭配规划布局，打造低延时、高可靠性、宽覆盖的工业互联网"。在中国大型工业企业互联网网络体系中，工业企业内部的网络已经实现了整个工厂内部的各种生产要素之间的互联、通信；工业企业的外部网络已经实现了制造商与智能化产品、使用者、合伙人以及企业等行为各个环节之间的广泛互联。

网络是建设5G智能工厂的重要基础，网络也是互联网的载体。随着互联网的发展，目前，5G已被逐步投入商业。它的超低时间延迟、超高可靠度、海量链路和超大带宽将会为智慧化工厂目标的达成奠定扎实的基础。

(2) 5G智能工厂的构成要素

5G智能工厂的一个典型制造执行车间，主要由六类要素构成——生产环境、物料的供应、生产设备、PLC、制造执行管控系统和人。

生产环境：包括温度、湿度、灰尘、有害气体、循环风速、光照等生产车间内所必需的环境条件。

物料的供应：主要用于加工和生产所需物品的载体或货架，运送物料的设备（如叉车、AGV）。

生产设备：按照生产设备可以划分为各种自动化的机械设备和其他生产设施。自动化的机械设备主要有机械臂、数控机床、流水线等由各个站点PLC进行控制的机械设备；其他设备还有如工具、仪表、安全性能配套等无需PLC控制的有关生产设备。

PLC：作为一个独立可编程的微控制器，通过控制指令的数据输入和信号输出功能自由地控制不同应用类型的各种工程机械设备或者各种工艺生产流程。MES中的调度可以控制多个生产线上的PLC；生产线PLC是一条基于工厂原材料的总自动化控制模块，同时可以控制几个工厂站点的PLC；一个工厂站点PLC可以控制一个工厂作业单位的各个设备，直接通过与生产设备的气压阀、I/O模块、传输带、机器人进行对接。

制造执行管控系统：一个位于车间内的顶层制造执行管控系统，中国传统的车间主要是由MES组合构成，其用于对车间制造资料进行数据管理、计划安排管理、生产调度管理、库存管理、工具和安装管理等。MES通常都会集成为SCADA（数据采集和监视控制系统）这样的传统制造实施执行层次的信息系统。而随着互联网的发展，一些先进技术例如环保检测和管理、AGV（自动牵引汽车）调度和控制、生产设备的预防性和安全维护等创新型管控系统MES共同形成了更加智能化地制造和执行管控系统。

人：即使是自动化生产车间，也仍然离不开人的干预。譬如新上设备需要人来安装调试，关键操作需要人员参与，生产环节出现高级告警需要人工排查处理，复杂生产设备需要人工巡检等。

在由上述要素构建的5G智能工厂中，有五大生产制造应用场景：实时工业控制、设备检测管理、环境检测管理、物料供应管理、深度媒体交互。这五大场景中都有对连接的需求：1）工业的自动化控制，需要采用自动化的机械装置与PLC间的相互连接；2）设备的检测和管理，需要实现生产设备和制造监督管控系统之间的衔接；3）环境质量的检测和控制，需要实现生产工艺环境和制造监督系统之间的衔接；4）对于物料的供应和管理，需要实现物料的供应和生产管控体系间的衔接；5）人员的操作和交互，需要人与生产执行之间的链路相连。

（3）5G智能工厂整体方案

对于一个比较典型的智能工业园区，爱立信5G智能自动化工厂的具体解决方案是：五大应用场景无线智能接入+三张智能切片+三朵智能云。

1）五大应用场景无线智能接入。五大场景中各终端设备、传感器通过5G模块接入5G网络。终端根据场景的不同，选择合适的5G模块。如设备检测管理、环境检测管理、物料货架监测管理符合物联网场景，需要低功耗终端模块可采用5G的NB-IoT（窄带物联网）接入。

2）三张智能切片。5G采用了切片内的网络配置方式，对于一个工厂可以同时提供多个网络进行切片，承载不同种类的业务，切片内部的业务对于网络的要求相似，切片业务也可根据其需求的特点自动进行配置，便于工厂用户按需定制网络。

根据5G智能工厂具体的连接要求和对网络的要求等特点，可设计和构建3张切片。

工业控制切割：URLLC低时延高可靠的通信类型网络连接所应用的技术。特别适用于各种可靠性、时延灵敏度和精确率要求较高的行业应用，特别是在工业过程中的自动化控制、机器人调度、遥测操控等应用。

工业无线多媒体视频剪辑：eMBB增强型移动宽带网络连接所应用的技术。移动性强、高数据带宽，适合广泛应用在具有大数据量的各个网络业务应用领域，例如人员通过AR、高清晰度的网络视频进行互动应用场景。

工业应用物联网数据切片：mMTC对大中小规模的工业物联网数据连接应用提出了更高要求。低成本、低消耗能源、小型终端数据库打包、海量数据链路无缝连接，适合在多个终端上同时接入客户个性化和客户数量需求较多的终端业务监控应用，例如终端物料质量监控、装置质量监测、各个环节过程监测。

每个网络切片将根据场景需求通过特定编排独占特定网络资源，切片间独立工作，互不干扰。

3）三朵智能云。5G智能工厂的5G网络资源深度云化，根据网络承载的内容和被部署的地点，可划分为由运营商自行经营的中心云和边缘云，根据距离和工厂侧的距离，依次向外部署中心云和边缘云，越是靠近工厂侧，云上越多地向外部署对于实时性、安全性要求高的业务。根据切片网络对网络性能的要求，不同切片将选择适合的云部署相应的应用。由于核心网能力下沉，在对时延要求高的切片中，5G核心网将部署在近工厂的云中。

由于5G智能工厂对数据的打通，工厂外的云、工厂自己的云，以及运营商的云，实现了数据互联互通，产生了更高的经济价值。

5G 网络在工厂中得到了广泛的运用，可帮助企业进一步降低投资成本和运维成本。

新建工厂时，基于 5G 网络的智能解决方案架构，可以实现传统硬件控制部分的云化，减少硬件设备的投资，降低了 ICT 投资成本；可以实现边缘分布式云＋公共移动网络取代私有云＋私有网络，资源进一步集中和普遍化，从经济角度降低单位投资成本。

5G 应用于环境、设备、产品、物流、售后市场的检查，可降低运维成本，降低间接劳动力成本。基于 5G 网络架构，可以充分利用原本无法移动、无法大规模使用的机器和机械手，进一步实现机器替换，节约生产人工成本，降低 ICT 系统运维成本。

4.3 数据资产化：分级分类与质量体系

根据《企业会计准则—基础准则》规定，"资产是指由企业过去的交易或事项形成的、由企业拥有或者控制的、预期会给企业带来经济利益的资源"。根据流动性，资产可分为流动资产、长期投资、固定资产、无形资产和其他资产。其中，流动资产是指能够在一年内或一个商业周期超过一年内变现或消耗的资产，包括现金、银行存款、短期投资、应收及预付款项、预付费用、存货等。长期投资主要是指短期投资以外的长期投资，包括所有持股时间在一年以内（其中不含一年）的各类股权投资、不可能进行变现或尚未做好准备进行变现的债券、其他负担债务的投资和其他长期投资。固定资产主要指所拥有的房屋、建筑材料、机械、交通工具和其他与生产、经营活动有关的，并且使用寿命在一年以上的装置、器具、手臂等。无形资产是指企业向他人进行生产销售商品、服务或者从事经营管理而必须持有的一种非货币化、没有任何实物形式的长期资产。其他资产一般是泛指流动资产、长期投资、固定资产和其他无形资产以外的所有资产，如固定资产形成的长期递延费用、修理费用、重建费用等。

实现数据要素化市场化改革是促进数据"资产化"的关键，这包含两层意思：数据要素化和要素数据化。所谓数据要素化，即数据需要成为要素，企业需要将数据转化为能够创造价值的生产资料。要素数据化，其他生产要素需要和数据要素融合，创造出很多新模式，比如新兴的工业生产模式、资本市场运营模式等。因此，数据要素化和要素数据化的过程，是基于数据的价值创造的过程，也就是我们所说的数据"资产化"的过程。

数据资产化是将数据与特定应用场景相结合，以提高企业的业务效率，改善存在的问题。要实现数据资产化，首先要确认数据权利、数据资产的核心是数据治理。

4.3.1 数据资产化有助于提升业务效率

实现数据资产化的主要难点在于企业管理成本高、数据维护成本高、质量管控难和数据异构系统多、信息孤岛现象普遍。

1. 企业管理成本高

管理成本是近几年相较于其他财政管理成本（实际成本）所提出的新成本概念，是中国企业内部成本控制中各项主要成本费用的计算总和，诸如责任成本、变动成本、边际成本、设计成本、质量成本、差别成本、机会成本、沉没成本、重置成本和固定成本等都属于管理成本的范畴。这些财务成本主要是根据公司财务管理的不同业务的要求等进行分析计算合理得出来的，根据财务成本等相关数据进行不同的分类、分析和调整。因此，管理成本是对财务成本的深入研究和发展。

目前，大数据背景下的企业管理成本存在以下问题。

传统管理模式效率低、效果差。在传统管理模式中，很多企业，特别是大型企业，倾向于聘请职业经理人作为企业管理者。职业经理人的优势在于具有很强的企业管理能力，大型企业的公司、业务、销售、财务等数据信息繁杂，以及跨部门之间的信息壁垒，导致职业经理人很难在短时间内摸清企业脉络，由于对于企业或行业缺乏了解，职业经理人在制定或改进企业管理制度时常常会出现偏差。

高端技术人才匮乏。大数据时代，企业的成本管理不能仅依靠技术，还要遵循经济效益的原则。企业在获取有价值的数据后，还需将其转化为有价值的信息，这需要企业具备即懂技术又了解成本管理的复合型人才。

大数据技术的应用成本高。企业引进一项技术或改进一项制度将会花费高昂的成本，这是由相关技术成本高、数据资源质量参差不齐等原因造成。企业如何通过花费较少的费用获高质量的所需资源是现阶段的核心问题。

2. 数据维护成本高、质量管控难

数据维护是整个系统维护的重点和基础内容之一，其中包括对数据内容的维护（无任何错误或遗漏、无冗余、无有害的数据）、信息更新和信息逻辑的一

致性等方面的维护。

数据维护所需的人力物力相对较高，投资成本与收益未必能成正比。如何解决高昂的数据维护成本是一个需要关注的问题。

数据质量管理，主要是指对于数据从规划、获取、维护、应用、共享、保存直至消亡的全生命周期内所有可能出现的各种信息、技术问题而实施的跟踪、识别、监控、预警等管理活动，并通过改善和提升组织管理人员的技术水平，改善和提高资料的质量。数据质量管理是一个循环性的管理工作过程，其最终目的就是通过可靠的大规模数据库来保证企业的数据质量和信息化在实际运营中的有效性，最终给企业带来更多的经济效益。

目前，影响数据质量的原因主要包括：信息因素、技术因素、过程因素和管理因素。信息因素是指元数据的描述、理解上的错误以及数据度量的各种性质不恰当；技术因素是指数据处理技术异常而影响数据质量问题；过程因素是指数据创建、传递、装载、使用、维护、稽核过程中，系统作业或人工操作设置不当而造成的数据质量问题；管理因素是指由于操作人员或管理机制而造成的数据质量问题。

中国统计数据资料质量管理难点主要是数据源头质量控制难。其原因是：一是基层统计的组织建设仍然存在着统计制度体系不健全，内部统计监督管理工作岗位力度薄弱，统计资料管理混乱。二是由于统计调研涉及范围广、工作任务繁重、时限紧、被调查人员虚报，难以及时地发现并纠正漏报统计数据的情况。三是统计研究中的调查，发现工作者素质参差不齐。很难做到保证调研数据的准确性和质量。四是统计调查方法的缺陷难以消除。

3. 数据异构系统多，信息孤岛现象普遍

信息孤岛是指两种网络之间没有任何功能连接互助、信息不共享交换、信息与业务流程和应用软件相互脱节的计算机应用系统。信息孤岛本是一个比较普遍的问题，不是某个人的问题，也不是中国信息化发展进程中的特有问题，它是全球范围的共性问题。

信息孤岛问题不仅存在于企业内部，同时也存在于企业之间。在企业的信息化进程中，有着从初级阶段逐步迈向中级阶段最后达到高级阶段的发展过程。信息孤岛问题的产生，往往是由于企业在进行信息化发展的初级阶段单纯地求快而忽略了数据标准化与信息共享问题所导致。

在此阶段，企业处于不断试错、不断探索的阶段，对于自身信息化的需求认知并不到位，认知也存在偏差，因此导致在制定信息化相关制度和标准的时候，无法做到周全而长远的规划，企业容易仅从各部门需求出发进行信息化改

革，最终导致各部门信息化数据标准不统一，导致信息壁垒和信息孤岛。

专业人员把数据孤岛划分为两个类型：物理数据孤岛和逻辑数据孤岛。物理数据孤岛是指数据在不同的部门中独立进行存储和维护，相互隔离，形成一个物理上的孤岛。所谓的逻辑数据孤岛就是指不同的部门从自身的角度来正确地理解和界定数据，使得相同的一些数据被给予不同的内涵，这无形中增加了各个部门之间数据协调工作的时间和沟通费用。

目前，数据孤岛在企业中非常普遍，特别是在集团企业中。原因如下：1）大多数企业都是按职能部门划分的，这种划分在集团型企业中应用更为广泛。企业的每个部门都会产生相应的数据，但由于部门之间的相对独立性，数据是分开放置和存储的。而且由于各个部门视角的不同，在数据的使用和定义上存在较大的差异，最终导致数据无法沟通，形成孤岛。2）企业信息部门的设立相对较晚，这个问题在较老的企业中更为突出。因此，占主导地位的业务部门会考虑绕过信息部门独立完成相关数据操作，这是企业内存在数据孤岛的重要原因之一。3）企业信息系统建设标准不统一。早前的信息化建设并未考虑到日后企业内的信息共享需求，通常是基于业务逻辑建立，由于业务需求不同，各部门之间的信息化系统的标准也不尽相同，这将使未来的数据互通更加困难。

数据孤岛于企业"数智化"发展的影响不可忽视。一是多端口数据收集、重复数据输入和进行多头数据利用及后期维护的海量数据。使得许多企业的大量使用数据处理资源过于分散、冗余，数据的处理综合分析使用和数据处理工作效率相对较低，失去了企业数据处理统一、准确的理论基础；二是由于企业内部缺乏业务信息功能交互和业务数据共享机制，导致企业的业务物流、资金流和大量的业务数据信息流相互脱节；三是孤立的大型数据体系无法有效地提供跨行业、跨系统的整体综合信息，难以形成有价值的资料，部分信息也无法被转化为管理知识，企业的战略决策和支持也就只能是一句空谈。同时，由于这些企业大型人力资源数据孤岛特殊性的存在，也会影响数据的分组和产业化应用。

4.3.2 实现数据资产化的核心技术

1. 数据标准

数据标准是数据标准化的主要依据，通常可分为基础类数据标准和指标类数据标准，是一个从业务、技术、管理三方面达成一致的规范化体系。

数据标准的核心是为业务、技术、管理提供服务和支持。业务方面，通过数据标准化，解决数据不完整、不一致、不准确等问题，减少各部门之间的对数据二次核实的成本以及沟通的成本，提升企业的业务效率；技术方面，数据标准化是企业数据共享的基础，标准化的数据模型、数据元为高效率的企业信息系统奠定基础；管理方面，清晰的数据标准为管理过程中明确权责提供依据，为数据质量、数据安全提供制度保障。

数据标准主要包含：元数据、主数据、数据代码、数据规范、数据交易与数据共享等标准。

(1) 元数据

元数据是企业数字治理的基础，最常见的定义是"关于数据的数据"，它是反映数据的对象、关系、事件、交易等，即能够用于描述数据的数据就是元数据。元数据通常包括：业务元数据、管理元数据和技术元数据。元数据分类如图 4-2 所示。

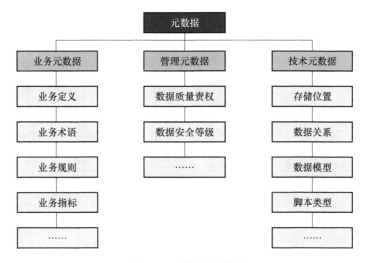

图 4-2 元数据分类图

元数据管理可以帮助企业，特别是管理人员，明确企业有哪些数据以及被存储的位置，从而帮助企业更好地对数据进行资源化管理，理清数据关系，实现技术数据的高效、精准的企业治理与决策。

(2) 主数据

主数据是指企业范围内各系统之间需要共享的数据，是为了满足企业跨部门协作需要共享的以及能够反映企业核心业务现在的数据信息，如客户、供应商、相关组织等数据。

主数据管理是确保主数据完整性、准确性、一致性和相关性的规则、应用和技术。做好主数据管理，将有助于企业加快数字化转型，从而提升企业经营效率、降低企业经营风险、提升企业业务敏锐度等。

2. 数据血缘

数据血缘是指在数据生产、架构、流转、消亡的过程中，数据间形成的一种关系，这种关系类似于人类之间的血缘关系，因此称之为数据血缘。数据血缘包含以下几种特点：归属性、多源性、可追溯性和层次性。

通过对数据血缘的分析可以解决下列问题：1）对数据进行溯源，特别是在数据发生异常时，通过溯源，有助于发现数据异常的原因；2）数据估值，根据数据的血缘关系、可从数据受众、数据更新频次和量级等因素，对数据进行价值评估；3）数据质量评估，通过追溯数据血缘关系，可以跟踪到数据处理的过程，因此掌握对数据进行质量评估的依据。

3. 数据清洗

数据清洗工作就是对资料进行再次审核、验证的工作。它的目的主要是通过修改或者删除所有重复的信息，纠正当前现有的错误，并为用户提供一致性的资料。对于数据清洗可以从它的名称上明显地看出"洗掉"脏的，是指通过检查发现并纠正数据文件中所有被认为是错误的最后一道程序，包括检查数据的一致性、处理数据的无效值和缺失值。由于数据仓库里的数据都是面向某一具体主题的大量数据汇总，这些数据从许多不同的业务系统中提取，并且都包含了历史数据。这样就不可避免地会导致一些数据是错误的并且一些数据又是相互冲突的，这些错误或相互冲突的数据明显都是不可取的，被统称为"脏数据"。我们必须遵循一定的原则"洗掉""脏数据"。这就是对数据的清洗。数据清洗的目标就是将满足需求的信息进行过滤后存储下来，将其中的数据进行过滤后再提交到相应的业务单位，确认它们是否被业务单位过滤或者修改后，再对其进行提取。不满足要求的数据主要可以划分为三种类型：不完全的数据，错误的数据及重复的数据。数据清理不同于问卷审核。数据录入后的清理工作一般由计算机完成，而不是人工。

数据清洗的基本原理就是运用与数学统计、数据挖掘或者采取预定义清洗规律等密切相关的技术，将脏乱的数据转换成能够满足数据质量需求的数据。一般而言，进行数据清洗就是精简数据库以删除所有重复的记录，并将其中剩余的部分以标准能够接受的形式进行格式转换的过程。数据清洗从保证数据的准确性、完整性、一致性、唯一性、适时性和有效等多个方面来处理数据遗漏、值越界、代码不一致和数据重复的问题。

数据清洗通常都是针对特定类型的应用，很难从实践中总结得到统一的清洗方法与步骤，但是可以根据各种情况给同类型的数据进行清洗。

1）解决不完整数据的方法。在大多数的情况下，缺失值必须手动填写（即手动清除）。当然，一些数据源中缺失的值也可以从这个数据源或其他的数据源派生出来，这些数据源可以通过平均、最大、最小或更复杂的概率估计方法来进行替换这些缺失值，以便于达到数据源清洗的主要目的。

2）错误值的检测及解决方法。使用一些传统的数据统计学和数据分析方法技术看起来可以帮助我们确定各种类型可能都会发生的数据错误的数值或者是距离群的错误值，例如使用偏差数值分析，确定一个不需要遵循的代数分布式或回归方程的错误值，或者说只是通过使用简易的专业规则数据库（其中包括专业常识应用规则、业务流程中的特定应用规则等）可以进行自动检查数据的错误值，或者说只是通过使用不同的数据属性之间的相互约束，对外部的复杂数据系统进行信息检测和数据清洗。

3）重复记录的检测及消除方法。在数据库中有着相同的属性取值的记录可以视为是一个重复的记录。通过判断这些记录之间的属性取值是否相等可以用来检查这些记录之间的属性值是否相等，相等的记录被整体地合并到一个记录中（即合并/清洗，merge/clear）。合并/清除是一种可以消除再现性和重复性的基础。

4）不一致性的检测及解决方法。来自许多个数据源的集成化数据之间可能会存在着语义上的冲突。可以根据需要定义一个完整性的约束来检查其中的不一致性，或者还可以对数据进行分析和连接，以确保其中的数据一致性。

4. 质量检验

在进行数据分析之前，必须对数据进行检验。数据质量是保证数据应用的基础。其评估标准主要有四个指标，即完整性、一致度、准确性和及时性。

完整性主要是用来描述数据资料是否有缺失。遗漏数据的情况很有可能就是遗漏了整个数据的记录，或者遗漏了数据记录中的一个特定信息字段。不完全的数据在技术上的价值会被大幅度地减少，也是衡量数据质量的最基本评价指标。

一致性就是指采集到的数据能够遵循统一的标准和规范，以及数据采集能够维护统一的格式。而数据质量的一致性主要表现为对于数据的记录是否规范以及其与数据是否符合逻辑。

准确性指的是检查数据当中所有记录信息都有无异常或漏洞。存在准确性问题的数据并非只是不统一的规律，最普遍的数据准确性错误就是乱码。其次，异常大或者是异常小的数据也都被认为是不符合的。数据质量的精度和准确性很有可能既存在于单独的记录中，也存在于全部的数据集中，例如记录有误差的数量等级。此类型的误差可采用最高与更低统计学的方法对审计结果。该数据通常应当满足正态分布的规律。如果一些相对于较少的数据有了问题，可以用另一些相对较少的数据进行判断。如果一些少量的数据有明显的准确性问题和明显的格式字段缺失，我们必须优先考虑去掉这些数据。

及时性主要是指数据从产生到可以查看的时间间隔，也就是所谓的数据延时时长。及时性对于数据分析本身的要求并非很高，但如果分析的周期与构造数据所需要花费的时间太多，分析所获得的结论就很有可能会丧失参考价值。及时性影响大数据离线项目不大，但对大数据实时项目具有很强的影响。

数据质量检查一般包括以下几个关键过程：

1）定义特定的数据质量指标。仅拥有上述广泛而粗糙的数据质量检查是不够的，我们需要测试具体的指标。例如，它是什么类型的数据？数据长度是多少？什么是数据约束等。重要的数据质量指标应该基于行业和特定领域的需求，且各不相同，而不是复制一个模板。

2）进行初步测试以确定基准。如果不进行初步测试并尝试定义基线状态，则无法真正促进数据质量的改善。

3）尝试解决方案。一旦确定数据质量存在问题就应解决它。我们需要与不同角色的人沟通，比如业务人员、开发人员和产品人员，以探索和尝试更多不同的解决方案。形成即时解决方案和长期解决方案，避免数据质量问题的再次发生。

4）评估解决方案。在解决方案定义和实现一段时间后，需要对它进行评估。结果变了吗？我们的数据质量标准提高了吗？请根据实际情况调整甚至修改解决方案。

每个组织、团队和业务的数据质量是不同的，但只要我们为业务定义有意义的标准并执行实际测试，就可以确保找到改进的方法。

5. 分级分类

在国际上，数据分类分级一般统称为 Data Classification，分类的级别和类型根据需要进行描述。数据分类广义上被定义为将数据按类别进行组织，以便更有效地使用和保护数据，更容易地定位和检索数据的过程。数据分类在风险管理、遵从性和数据安全性方面尤其重要。

中国将数据分类与分级进行了区分。分类是根据数据的特征及属性不同对其进行分类，分级则是根据特定标准，按照层次和大小对同一类别的属性进行分类。该部门对于分类和分级这两项任务，目前还没有明确次序关系的规定或标准，但一般都遵循先分类后分级的顺序。

如何对数据进行分类和分级：首先，建立强制统一的识别制度、统一的登记备案制度和执行机构、统一的分级保护制度；其次，建立统一的数据分类体系。

目前，数据分类保护法规最多的行业主要是金融行业。基本分类路径是根据受影响对象、影响范围、影响程度将数据划分为不同类别,然后通过业务和数据分割形成总到分整体逻辑系统。对此,可以结合政府部门、重点行业和主管部门的意见,建立符合中国基本国情的行业标准、面向业务的核心数据类型,并根据核心类型的概念向外辐射,确保数据类别与安全防护要求基本一致。

此外,数据的分级保护也需要为相应的法律责任提供保障机制。数据安全机制的建立和安全保护目的的实现,最终将通过多部门法律的联动、共治来实现。特别是在当前数据权属不清、纠纷频繁的市场形势下,要最大限度地释放数据生产能力,需要建立严格的问责机制,落实义务。法律责任的落实是一项系统工程,需要建立民法、竞争法、行政法、刑法等多层次的法律责任体系。

4.3.3 数据治理的实践案例

1. 某互联网企业的企业数据治理

(1) 面向消费者:可以创造更大价值

第一,利用互联网数据资产来实现精准的销售,利用互联网大数据将所有商品都卖给了需要商品的顾客。通过从企业本身的平台上搜集行为数据,对这些数据进行分类,选取概率最大的产品并推送到用户。其次,公司与其他一些拥有较多大型信息化数据库的组织或者机构建立了紧密的联系,以提高销售信息的准确性,从而提高了公司营业盈利。

第二,利用数据资产管理方式来优化供应链的运作。在这一阶段,各类互联网电子商务公司为了吸引客户、抢夺市场份额,都会表达着"客户第一、服务第一"。所以对于这样的大型电子商务公司而言,他们的第一项服务便是提高物流质量。通过运用先进的数据挖掘技术和方法来建立一套相应的算法和模型,企业可以通过统计各种商品的实时或过去的销售额,衡量未来几年内可能会发生的销售额,作为购买方式的参考,最终可以在仓储商品的存储成本和客户服务中寻找一个非常良好的均匀性。

第三,企业大数据将拓展移动互联网金融业务。随着对企业大数据的深入挖掘与综合利用,其在应用领域也越来越趋于多样性。例如:基于企业或者供应商的个人信息数据,为其他企业提供有关供应链的信用服务;根据消费者历史上的消费状况,提供分期付款的商品。

(2) 面向生产端:可实现全流程大数据管理

在大量的物流数据采集分析方面,企业全面主动采集了各个网络购物服务渠道的实体商品订单交易量数据统计、进存物流数据、逆向物流、用户网页浏览速度日志等。同时,它还会从互联网上获取一些与商业相关的信息,如商品价格。这些数据将由企业自主开发的一款大数据平台进行整理汇总并存储。该服务平台可以支持各种类型的数据集市，如分布式的数据集市，或者是关系式的数据集市，如Oracle、MySQL和Microsoft SQL Server。平台基于系统底层的离线大规模批量数据实时存储和基于离线层的大规模批量实时数据处理操作均可以通过离线Hadoop方式进行，流动云计算处理系统平台采用了一个完全开源的离线实时批量数据处理系统框架。

在一个承载着聚合、储存、查询等功能的大数据平台之上就是一个主要涉及建模工作的大数据分析层。比如从用户、商品、店铺、促销、预防作弊、风险管理、精准营销、操作系统优化等方面进行数据建模，将所有的数据模型进行最后的分析，结果都显示到了应用层。目前，该企业已经可以为内部和外部的用户提供BI（商业智能）服务。

其中，内部BI系统专为从产品销售到最高级别的企业信息化数据消费者提供了各种形式的业务报表和企业历史记录。对于在该企业平台上经营商品的网站用户，其数据罗盘功能可为他们展示自己的店铺浏览人次、订单量、实时顾客流量等相关业务指标，以及假期、周末促销指数、价格灵活性、用户偏好等分析功能。

2. 大型火力发电厂基于数据智能开展设备预测性维护

华东某火电厂每年在设备维护方面投入巨大成本，虽然已建立起信息化基础并采用数字化手段开展设备诊断，但效果仍然差强人意，需要进一步提升改进。

火力发电属于流程工业，发电过程持续进行，其设备前后关联，对安全性要求非常高，巡检密集，维护压力大，而一些问题在日常检查中容易被忽视和遗漏。万一发生突发设备故障，整个发电链条都需要停产进行紧急抢修，不仅产生停产损失，还会导致无法履行合同带来违约赔偿，产生巨额费用，据统计，发生意外停机后的维修成本是有计划维修成本的6倍！另外，为了做好设备维修，还需要囤积备品备件，如果做不好科学规划，大量资金将被沉淀在这些备品备件中，带来无形的损失。

该火电厂已经完成数字化改造，能将设备运行的数据收集起来，通过传统统计学方式建立数学模型，并结合巡检机制和专家经验，综合开展设备管理，提前预测设备故障，并在此基础上安排生产及规划设备检修时间。

但是，该火电厂建立在信息化基础上的设备故障预测，在实际运行过程中并不能达到很好的效果，而且为了保障生产安全，预警阈值设置较高，生产成本居高不下。

经过深入分析研究发现，收集的数据并没有得到很好的利用。一是没有进行数据治理，仅仅注重数据的汇聚，没有围绕业务构建起立体的数据体系，数据关联度不高，数据质量较差，更没有数据服务和数据运营方面的考量。二是所使用的故障诊断数字模型机制存在缺陷。使用统计学数字模型诊断设备故障的方法，特征相对浅层容错率低，而且设备运行状态情况各不相同，仅仅使用单一数字模型容易产生误报。

为此，火电厂开展了新一轮信息化改造，搭建设备智能预测性维护系统。通过数据中台把数据全面立体管理起来。以数据生命周期为视角开展数据治理；统一数据标准，数据质量得到大幅增强；进行数据运营和数据服务，实现数据复用提升性价比。

进一步，借助人工智能技术改进故障预测模型，通过训练自学习 AI 模型改进设备诊断与预警。以有限设备类型的数据库为基础，线上实时利用迁移学习和数据增广生成新类型设备数据分布的海量数据集，最终通过深度学习和集成学习完成各种类型设备的故障预测，线上生产环境的算法无需人为干预。

同时，该火电厂把经过治理后的数据，用于厂区监控（厂区设备布局、设备整体状态、设备运行参数可视化）、设备利用率（设备运行状态采集统计、设备状态自动生成可视化看板）、设备状态管理（设备具体运行参数体现、按时段呈现状态看板）等，为日常管理带来了极大便利。

这是一个典型的数据资产化案例。企业开展数字化转型，仅仅完成数据的汇总，亦即完成数据资源化的过程是远远不够的。还需要做好数据的有序整理，再利用人工智能、大数据等先进技术手段，对数据资源进行分析，充分挖掘出潜藏在数据、帮助业务提升的价值点。

4.4 数据资本化：数据共享与价值流通

资本化是将土地、资产、劳动者的未来收入、数据等要素资源以产权化和证券化等形式转化为流通资本的过程，也是不断寻求资本价值的过程。

数据资本化是通过一定的手段，激活数据要素，使其成为增值的数据资产，进而成为数据资本，并通过资本运作实现其价值。数据资本化可以大致总结为通过数据共享、交易、流通等方式，深层激活数据价值，有效地实现数据要素合理化配置。

随着企业对数据价值的不断深入挖掘，数据资本化的进程将必然稳步地向前推进。对于企业来说，将数据打包成金融产品，或将数据作为金融活动中的重要部分，推动资本聚合。企业通过技术手段对数据进行处理，将数据的信息价值外延出资本价值，加快企业变现能力，帮助企业获得再生产所需资金。

数据从"资源化"到"资产化"再到"资本化"的过程是动态的数字经济活动，每个阶段都有一个关键词，资源化是"加工"，资产化是"与特定场景结合"，资本化是"动态衍生"。因此，企业的数据"资本化"不能仅限于交易、流通等市场机制的层面，更应该发现数据要素市场化过程中存在的金融因素。

企业对于数据"资本化"应着重关注三个问题：第一是确权问题。数据确权是数据能够"资本化"流通的前提。欧盟的《通用数据保护条例》（General Data Protection Regulation，GDPR）规定数据主体享有知情同意权、访问权、拒绝权、可携权、被遗忘权、更正权、持续控制权等；第二是定价机制。由于数据具有可重复使用等特性，其定价机制难以借鉴其他产品定价模式；第三是交易机制。数据必须有相应的交易制度、交易规则和监督制度，才能保证数据交易的健康发展。

由于数据本身携带信息，企业可通过数据清洗等方式对数据进行脱敏处理，将数据转化为"数智化"征信的依据，促进新型金融模式的产生。实现"数智化"征信的基本路径可分为以下几个阶段：1）通过多样化的接口实现对数据的采集和传输，数据包括用户自主上传或者主动授权的基本信息、第三方平台获得权限并且授权的数据；2）数据处理，包括关联性分析、数据清洗、脱敏等；3）深度分析，对于处理后的数据进行场景化分析；4）模型套用，将分析的数据套入特定金融模型中，得出对征信有参考价值的数据结论。利用模型中的投票原理进行甄别，加载大量资料综合分析的结果，输出最后的信誉等级和综合评价。

数据"资本化"是以数据要素为生产手段和物质基础，通过明确产权所属权和价值评估，实现数据要素向数据资产的转化，并采用市场化的操作方式，推动数据要素从资产向资本的转化，实现数据要素的增值。

4.4.1 数据资本化有助于数据流通和共享

1. 中小企业融资

在中国，中小企业融资贵、融资难的问题一直被业界和学界广泛讨论。在业务开展过程中，中小企业很难通过利用资产证券化等融资手段、工具获得资金支持，原因包括融资过程中参与主体多、资产信息庞杂且难穿透、信息来源多且分散等。

中小企业很难仅依靠自有资金取得快速发展，为了在关键期获得市场资金支持，部分中小企业支付着昂贵的融资成本。由于背负着昂贵的融资成本，如果后期的发展未达预期，对于中小企业将是重大打击。因此，一些中小企业为了求稳，宁可放弃快速发展的机会。

在"数智化"治理时代，中小企业融资问题，可通过数据资本化来解决。中小企业可将企业的生产、销售、营销等数据通过处理形成数据资产，借助区块链、隐私计算等技术将数据资产作为企业资产的一部分用于融资。企业的数据资产为融资提供了动态、完整、可信的信息披露依据，帮助中小企业在融资活动中获得更为平等的话语权和更为主动的融资能力。

2. 数据共享流通

数据价值的"资源化""资产化"和"资本化"并非是按顺序依次进行，而是三者并进同时动态发生并相互促进的。企业数据资源化和资产化进程不断完善与发展，也在促进数据资本化的加速发展。

数据作为企业的资源、资产，帮助企业提升生产效率、管理水平、发展决策等，这是数据使用价值的体现。进一步，如果数据作为企业的资产，形成跨企业、跨行业的共享、流转，帮助企业获得额外的价值和资本支持，这是数据的资本价值的体现。

但从数据角度出发，数据的共享、流通目前还存在一些痛点：1）数据在各参与方之间的流转效率不高；2）涉及数据共享的各参与方自有业务系统的对接，交易过程中清算、结算、对账过程耗费大量人力；3）数据资产交易可能存在数据安全与公司隐私等问题。

此外，提及数据的共享、流通，数据孤岛问题是绕不开的话题，此前章节已多次提到该问题。数据孤岛问题可分为两类：物理数据孤岛和逻辑数据孤岛。物理数据孤岛是一种指数据在不同的部门中独立进行存储和维护，相互隔离，形成一个物理岛。所谓的逻辑数据孤岛是指不同的部门从自身的角度来正确地理解和界定数据，使得相同的一些数据被给予不同的内涵，这无形中增加了各个部门之间数据协调工作的时间和沟通费用。由于前者而形成的孤岛问题，可以通过制定统一的标准、制度来改进和避免，而后者的问题是更为底层的问题，需要将企业的业务与数字技术做更为深度的结合才能找到解决的办法。

3. 传统产业迭代升级

随着近年大数据技术与产业的深度融合，越来越多的企业意识到了数据的重要性。在众多的应用场景中，若引入数据作为生产管理、决策制度等环节的支撑依据，将提高其效率和精准度。

目前，在中国从事农业生产的企业和管理者也在积极地探索和研究数据对于农业安全生产的应用。通过利用农业大数据、云计算、物联网等科学技术，全方位地掌握农作物、畜牧、水产品的生长、收割（捕捞）、运输、交易等环节的全生命周期的生长、发展相关数据，分析检测结果并在必要时采取安全"干预"管控措施，这就是基于数据实现对于农产品安全生产的精准化管理。农产品产业链的上下游相关企业，可以通过应用上述相关数据，对于自有产品做针对性迭代与升级，或是对新产品做开发，这是基于数据实现企业的数智化决策。而农产品企业，通过与上下游企业共享、流通自有数据资产获得相关收益，这是农业产业中的数据资本化。

4.4.2 实现数据资本化的核心技术

1. 区块链

工业和信息化部发布的《中国区块链技术和应用发展白皮书（2016）》将区块链广义定义为"利用块链式数据结构来验证与存储数据、利用分布式节点共识算法来生成和更新数据、利用密码学的方式保证数据传输和访问的安全、利用由自动化脚本代码组成的智能合约来编程和操作数据的一种全新的分布式基础架构与计算范式"。从技术结构看，区块链是一种集合了密码学、点对点传输、分布式存储等一系列成熟技术的新技术。从应用功能上看，区块链通过时间戳、共识机制、激励机制等手段，建立去中心化信任体系，降低了节点间的信任成本。

区块链的发展可以划分为三个阶段：

区块链 1.0 以分布式账本技术为核心的加密货币时代。主要包括以比特币为代表的虚拟货币，开发者可以通过修改源代码创造新的币种。区块链 2.0 是以"以太坊"智能合约技术为核心的数字资产时代。智能合约技术大幅降低了创造新通证的技术门槛和成本，并促使区块链技术应用于产权、股权、债权登记、转让、防伪、溯源等领域。区块链 3.0 是以去中心化网络、开源系统和分布式账本等技术为核心的区块链应用时代，区块链技术被应用于金融以外的更多产业和领域。基于可溯源、不可篡改等特性，区块链被更多地应用于电子证照、存证、医疗和公正等应用场景。

根据账本公开程度，区块链可分为公有链、联盟链、私有链三类：

公有链是指任何人都可以读写链上信息的区块链，采取开放读写、交易权限。公有链是完全去中心化、账本信息透明，但交易延时较高。私有链是指账本读写权被独立个人或机构掌握。私有链具有中心化、高效率、强隐私的特点。联盟链则是介于公有链和私有链之间，账本权限仅对联盟成员开放。联盟成员一般是基于某种共识或某种利益的共同体。联盟链属于半中心化运行，具有一定的隐私性、交易效率较高。

区块链的特点和优势是显而易见的，但是区块链仍然有局限性，在去中心化、可扩展性和安全性三者之后，区块链技术最多只能兼顾两者，即"区块链三角悖论"（见图4-3）。现阶段，区块链技术还无法较好地同时满足三者要求。

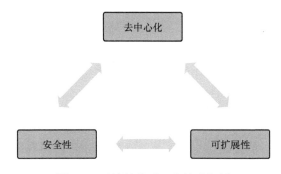

图4-3　区块链的"三角悖论"图

区块链具有以下功能：

1）提高数据质量。区块链的本质就是一个去中心化的分布式账本。它也被我们理解成一种无法被人意识的篡改、具有历史性的分布式数据库保护和存储的技术，所以利用区块链技术能够释放出更多的数据。

2）数据孤岛问题。基于区块链的可追溯性，数据的每次上传、使用、修改都将在链上留痕，因此可有效地提升上链数据的准确性。此外，通过智能合约，可对数据使用权限进行划分，确保数据的使用安全及隐私性。区块链从技术层面解决了数据所有者对于数据安全的担忧，为打破数据孤岛、实现数据共享奠定了基础。

3）数据确权。通过区块链技术，每组上链数据可形成对应哈希值，即便数据经过多次流转，通过哈希值也可对数据进行全生命周期的追溯。基于时间戳，可有效地避免数据被篡改。在对数据确权产生争议时，可通过链上记录有限解决。通过区块链只能从数据被首次上传至链上（上链权）开始确权，此后数据每次在链上的流转、使用都将有章可循，这对于数据交易具有重要意义，但是对于数据上链前归属及相关确权，是无法通过区块链技术完成的。

企业数据治理的核心目标是盘活企业的数据资产，挖掘数据潜在价值。基于区块链的特性，非常适合用于建立多方参与的、多流程的、分散的、复杂的数据共享机制，增强多方主体之间的信任度，提升数据流通效率。

区块链技术的发展前景非常广阔，利用区块链技术的去中心化的特点，通过链上智能合约对数据资产进行编程，并在参与数据资产资本化的各个参与方之间建立联盟链网络,从资产的筛选、构建,再到资产化过程中的尽职调查、信用评级、数据定价、数据交易流转甚至到相关证券化产品发行、存续、管理,通过区块链技术,可以对数据资本化过程进行全生命周期的管理。

使用区块链技术作为数据资本化的底层支持技术,帮助各参与方在未建立信任的基础上进行协同合作,同时监管机构还可进行有效监管,即提升数据资产的流转程度,还能保障产权人、投资人的权益和隐私。依托数据的安全隐私保护原则,实现数据不出门、数据不落地、数据可用不可见,这除了区块链技术以外,隐私计算技术也在其中发挥着重要的作用。

2. 隐私计算

隐私计算是指由两个或多个参与者共同计算的技术和系统,在数据的收集、计算、使用过程中,确保数据安全、真实、可用,并且实现数据"可用不可见"的流通,从而促进实现数据的价值流通。

隐私计算的参与者通过协作对自己的数据进行联合机器学习和联合分析,但不公开自己的数据。涉及隐私计算的各方可以是同一组织的不同部门,也可以是不同的组织。在隐私计算的框架下,参与者的数据不能本地写入,在保护数据安全的同时实现多源数据跨域合作,从而解决数据保护和融合应用的问题。

隐私计算的核心是通过各种技术手段,在不共享数据本身的情况下,在不同的信任假设和应用场景下实现数据协作和价值流通。通过隐私计算平台,可以实现用户数据的本地化存储。这是一个实现数据边缘加密、计算和明文存储的数据去中心化设计。它是基于安全多方计算,可以有效地防止通过固定规则进行解密,同时使用第三方平台实现辅助协调,按照国家规定对数据流通的整体流程进行有效监控和监督。

隐私计算有多种解决方案,包括:安全多方计算、同态加密、零知识证明等。

(1)安全多方计算

安全多方计算是在一个分布式网络中,多个参与实体各自持有密码输入,各方希望共同完成对某函数的计算,且要求每个参与实体除计算结果外均不能得到其他用户的任何输入信息。

(2)同态加密

同态加密是指对其加密数据进行处理得到一个输出,将此输出进行解密,其结果与用同一方法处理未加密原始数据得到的结果一致。

通过使用同态加密,可在不与第三方建立信任的前提下,委托其对数据进行处理,不需担心信息泄露。这大幅降低了企业对于数据处理的成本。该技术常被应用于电子商务、云计算等领域。

（3）零知识证明

零知识证明的概念最早于 20 世纪 80 年代初被提出，它是用于证明某些信息为真且该信息不会被直接泄露。

计算过程中，参与双方需要交换的信息少，计算量小，因此具有较高效率。另外，由于重要信息未被泄露，因此零知识证明具备高安全性。

（4）联邦学习

联邦学习是由谷歌于 2016 年提出的，它是一种分布式机器学习技术。参与方在确保数据安全且合法合规的前提下共同建模，以提升 AI 模型的效果。

根据联邦学习各参与方之间的数据分布不同，可分为纵向联邦学习、横向联邦学习、联邦迁移学习。

纵向联邦学习适用于用户重叠多、特征重叠少的场景，例如同一地区的商铺和银行之间，他们的目标群体同为该地区的居民，但各自为用户提供的业务不同，因此应用场景不同。横向学习适用于用户重叠少、特征重叠多的场景，例如某大型连锁商铺全国各分支机构之间，他们的业务基本相同，但用户为各自当地居民，因此属于业务相似、用户不同的应用场景。联邦迁移学习用于用户和特征重叠都非常少的场景，例如不同地区的商铺与银行之间，他们的用户和业务都不同。

综上所述，隐私计算技术的不断发展与成熟为数据作为生产要素的价值流通奠定了坚实的技术保障，确保在共享、流通、交易过程中的数据安全与隐私保护。

4.4.3　数据资本化的实践案例

1. 北数所——激活数据价值

北京国际大数据交易所（简称北数所）是以大数据技术为基础和支撑，采用隐私计算、区块链等手段分离数据所有权、使用权和隐私权；但推动更安全的数字经济，在金融科技领域率先实施监管沙盒机制。

北数所拥有五个主要的功能定位：一是权威的资料和信息注册服务平台；二是获得国内外市场普遍认可的大规模数据交易平台；三是着眼于全产业链数据化运营和管理的服务平台；四是以大数据和互联网金融技术为核心的金融创新服务平台；五是新技术驱动下的数据金融科技平台。

北数所服务内容包括：数据信息登记服务、数据产品交易服务、数据运营管理服务、数据资产金融服务和数据资产金融科技服务。

根据公开资料，北数所将突出"一新三特色"，在推进底层技术创新的基础上，以数据价值为基本交易对象，探索特征模型、特征规则、特征生态，并开创国家数据交易新的探索模板。

北数所对数据管理实行数据分级分类管理，采用独立可控的多方安全度量、联邦学习、区块链等技术，在保证数据不泄露的前提下，完成数据信息的安全交换、协同分析、协同模型等，实现了"数据可用不可见，用途可控可计量"。

此外，北数所运用科学的隐私保护技术，合理限制较为敏感的数据被无限复制，避免数据泄露和误用，并在技术上确保数据和信息交易的合理合规管理，从而消除"信任差距"，改善数据和信息的共享。其目的是鼓励发现数据信息的价值，消除"数据孤岛"。使用区块链应用程序整合数据的真实身份，使用价值基数、回溯跟踪等工作能力，对数据信息行动者进行资格证书的审核和签名，并详细对数据信息进行土地确认备案、浏览、分析、计算，操作流程存储在链上，确保数据信息来源可追溯、防伪、领土主权可确定、权益可分配。

2. 大型建筑集团打造供应链管控平台实现数据价值

随着业务规模的扩大和国家政策的要求，华北某大型集团公司需要解决供应链管控场景中的诸多问题：

一是随着管理级别扩大，传统的线下资金额度审批方式已不利于业务开展，同时缺乏对额度数据的全面把握。集团采用线下逐级审批的方式对支付资金额度进行管理，下级单位授信额度需要集团分配及限额管控，但集团本部不参与具体业务，业务具体对接及资金使用包括借款、还款都由各下属单位自行处理。集团只做批复及额度管理，下级单位额度使用情况及效果反馈并没有进行统计分析，不利于分析额度使用情况。另外，随着支付权限下放到四级公司，进一步扩大了管控范围，增加了管理难度。因此，集团希望在全集团内统一额度管理，提高额度数据汇总、分析与统筹安排，并采用线上化的方式方便下级公司使用。

二是集团下级企业使用的工具众多，难以管理和开展统计分析。对应着集团的多元化业务，下级企业自主选择业务工具，导致整个集团内使用的工具既繁杂又独立，发生过下级单位汇报信息误差，以及数据延迟提报、瞒报、漏报现象，非常不利于集团管理。集团需要一个管理平台，统一提供下级企业使用的产品并逐渐实现数据打通，提高集团对各项业务的管控效率，与供应链上下游企业实现更顺畅的业务合作。

三是集团计划基于所掌握的数据对合作企业进行信用评价，但缺乏系统支撑。传统供应链金融业务或者由银行或者由第三方平台主导，但都存在一定的不足。集团作为行业龙头企业，具备高额授信，评级优良，尤其在管理下级企业资金额度和业务合作的过程中,可以基于数据分析推算上下游合作企业的实际运营情况,并据此开展产业链金融业务。比如基于核心企业订单的订单金融解决零部件厂采购资金难题,又比如面向经销商的三方抵押金融,还可以面向客户企业开展融资租赁等,但缺乏专业数据保护、隐私计算、信用系统的支撑。

为此,集团紧紧抓住新时代的生产要素"数据",利用多项数智化技术打造了供应链管控平台。

平台实现了线上化的统一资金额度管理及额度数据分析。额度申请和审批都可在线上完成,也具备了对下级企业资金额度数据的统计分析,还能根据设定自动处理业务,还有预警与提醒功能,全面实现了资金额度的便捷、高效、精准、实时的管控与统筹安排。

平台实现了对多元化业务工具的统一管控。将目前主要使用的各项工具嵌入到统一的管控平台中,作为下级企业业务支撑的统一入口。业务的多元化管理持续推进,目前平台上已有反向保理、供应链 ABS 等业务,后期还将嵌入内部拆借等更多业务。同样提供了统计分析功能,对下级企业使用的产品进行使用频率、占比、成本等指标的跟踪与分析。

更为重要的是平台具备了为上下游企业提供信用评价服务的能力。基于对下级企业资金使用和业务合作数据的分析,对供应链上下游企业的业务运营进行测算,并经过复杂的金融工具,打造出一套信用评价体系,据此开展对供应商的信用评价。在整个过程中,集团打造了一个隐私计算平台,通过引入多方安全计算、联邦学习、可信计算等先进的安全技术,在保证集团本身积累的敏感数据不泄露的前提下,与合作方在这个平台上进行协同计算,输出计算结果。在隐私计算平台的技术保障下,参与协作的任何一方均无法得到除应得的计算结果之外的其他任何信息。

在这个案例当中,为供应商提供信用评价的应用价值更大。既能保证数据不离开企业,又能充分发挥数据价值,享受拥有数据带来的效益,是数据实现资本化的典型场景,未来将得到越来越广泛的应用。

4.5　本章小结

数据资源化是对数据进行价值发现的过程,是将数据由静态防止转态,经过加工处理,形成可利用的高质量数据。数据作为生产要素,可有效地促进生产活动,资源合理化配置,提升生产效率等。本章以中共中央国务院发布的《关于构建更加完善的要素市场化配置体制机制的意见》引入,显示出数据在现代社会的重要性，接着分析获知要实现数据资源化所遇到的问题，如数据采集难、管理效率低、资源配置等问题。而要实现数据资源化，需依靠第五代移动通信技术（5G）、边缘计算、工业互联网、时序数据库、数据湖等技术，又以5G智能工厂详细地描述了如何实现数据资源化。

数据"变现"的过程就是数据资产化，要实现数据资产化，首先需要确认数据权利，其核心在于数据治理。本章详细地说明了在数据资产化过程中将要遇到的问题，如企业管理成本高、数据维护成本高、质量管控难、数据异构系统多、信息孤岛现象普遍等。若要实现数据资产化，则需要依赖数据清洗、质量检验、分级分类等技术去实现，通过北京市政务、互联网企业等案例分别介绍了政府数据治理和企业数据治理，并通过数据治理实现数据资产化的过程。

数据资本化就是通过一定的手段，激活数据要素，使其成为增值的数据资产，进而成为数据资本，并通过资本运作实现其价值。目前，在实现数据资本化的道路上遇到了一些问题，如数据流动性、缺乏应用场景、供需双方交易困难等问题，要克服这些困难，实现数据资本化则需要应用区块链、隐私计算等技术，最后通过以北京国际数据交易所为例讲述了如何实现数据资本化。

第 5 章
数智化孪生

数智化孪生作为数智化革命——价值驱动的产业数字化转型的重要组成部分，拥有广泛的应用场景和极大的发展潜力。本章将通过梳理数字孪生的背景、技术和应用概况，结合国家推动数字化改革的指导方针，分析数字孪生的热点、行业动态和未来趋势，着重介绍国内外发展实例，为企业数智化发展进行深入讲解。

5.1 数字孪生：企业数字化转型之钥

孪生的本质是实现实体世界到虚拟世界的建模过程，实现数据对实体世界的有效映射。本节作为数字孪生的概述，将系统性地梳理数字孪生的发展形势和机遇，数字孪生的概念演进，数字孪生关键技术的发展，以及数字孪生的应用，同时将阐述数字孪生在数字化转型中的需求，驱动力及具体案例。

5.1.1 数字孪生的概念由来

"数字孪生"初始的概念模型是于 2002 年 10 月由迈克尔·格里弗斯（Michael Grieves）博士在美国制造工程协会管理论坛上提出的。在 2009 年，美国空军相关实验室首次明确提出带有数字孪生的概念："机身数字孪生（Airframe Digital Twin）"。在 2010 年，美国国家航空航天局（NASA）在《建模、仿真、信息技术和处理》和《材料、结构、机械系统和制造》两份技术路线图中正式开始使用数字孪生（Digital Twin）这一名称。

在制造领域最先使用数字孪生概念的是 NASA 运用孪生理论于阿波罗项目中打造的两个完全相同的飞行器。其一作为任务载体进行发射并执行所需任务，另一则作为孪生体用于在地球实验室中实时反映任务载体在宇宙中的工作状态。NASA 工程师通过保持双方动作的一致性，让工程师可以对飞行中的空间飞行器进行实时仿真分析、状态监测和预测其飞行姿态，使地面控制人员对飞行器的状态有直观的了解，对可能发生的紧急情况做出精准判断。2015 年在美国，由马特达蒙主演的电影《火星救援》中，NASA 根据留在火星上的宇航员所挖出的于 1997 年 7 月 4 日在火星表面着陆的火星探路者（Mars Pathfinder）作为任务实体，运用在地球实验室里留存的数字孪生载体进行实时映射，从而实现了 NASA 和火星营地之间在通信系统失灵后的初步交流。从 NASA 对数字孪生的应用来看，早期的数字孪生主要是创建和物理实体相等的数字孪生体模型，利用该虚拟体对物理实体进行仿真分析，再根据物理实体运行时反映在数字孪生体上的实时反馈信息对物理实体的运行状态进行监控，对任务实体本身状态拥有更为直观的了解，方便进行决策及调整。而且 NASA 依据采集的物理实体运行数据完善虚拟体的仿真分析算法，从而对物理实体的后续运行和改进提供更精准的调整。当然，此时的数字孪生体依旧为物理实物，需耗费大量人力物力。

伴随着 20 世纪末期到 21 世纪初期电子技术的不断发展、成熟，使新一代数字技术不断提高，数字孪生技术所需的万物互联技术逐步走向现实，数字孪生技术进行大规模推广及应用所需的最后一块版图被补齐，使其具有成本效益。使得近年来学术和企业界对数字孪生的研究热度不减，愈发深入。国际标准通过 ISO 23247 对数字孪生制造进行了明确定义，界定了生产场景下的数字孪生。纵观数字孪生的发展历程，伴随着相关技术的迭代，数字孪生的内涵不断地丰富：从简单地对一个产品、一台设备、一条生产线等的数字孪生演进到更为复杂的对一个企业组织、一座城市的数字孪生，英国和德国甚至提出"数字国家"这种更为宏观的概念。

目前，学术界和工业界对数字孪生概念的表述虽仍有差异，但正趋于共识：数字孪生是以特定目的为导向对物理世界现实对象的数字化表达。这一对象不仅包括产品、设备、建筑物等"实物"，也包括企业组织、城市等"实体"。通过对物理对象构建数字孪生模型，实现物理对象和数字孪生模型的双向映射（见图 5-1）。对于不同现实对象，其数字孪生模型构建的侧重点和用途不尽相同，对于企业组织、城市等组织数字孪生，则更强调对广域数据的聚合融通，着力于通过模拟仿真来优化全局决策，加强协同，越来越得到企业管理者和政府的重视，使得数字孪生技术成为全世界各界公认的十大战略技术趋势之一。

5.1.2 数字孪生技术的沿革

数字孪生技术的实现依赖于诸多新技术的发展和高度集成，以及跨学科知识的综合应用，是一个复杂的、协同的系统工程，涉及的关键技术方法包括建模、大数据分析、机器学习、模拟仿真等。举例而言，如果把数字孪生的构建比作"数字人"的创造，则其核心的建模过程相当于骨架的搭建过程；采集数据，开展数据治理和大数据分析，相当于生成人的肌肉组织；而数据在物理世界和赛博空间之间的双向流动正如人体的血液，所提供的动能使数字机体不断成长，对物理世界对象的映射更趋精准；模拟仿真使"数字人"具备智慧，从而使通过赛博空间高效、低成本优化物理实体成为可能。

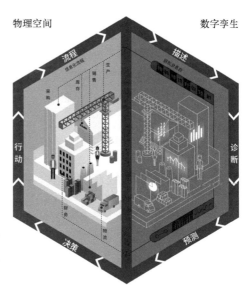

图 5-1　数字孪生概念图

1）数字孪生建模技术经历了从实物的"组件组装"式建模到复杂实体的多维深度融合建模的发展。

建模是数字孪生落地应用的引擎。以前，数字孪生建模一般是通过将不同领域的独立模型"组装"成更大的模型来实现。对产品、设备等实物，通过"组装"建模可以达到较好的效果，但复杂实体的建模往往是跨领域、跨类型、跨尺度，涉及多个维度，通过单一维度的"组件组装"，建模效果欠佳。

多维深度融合建模技术的逐渐成熟，支撑更复杂的实体组织或智慧城市的孪生模型构建：多维度建模技术的引入，通过融合不同粒度的属性、行为、特征等的"多空间尺度"，以及刻画物理对象随时间推进的演化过程、实时动态运行过程、外部环境与干扰影响等"多时间尺度"模型，使数字孪生模型能够同时反映建模对象在微观和宏观层面上的特征。

2）基于深度学习、强化学习等新兴机器学习技术的发展使得大数据分析能力显著提升，是构建面向实体的复杂数字孪生体的基础支撑。

当前，企业内部各部门数据统计口径不一、数据的自采率和实时性不高等问题普遍存在，制约了企业数字孪生刻画的准确度。基于深度学习、强化学习等新兴机器学习技术的引入，实现多维异构数据的深度特征提取，大大提高了数据分析效率，使得构建面向企业的复杂数字孪生体成为可能。

3）模拟仿真技术从早期的有限元分析对物理场的仿真，发展到网络模型对复杂实体组织的仿真。

有限元分析主要关注于某个专业领域，比如实物的应力或疲劳等，但物理现象往往都不是单独存在的，例如只要运动就会产生热，而热反过来又影响一些材料属性。这种物理系统的耦合就是多物理场，分析复杂度要比单独分析一个物理场大得多。而由于实体组织更加复杂，除了传统的物理特性外，还涉及复杂的业务因素，如针对工业制造企业需要面向人、机、料、法、环、财等多个要素，且要考虑相互间的复杂关系，需要依靠分布式仿真、交互式仿真、智能 Agent 等网络模型的不断迭代发展。

5.1.3　数字孪生的应用价值

构建数字孪生模型不是目的，而是手段，人们寄望于通过对数字孪生模型的分析来改善其对应的现实对象的性能和运行效率。

1）实物的数字孪生可以提升工业产品在研发、运维等全生命周期内的效益。

实物数字孪生应用的价值是通过虚实融合、虚实映射，持续改进产品的性能，提高产品运行的安全性、可靠性、稳定性，提升产品运行的"健康度"，从而提升产品在市场上的竞争力。同时，通过对产品的结构、材料、制造工艺等各方面的改进，降低产品成本，帮助企业提高盈利能力。比如在航空航天领域对航天器的设计，气动优化，维护和维修，故障预测，生产线管理，设计优化，尤其是在发动机的运行磨合，各部件运行直接观察有着良好的应用前景。例如美国通用公司在其工业互联网平台 Predix 上，利用实物的数字孪生技术，对飞机发动机进行实时监控、故障检测和预测性维护；在产品报废回收再利用生命周期，可以根据产品的使用履历、维修物料清单和更换备品备件的记录，结合数字孪生模型的仿真结果，判断零件的健康状态。

2）以企业组织实体为对象的数字孪生能大大提升企业整体的数字化、智能化经营水平，实现降本增效。

很多企业在信息化建设过程中所使用的 ERP、CRM、MES、FMS 等条块化的信息化系统数据上彼此独立，事实上形成了企业内部大量的"数据孤岛"，管理层很难及时了解企业经营的全貌。现有的企业管理软件设计思路多为模拟企业的实体业务过程及线下操作的动作，如各种单据、表样、流程等，而不是建立实体业务的数字化模型。因此，产生了大量的冗余数据，一致性也较差。

通过多维建模，企业级数字孪生通过建立企业实体业务的多维模型，实现对业务数据的实时分析，并基于业务动因实时预测业务结果，预警风险并及时调整；实现数据采集、建模仿真、分析预警、决策支持的实时一体化。企业级数字孪生的分析图如图 5-2 所示。

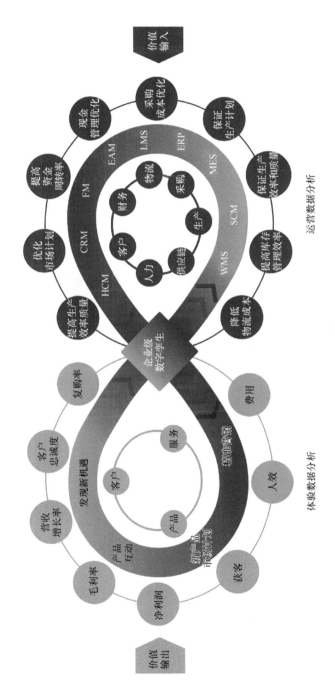

图 5-2 企业级数字孪生的分析图

3）数字孪生技术也正逐步在更广泛的领域得以应用：数字孪生城市已成为支撑智慧城市建设的技术体系，是虚实交融的城市未来发展形态，如新加坡政府主导推动的"虚拟新加坡"项目，通过数字孪生实现的动态三维城市模型和协作数据平台。在英国推动的"数字英国"战略项目中，信息管理框架成为英国国家级数字孪生体的核心技术载体。

再比如说数字孪生在建筑行业的应用——BIM技术，如今更为大名鼎鼎。BIM技术作为近年来建筑领域主要发展的方向，被誉为新一代建筑革命。BIM技术整合了建筑模型内所携带的大量信息。将传统的建筑绘图技术中所记录的点、线、面、体这些元素和几何信息组构成参数组件，再连接材质、成本、使用年限等信息，让开发商能够及早地发现施工期间可能产生的问题。在施工、采购与建设管理阶段，更能受益于数字化的管理而节省大量的人力与时间成本以及变更设计所需耗费的沉没成本，从而使整个作业流程更加接近最佳的成本效益，能显著减少房价，让包括购房者在内的人群受益。在建筑完成后期能够帮助管理方根据BIM设计图对该房源的结构、维护和承重等多方面信息拥有直观的透视和了解，方便管理方进行后期维护及改造，使该建筑即使到了使用年限也能最大限度地保留价值，节省运营成本。这使得BIM技术逐步成为新一代建筑领域内的硬性指标，受到建筑行业的青睐与信赖。

5.2 实物数字孪生：万物互联

实物数字孪生充分利用物理模型、传感器更新、运行历史等数据，集成多学科、多物理量、多尺度、多概率的仿真过程，在虚拟空间中完成映射。实物数字孪生以数字化方式为物理对象创建虚拟模型，进而模拟其在现实环境中的行为；实现从产品设计、生产计划到制造执行的生产全过程智能化，将产品创新能力、制造效率和有效性水平提升到全新高度。

5.2.1 实物数字孪生的应用价值

传统数字孪生技术主要应用于诸如产品、设备、产线等实物，结合结构、热学、电磁、流体和控制等仿真软件进行单场研究、多场耦合研究，从而实现产品的设计优化、确认和验证，以满足相关的需求。同时，可以构建精确的综合仿真模型来了解实际的产品性能，帮助企业持续创新产品。实物数字孪生经常应用于如下场景。

1. 提升产品设计效率

新产品在上市之前，往往需要经过非常繁琐的图样设计、样机生产、测试验证等流程。以美的洗碗机测试部测试标准为例，样机需进行洗涤性能、噪声、使用性能、可靠性、安全性、包装和环境，共 7 大项，85 小项测试，而每一小项测试又分为试制测试、试产测试、抽检测试等 13 个细分环节。而涉及大型机械等的测试流程更加复杂。

传统的设计方法及测试方法需要产品进行试生产，要求设计部门将总体示意图、工作图、零件图和装配图等交予生产部门生产样机，再手动进行测试。整个测试流程需要大量时间，单凭机械运行磨损测试一项就需成百上千小时的机械不间断运行。而一旦发现问题轻则退回到上一步进行维修调整，重则整个设计图样报废，设计流程将重新走一遍。除此之外，新产品的整体维护、维修等的设计多基于纸面计算所完成，如产品带有未发现的缺陷投放市场，发生事故将对公司名誉、现金流等造成严重后果。而基于数字孪生的新一代数字转型技术整合设计、测试、虚拟生产为一体，打破各个部门中的信息孤岛，让各部门根据性能、需求等要求进行实时沟通及反馈，进行包括产品虚拟组装、虚拟运行和虚拟测试等环节。伴随数字孪生多维深度融合建模技术的逐渐成熟，支撑更复杂的实体组织模型使数字孪生空间更贴近现实。该多维度建模技术通过融合不同粒度的属性、行为、特征等的"多空间尺度"，结合大数据分析、深度学习等方面，构建虚拟刻画目标物理对象随时间推进的演化过程、实时动态运行过程、外部环境与干扰影响等"多时间尺度"模型，使数字孪生模型能够同时反映建模对象在微观和宏观层面上的特征，从而达成基于数字孪生的复杂产品设计制造一体化开发程序。而该程序可以支持设计、市场、生产部门的实时合作，减少公司内部流程时间，从而在满足用户需求，最大限度保障产品功能及性能的前提下，大幅减少新产品设计测试周期，提升公司各部门运转效率，增速提效，为公司抢占新产品市场，产品大规模铺开节省宝贵时间。

总体来看，在传统的工业产品设计过程中，设计产品要经历多次迭代，耗费大量资源并影响交付工期。而实物数字孪生技术通过虚实融合、虚实映射的手段不仅可以节约大量资源及时间，还能通过不断收集运行数据持续改进产品的性能，提高产品运行的安全性、可靠性，大幅提升产品运行的稳定性与用户体验感，从而提升产品在市场上的竞争力。同时，通过大数据等技术对产品的结构、材料、制造工艺等各方面进行比对与分析，从而帮助设计人员采用最优解，在提升性能的同时降低产品成本。

2. 提升产线生产效益

过去的产线优化更多依赖于机器功能提升或工艺提升。以船舶制造为例，21 世纪初期全球船舶制造产业进入历史性高峰，如何快速高效地造船成为亟待解决的问题。因此，韩国船厂选择尝试应用巨型总段建造法：先将船舶根据图样进行切分制造，然后再进行预合拢，确认无误后进行总合拢。总的来说就是将比较大的船切成一段一段，按照合拢顺序进行分段制造。该工艺的难点在于如何将各分段模组的误差概率控制在一定水平。虽然说在造船难度上有了一定提升，但该种制造方式进一步缩短船舶所需在船坞内的建造周期，将原先的3个月船坞周期缩短约一半，大幅提高船坞运转效率。在世界造船工业发展过程中，船舶的建造方法曾出现两次重要革新。第一次革新是在第二次世界大战期间，美国为了谋求战争胜利，推广并应用焊接技术替代铆接方法及分段建造法，使快速、大批量建造舰船成为可能，并逐步提升工艺，在二战后期做到每七天下水一艘航母。相比之下，在第一次世界大战期间一艘战列舰的制造时间动辄两三年，长则四五年。而第二次革新则出现于1960年初，通过建设大型干船坞，添置大型门式吊车，制造出重达数百吨的大型船舶分段，再将不同分段结合。这种大型分段建造法在大型船舶建造中显示出了明显的优势，并得到广泛应用，使大型干船坞及巨型门式吊车成为世界现代化大型船厂的标志性设施，沿用至今。

在步入数字化社会的当下，运用数字孪生技术的产线优化则是通过在高度集成化的工业生产线设计中，运用设置好的参数以及需求的目标对各个生产环节进行优化协调，从而得以提升整体效率。也可以提供从宏观到微观层面的数据分析及空间设计，在保障员工工作舒适程度的同时确保整体流水线的紧凑。而相比较下传统的规划过程更多依靠草图、人工模拟或者在真实产线中进行验证。更多是在二维平面上进行设计再进行落地。很多时候因人员造成的误差或机械落地后造成的损失无法弥补。因此，通过数字孪生技术形成虚拟的三维数字孪生空间可以让工厂管理人员拥有最直观的感受，便于设计人员在智能化的辅助下进行工业化产品线的设计，更能方便地在设计中进行部件修改调整，更换不同商家的机器来达成最大效率等。而在数字孪生系统所展现出的虚拟产线更能支持各方人员进行设计优化、错误诊断，从而大幅降低产品验证所需工作，提高人员效率，大幅减少迭代过程中各方面人员的工作量及时间成本。

3. 助力服务模式从标准化生产到个性化定制变革

伴随着国内市场竞争激烈的逐渐升级，满足新一代消费者对自由和个性的追求成为企业的要务。工厂原先标准化的生产正在逐步被定制化所取代，而市场也迎来了一个新工业生产时代。在这个彰显个性的时代之中，人们都在追求标新立异的事物，凸显自己的独一无二。而在产品定制化的追求下，不同的客户的需求是不同的，同一客户的需求又非单一的。如何在保证产品的品质、满足客户的功能需求、供需的高效率前提下满足不同客户的不同需求成为企业难题。

传统工业生产标准化的目的是获得最佳秩序和社会效益。一个领域需要达到统一的标准要求，如信息工作标准化，其目的是使工作走向标准化、系列化和通用化，达到信息交流和资源共享。而目前国内市场已经不再满足于解决有无问题，而更追求产品的多功能及性价比，还需为客户带来独特的感受。在这种情况下，传统工业的大规模、大批量生产已经无法满足这种需求，数字化、智能化转型成为必需。

服务型制造是制造与服务融合发展的新型数字化产业形态，是未来制造业数字化转型升级的重要方向。定制化生产是"服务型制造"的典型方式之一，如果要满足定制化生产，必须要有合适的技术手段作为技术支持。服务定制化需要借助一定的技术手段来实现，其中最重要的就是数字孪生技术。数字孪生所构建全产业链的数字孪生体不仅促进产业向服务型制造转型，还会主动将顾客引进产品设计、制造、应用服务过程，主动发现顾客需求，展开针对性服务。企业间基于平台合作，主动实现为上下游客户提供生产性服务和服务性生产，协同创造价值。而顾客在数字孪生体上所创建的个人定制化更改可以依托智能化转换直接导入到制造企业的云端进行解析，而智能生产线会根据解析出来的数据进行微调，为客户生产出独有的产品。

5.2.2 实物数字孪生的关键技术

实物数字孪生的关键技术来自于先进的数字建模技术。其结合多物理场仿真、数据分析和机器学习，实现实际产品的虚拟体现。帮助设计人员理解和预测产品的性能特点，分析产品的各项物理性能及整体性能，并在虚拟环境中对产品进行调整或优化。

为达成高保真数字孪生，首先需要拥有多个工业领域的先进技术和深入的领域知识。更需要结合深厚的物理知识、工程设计知识、新的传感和检测技术以及最新的人工智能和分析经验，才能提供前所未有的逼真度的数字孪生。这种数字与工业的强大结合使工业4.0成为可能，也是实物数字孪生的核心力量。而实物数字孪生技术主要由多物理场仿真技术、人工智能技术和新一代数字传感技术组成。

1. 多物理场仿真技术

（1）机械资产运作模型

机械资产运作模型可以预测该资产在不同的运行条件、调度模式和客户要求下的性能，包括稳态和瞬态运行。该模型由该资产的设计知识及逻辑，不同机器的性能和区别，以及先进的计算方法构成。其凭借数字孪生所独有的技术以及机器上不同部位的传感器实时传递的丰富数据，进行实时决策，使其健壮性、准确性和敏捷性达到新的高度。以通用电气公司目前正在使用的 GateCycle 为例，该模型使用用户界面创建，允许工程师定义每个机械组件以及这些组件如何彼此连接。运用 GateCycle 所创建的电子热平衡发动机包含了其中每个部件的基本物理原理，以及控制这些部件如何相互作用的求解器，从而使数字孪生体符合热力学定律和原理。

一旦运用数字孪生技术成功创建了模型，该模型就可以以多种方式使用。在调试期间，根据设计的模型测试工程师能够确认该物理实物是否达到设计效率和输出的验收标准。如果存在缺陷，该模型可以帮助工程师识别原因并修复。调试完成后，调整后的模型代表资产的正常运行状态。如果将该模型与监视和诊断基础设施相连接，可以让资产同时由客户和企业管理方进行监管。

当然，该模型也可以用于控制整个机器系统的运作。基于在数字孪生技术所创建的闭环互动控制系统，得以让管理人员逐步调整机器运作性能、优化机器负载平衡以及消除超负荷的成本。而随着信号处理和基于模型控制方面的发展，再结合数字孪生平台，企业对每个资产的管理水平将达到一个新的台阶。

（2）异常模型与检测方法

通过收集机械日常运行数据或者厂商根据所生产的数千台机器所提供的详细资料，数字孪生技术通过数据采集、数据处理、机械状态监算算法、报警处理、诊断和改进建议等全谱技术使资产的远程状态监测和异常检测成为可能。通过利用现场采集和传输的时间序列数据，实时地检测异常情况，监控各资产的运行状态。通常情况下的系统异常可以分为两种类型：

1）机械运行参数超过了预先设定的限制，在此条件下继续运行会对设备造成不可逆转的损坏。

2）机械异常模式参数低于预先设定的阈值，偏离正常的运行模式。这可能是潜在故障或操作不当的症状。

因此，早期发现这些异常并进行溯源追踪，能有效地避免强制停机或部件损坏，从而减少财产损失和降低维护成本。数字孪生技术所采用的多代异常检测方法，结合基于物理知识、数学逻辑和收集的传感器时间序列数据，让每个资产都拥有从物理和数据中演变而来的独有算法，而伴随该资产在其生命周期中移动，该算法模型能够实现不断进化，对该资产的预测更为准确。

数字孪生技术所采用的五种技术包括：

基于领域或物理的技术。数字孪生可与运用基于物理的模型，通过计算参数与实测值的比较在资产内进行异常检测。企业可以通过分析整个资产的期望值和报告值来确定是否真正发生了设备故障，或只是传感器校准失效。因此，如果确认只是一个传感器有问题，该模型可以通过剩余有效的数据进行实行监测。如果确认检测到真正的异常，那么数字孪生模型可据此提供建议和替代方案，以减少可能带来的损失和影响。

基于统计学的流程控制技术。基于单变量和多变量的控制图谱技术与根据经验或专家特别设置的阈值相结合。包括用于检测运行状态的算法，以便在不同情况下选用适当的过滤器和控制限制。应考虑稳态基础和负载操作，以及瞬态阈值。

机器学习异常检测技术。运用机器学习，从多变量多层次生存模型到基线资产风险，再到逻辑回归、决策树、随机森林、神经网络和聚类方法等分类技术。这些模型通常使用传感器和配置数据的历史数据库中的健康数据和故障数据逐步进行完善。

先进的信号处理技术。在一些特定的故障模式，尤其是在燃气轮机燃烧系统和压缩机系统当中需要先进的信号处理技术来检测传感器噪声存在时的细微异常。根据各种算法的需要可以采用小波、核回归和多传感器数据融合等技术。

深度学习异常检测技术。数字孪生系统可以使用深度学习神经网络等尖端人工智能技术来检测异常。使用故障模式覆盖率、故障检测概率、故障诊断准确率、误报率、预警时间等来度量异常检测方法的影响。管理人员可对这些指标进行评估，如果需要，在资产的整个生命周期内检测到新出现的故障时，会对模型进行调整、修改或重新开发。

（3）生命模型

通过将不同客户所提供的数据相结合，物理仿真模型由新构建的经验模型（包括操作、部件状态、停机和现场特定环境信息）进行进一步赋能。这一流程让数字孪生体拥有对机械产品广度及深度的理解，再以不同客户的需求为第一要务开发特定场景的解析，寻找能为客户产生最大价值的规范性解决方案。通过综合异常检测算法和上述生命模型，数字孪生技术能够从基于时间表预测进行维护的方法，转向以数据为核心的规范性机械监测，使维护计划拓展到真正可靠，以数字与科学为依据实现机械运转效率的最大化。此外，数字孪生技术可以通过数据以及模型预测可能导致意外停机的故障事件，从而实现资产的科学管理，资源的最优分配。

（4）动态估计与模型调整

数字孪生技术通过利用跟踪过滤器使物理的机械性能模型与实时的测量传感器数据进行不间断的匹配，通过检测性能模型里的一些关键参数来监测整个机组健康状况的变化。比如当燃气轮机中污垢堆积过多，压缩机性能逐渐退化，传感器将带来不同数据的反馈，从而根据这些反馈为机械进行维护或维修。除此之外，数字孪生模型中的每个参数评估都会运用卡尔曼滤波技术进行调整，从而实现管理人员运用实时传感器的数据对实体机器进行精准监测。通过以每个物理构件的独有虚拟体来监视机器的性能和健康状况，提供基于模型的虚拟测量，预估模型的关键未测量温度，从而实现基于模型的优化。

（5）结构管理

数字孪生系统可以对硬件实现更新和准确的配置管理，通过先进的建模技术分级构建主要部件以及循环系统中的所有子部件。在整个系统生命周期的变化过程中，搭配不同的子部件配置才能达到最佳效率。而数字孪生系统通过参考硬件配置单的材料、控制修改和性能建模，使所有部件都互相连接，从而实现效益的最大化。

2. 人工智能技术

除了多物理场仿真技术之外，数字孪生技术还需要其他技术的协助，从而创建一个功能强大的数字孪生体。通过结合人工智能技术，数字孪生可以在多个业务线中并行，并在大量的数据和客户的使用中逐步完善。

（1）模式识别

通过使用长期收集的各种来源的多种测量数据，数字孪生系统可以创建资产的行为模型，从而实现对物理模型的充分补充。数字孪生模式识别模块将海量的资产运行数据与深度物理模型和领域知识的输出相结合，再输入到复杂的人工智能系统当中，运用如深度学习、迁移学习和其他先进的机器学习方法，通过检测预期行为的变化来寻找已知特征所代表的模式，从而识别故障症状、错误或失败并提前预警。

早期模式识别允许对即将发生的故障进行提前预警，并结合资产/利益组件剩余使用寿命从而为资产进行整体评估。这种模式识别技术正逐步扩展到多模态数据，将时间序列数据、机器日志数据、文本数据和图像数据及其他任何数据进行处理，以获取关于系统的全方位信息，从而建立完备的数字孪生模型。

（2）学习模型

数字孪生体的一个关键组成部分是其专有的建模平台。在该平台上可以以接近实时的速度连续创建、验证、监测和更新多个资产。新数据实时地在运行的设备中上传，为资产的瞬时状态提供一个恒定的监测窗口。通过将这些数据适当地预处理，可以提高相关信息的信噪比，并将其用于实时更新虚拟模型，从而减少实体和数字体之间的差异。除此之外，模型性能也被用于模型更新中的反馈，通过多种学习技术来为数字孪生提供一系列改进。

除了建立传统的模型外，数字孪生技术还可以迁移其学习能力：通过现有资产与新资产之间的联系以及知识上的相似程度使现有的资产模型可以迁移到新的资产之上。通过该迁移能力，数字孪生的人工智能学习可以有效地应用于相关产品线、相关资产和相关组件之间的模型开发。这种迁移学习和连续模型反馈的方法使快速模型开发和更准确的模型再开发成为数字孪生技术的重要特征，确保数字孪生体对实体资产的快速、精准映射。

数字孪生技术最关键的组成部分是其建模平台，在该平台中，资产的数字孪生体需要进行持续的创建、验证、监测和实时更新。对于数字孪生来说，最为核心的需求是模型需要在实际的实物资产和数字孪生体之间有最小的差异。在传统的数字孪生技术之上，更新和维护大量模型需要具有专业知识的人才进行大量的手动输入和繁重的操作。通过运用人工智能技术，其标准化了在数字孪生体之中更新模型的工作流程，并通过不断监测数字双胞胎的性能，应用连续增量学习技术来自动更新数字孪生体。

现如今的数字孪生系统可以完成下列功能：

1）自动检测和修正数字孪生体之中的数据漂移。

2）自动适应不断变化的条件，无论是本地的单一资产还是全球的所有资产。

3）最高水平的预测资产未来运转数据。

通过使用人工智能所构建和更新模型的独特能力，最新一代的数字孪生体可以搜索模型库，以确定性能最佳的模型。该方法使用基于遗传算法的进化搜索算法，搜索各种基于分类、回归、聚类和物理的模型，以确定与实物资产性能密切匹配的最佳新模型或模型参数。此外，在模型更新过程中需要领域知识和人工指导的地方，还应用了迁移学习和主动学习技术。这种方法允许快速的模型开发和持续的模型更新，从而使数字孪生体保持与实物资产的长期对应关系。

（3）非结构化数据分析

人工智能在数字孪生体领域拥有的独有优点如下：

1）人工智能技术可以用于解决企业在零件和资产的生命周期中所必须处理的大量非结构化数据。据统计，80%的数据将继续是非结构化的，人工智能使数字孪生体阅读和理解不同的数据，连接公共和共享的语义，并自动、正确地发现错误和质量问题。

2）人工智能提供了复杂任务的半自动化，比如配置模型和分析，以及通过模型系统理解错误传播。

3）人工智能作为架构自动化的机制，将反馈和学习作为系统 DNA 进行开发。像新一代大规模运用人工智能的数字孪生系统通过构建人工智能的骨架，无论模拟推测结果是成功和错误都会使人工智能受益，随着时间的推移变得更聪明、更个性化和更为精准。

大规模数据存储、计算方法和网络方面的进步使人工智能方法能够"训练"大数据。而人工智能更是能通过对推理和逻辑提供解释，激发人们对系统的信心，创造一个良性的改善循环。人工智能将使数字孪生模型的开发和管理自动化达到一个新的认知水平，为数字孪生系统赋能，构建新时代知识网络。

此外，人工智能系统还可以使用最新的数据和文本挖掘技术来分析工业非结构化数据。文本挖掘技术包括句子标记、搜索、工业短语匹配、词汇开发、本体映射和情感分析。利用统计分析、聚类分析和决策树等方法挖掘丰富的行业数据。从维护和服务记录中提取潜在有益的信息用于改进数字孪生体，为实体操作人员提供在现场或车间需要执行的准确操作数据。这些信息对于保持数字孪生体和实体资产之间的对应关系至关重要。

（4）多通道数据分析

预测故障、维护自动化、实时、最新的资产健康评分分析通常需要来自多种模式的数据。这些数据可包括：

- 参数数据（例如：温度、压力）；
- 光谱传感器（例如：拉曼光谱）；
- 图像传感器（例如：红外线成像，可见光摄像机）；
- 免费文本数据（例如：检查员从服务记录或其他形式的交流中提出的意见）；
- 结构化数据库表（例如：维护数据库）。

数字孪生体中的人工智能技术能够以无缝、高效的方式处理来自多种模式的数据，使用最新的融合技术并提供一流的性能。最新的融合技术包括深度学习、集成、贝叶斯方法和知识表达，用于组合来自不同形态的信息，并提供独有的新信息。

例如，一个阀门的健康评分可能使用关于流量、输入压力、输出压力的传感器数据，来自红外传感器检测设备的数据，还需要考虑来自维护记录的所有人工文本输入。

（5）知识网络

通过使用数字孪生平台，人工智能技术能够快速连接专家，并观察建模和分析工具如何用于开发数字孪生模型和支持系统。连接和构建模型的行为被数字化并转换为"专家孪生体"，从而创建企业内的知识网络来帮助和促进半自动化模型构建过程。

知识网络是企业内部传统社交网络的补充，因为它们是以目的和任务为核心所驱动：最佳实践可以迅速被识别、共享，然后为他人数字化。利用数字孪生系统独特的知识网络能力，专家可以输入他们正在工作的方向，并据此找到其他在追求同样方向的专家，从而达成合作。此外，知识网络可以帮助员工快速地找到要寻找的最佳内容。例如，正在构建一个新的数字孪生体的专家可能需要寻找他所需要的最佳数据，或者需要准备一个数据驱动的或基于物理的模型。通过观察其他人是如何解决类似问题的，专家可以直接基于该知识采取行动，或者可以直接联系其他专家获取更多信息，从而提高工作效率。知识网络通过知识分享实现宏观上的增效。

3. 新一代数字传感技术

一个高保真的数字孪生系统需要高保真的传感器数据，从而在困难或恶劣的环境中依然可以收集实时、高精度数据，从而帮助数字孪生体实现对资产实体的完美映射。

- 新的传感器应用

用于压缩机转子和定子叶片健康监测的先进传感器技术可以帮助识别压缩机和单个叶片水平上的问题。压缩机转子健康监测使用磁传感技术监测叶片以超音速运动时，并使用新技术实时估计叶片振动和共振，以提供单个叶片健康评估。此外，通过将叶片摩擦和间隙数据融合到压缩机效率模型中，该技术还可以用于改善压缩机健康监测，从而为客户提供独特的价值定位。

压缩机定子叶片健康使用高频结构承载的声音（声发射）来监测压缩机叶片中的裂纹、泄漏、摩擦和碰撞。该技术每秒生成 50MB 的数据样本，数字孪生系统运用高频数据分析来处理这些数据，建立一个用于监测定子叶片的数字孪生体。

- 用于蠕变检测的印刷传感器

对资产寿命构成挑战的主要失效模式是蠕变。数字孪生系统对这种故障模式的解决方案包括安装各种蠕变传感器。这些传感器可以永久打印在零件表面，并进行应变测量扫描。这些印刷传感器帮助数字孪生在高热气体路径蠕变提供高保真预测的能力，确定该部件所需的维修范围和步骤，了解该部件在其生命周期中的运行方式，实现发生意外即刻识别，立刻反应。

- 嵌入式腐蚀传感器

机械腐蚀在全球各地都是一个长期问题，而全球范围内不同的气候和各种环境因素导致腐蚀程度难以预测。而腐蚀速率传感器可以实时显示腐蚀速率变化，并对机器内部的大气和操作变化做出实时响应。该传感器可用于通过全局模型或现场经验确定的高腐蚀部位的测试。其他传感器可能包括现场浊度计和尘埃收集站。这些技术使高精度的数字孪生系统能更容易地预测腐蚀问题。

（1）大气/天气

工业机器的盐，水和热腐蚀等不同老化腐蚀在沿海和工业地区普遍存在。通过将环境监测传感器探测到的不同环境因素数据，如二氧化硫气体、硫酸盐气溶胶、海盐气溶胶、灰尘、火山灰、烟尘、有机气溶胶、湿度、温度、压力、风速和风向等数据输入到数字孪生体模型中，可以提高其预测资产状况的准确性，缓解资产运作状况严重依赖于大气和天气状况的问题。

（2）检查

数字孪生的基础是充分了解资产的配置及其设备和部件的历史。因为不同设备所处的环境，保养情况和运行时间不同，其所产生的数据相对独特，所需的数字孪生模型不尽相同。而为了确保不同设备之间的数据不产生混淆，并减少设备维护中断时间，数字孪生系统具有以下功能：

1）零件跟踪：零件用二维码等独特编码进行标记，通过扫描设备读取到应用程序中（手动输入备份）。然后在整个生命周期中对这些部件进行分类和管理。

2）无线测量：可通过蓝牙测量仪进行资产和部件状态的现场检测，该测量仪可以无线获取资产附近的检测数据。

3）状态跟踪：状态信息从平板传达到数字孪生平台，确保准确的状态数据捕获，验证型号和记录的状态历史。

（3）组件分析

精确数字孪生系统需要组件级的可见性。通过不断地更新组件级分析，以诊断当前状态并预测未来的性能下降和故障，如气体控制阀、泵、雾化空气压缩机和其他关键工厂部件，开发分析工具来诊断当前状况，提供未来性能预测和故障预测。

实时状态分析：

在正常运行期间，驱动器/执行器/阀门系统等部件的高速、低振幅运动可以在仍然保持全功能运行的同时，洞察部件的性能和寿命。

- 机械动力系统失去动力。
- 机械动力系统内部的摩擦观察器。
- 能量消耗，即机械变化。

数字孪生系统能够根据当前状况、操作历史和操作时间积累来预测组件性能，为工厂运营商提供组件未来的故障和性能退化预测。这对于防止强制停机和为组件维护创建更好的计划至关重要。

5.2.3 实物数字孪生的实践案例

1. GE 航空发动机

对于现代工业皇冠上的明珠——航空发动机的设计与制造，数字孪生技术已经成为必不可少的一部分。航空发动机作为人类有史以来最复杂、最精密的工业产品，集成了各个技术领域的尖端技术，每台零件数量达万件以上，是典型的知识、技术密集的高科技产品，其研制工作被称作是在挑战工程科学技术的极限。而作为全球三大航空发动机生产商之一的美国通用电气公司为了赢得市场竞争优势，谋求新时代背景下的生存发展，寻求公司新的增长机会，加强业务核心竞争力，采用数字孪生等技术进行数字化转型。

通用电气公司于 2016 年宣布与 ANSYS 合作，共同开发基于模型的数字孪生体技术。通过该合作，通用电气公司发现：运用数字孪生技术所产生的数字仿真可以应用到其各个运营领域当中，为工业设备解决智能化的需求。高精度数字传感器所提供的丰富传感器数据与数字孪生强大的预测性功能相结合，帮助企业分析机器在特定的工作条件并预测故障点，从而在生产和运维方面节约成本。而数字孪生更能帮助企业节省大部分锁定在概念设计阶段的研发成本，使得产品快速迭代成为可能。通用电气公司通过执行快速的"假设"分析，用户可在研发过程早期了解产品特性，避免在不切实际的设计上浪费时间，并且防止在验证阶段对设计返工，帮助用户以更快的速度和更少的成本将新产品推向市场。

（1）GE 数字孪生体应用总体概述

通用电气公司认为数字孪生的核心是由复杂的模型或模型的系统组成，这些模型基于特定工业资产的深度领域知识。数字孪生通过大量的设计、制造、检测、维修、在线传感器和运行数据来提供信息，使用一组高保真的基于计算物理的模型和高级分析来预测运营资产在其生命周期内的运行状况和性能。通用电气公司将数字孪生主要分为四大系统。

1）生命数字孪生系统：生命数字孪生系统能系统性地评估工厂内的每一项资产，以及这些资产因为运营方式和位置的不同所产生的老化程度。而生命数字孪生系统可以预测疲劳、应力、氧化和其他现象，有助于优化每个资产和整个操作系统的维护程序与可靠性。

2）异常事物数字孪生系统：异常事物数字孪生系统运用物理和基于数据的预测模型来检测故障，从而改进资产故障模式管理，减少计划外停机时间。利用与生命数字孪生系统相融合的技术，异常模型可以提高生产机器寿命曲线的精度，并进一步个性化维护需求。

3）热能数字孪生系统：热能数字孪生系统可以评估热效率、容量、排放预测以及模拟所有可能影响这些结果的参数。该技术可用于从联合循环、化石燃料到热电联产和区域供热的所有热循环。该技术无须依靠原始设备制造商，可以为所有品牌的产品提供精准预测。然而，因为该系统的数据主要来源于通用电气自己的资产模型，该系统只有应用于通用电气自己体系内才能达到最大效益。

4）瞬态数字孪生系统：瞬态数字孪生系统可以模拟整体对环境变化或控制转移的反应能力。这包括启动、倾斜率、最小发电量和调节性能等。该数字孪生系统将洞察产品的速度、稳定性、排放和各组件的压力，并预测关于配置和操作变化的限制。

（2）GE围绕业务定义数字孪生体价值

通用电气公司数字孪生体的优势在于其整合了通用电气公司多年以来在生产和运营领域积累的数据与知识，通用电气公司数十年的研究、设计、测试和运行经验都被构建到数字孪生模型中。例如，燃气轮机、蒸汽轮机、发电机等多个资产的所有细节和成年累月的数据都被用作核心构建块。此外，所有通用电气公司的材料和制造系统等知识都被用于在数字孪生体中来创建详细的生命流程，从而驱动数字孪生体模型可靠性和可用性。

目前，通用电气公司已经在其多个工业领域板块建立了数字孪生体系，技术的交互发展，高度集成已经成为通用电气公司数字孪生发展环境的一部分。比如一个用于调整飞机发动机热力学模型的复杂数学过程的数字孪生模型也同时被用于发电厂的数字孪生模型当中，互相促进、互相发展。此外，通用电气公司正在逐步发展独有的分析技术用于检查输入数字孪生模型的数据，并以此估算或计算传感器是否丢失数据，而这种能力是数字孪生体系在所有工业领域的基础。

通用电气公司把数字孪生划分成业务价值的四个属性：

单体性：数字孪生系统应可用于单个机器，跟踪机器生命周期内的历史和性能。

适应性：数字孪生系统的基础设施和模型应具有适应性。例如，它们可以转移到另一个部分或产品类别，适应新的场景或新因素。

连续性：随着实体机器的运行，数字孪生模型不断更新。在任何时候，数字孪生都是机器当前状态的完美映射。

扩展性：当数以百计或成千上万的类似机器都拥有数字孪生体时就会产生附加价值，单一机器的数字孪生体会从类似机器的数据中学习。

（3）GE利用数字孪生体设计、改进航空发动机

作为航空发动机产业三大巨头之一，通用电气公司将数字孪生技术运用到

其发动机设计、生产、运维和优化等多个方面，在航空发动机的安全可靠性、燃油经济性和全生命期成本等市场竞争关键进行拓展。通用电气公司认为，从概念设计阶段开始建立航空发动机数字孪生体的过程更容易将设计和结构模型与运行数据相关联。反过来，发动机数字孪生体还能有助于优化设计，提高生产效率。目前，通用电气公司的数字孪生体技术正在向这方面发展。

首先在航空发动机的设计和制造阶段，通用电气工程师们针对每个发动机收集了数以千计的数据点，然后用这些数据点建立一个数字模型，使其能够准确地知道发动机在每个模块中的温度、压力以及气流的运动速度。在发动机制造过程中，通用电气公司为发动机配备了约100个传感器，用于测量其主要部件。通用电气CEO表示，压缩机出口的压力和温度是压缩机健康状况的关键指标。除此之外，排气温度、涡轮机旋转的速度以及燃油阀打开的距离也是需要关注的重点。通过运用航空物理模型和空气动力，发动机等各方面运作原理构建独有的数字孪生模型，就可以通过对比传感器收集的发动机数据以及数字孪生体的数据（将相同的流程输入到数字孪生体当中，比如把发动机起飞的流程，飞机通过不同天气下的磨损等）来寻找问题，如果两个数据集不匹配，那么发动机就需要维护，因为数据不匹配意味着飞机发动机当中发生了一些工程师没有考虑到的事件。

而后，通用电气公司将数字孪生技术与增材制造技术相结合，利用数字孪生的分析优化功能以及增材制造技术的物理模型及可行性，帮助通用电气公司在航空发动机零部件轻量化方面取得长足进展，更是通过数字孪生技术带来的产品设计优化和免组装的整体式制造，从而进一步提升航空发动机零部件的性能及可靠性。以2018年通用电气公司最新的Catalyst涡桨发动机为例，其通过3D打印技术及增材制造技术"双剑合璧"，将855个零件组合成12个零件，使其减重5%。而整体设计一体的打印成形，使得零部件数量大幅度减少，进而大幅度简化研发组织、供应链管理和维保服务。在整体化设计的同时减少了装配过程，提高了性能和可靠性，使全寿命周期使用成本降低，减轻IT系统的难度和负荷。与同级别的发动机相比，Catalyst涡桨发动机的燃油消耗降低了20%，巡航功率增加了10%，大修间隔为4000小时，比竞争对手多出33%，供应商数量由50多个降为一个，技术服务中心由五个降为一个，帮助通用电气公司的航空发动机部门占领全球航空发动机产业的半壁江山。

除此之外，通用电气公司通过汇总设计、制造、运行、完整飞行周期和其他方面的数据，以及在物理层面对发动机的了解，预测航空发动机的性能表现如下：

1）将航空发动机实时传感器数据与性能模型结合，跟随运行环境变化和可变量的变化而变化，精准监测航空发动机的部件和整机性能。

2）将航空发动机的所有历史数据注入三维物理模型，根据不同变量进行故障诊断和预测。

3）将航空公司历史飞行数据与性能模型结合，构建出性能预测模型，预测整机性能和剩余寿命。

4）将局部线性化模型与飞机运行状态环境模型融合并构建控制优化模型，使发动机在飞行过程中发挥更好的性能。

通过将每个航空发动机的不同模型进行整合，创建出一个具有多种行为特征的数字孪生发动机，通用电气公司实现对航空发动机运维过程的精准监测、故障诊断、性能预测和控制优化。

数字孪生在航空发动机产业最显著的应用是在日常运营部分。一个航空发动机的状态需要考虑多种因素：在整个使用寿命期间，有些航班将会载运更多的乘客，因此给予发动机更大的压力；有些城市的空气中含有大量的砂石，会使发动机叶片的磨损加速；有些航班会有很多的短途飞行，飞机将经历大量起降，从而缩短发动机的寿命。而数字孪生将每一个不同的变量都记忆下来，根据每个发动机所拥有的不同经历为发动机建立独有的模型，从而对每台发动机的状态及寿命拥有全面的了解。这些数据和经验将有助于通用电气公司调整和改变未来的发动机的设计。而这就如同个性化的医疗可以将不同的因素分类，看看什么样的工作对一个发动机有类似的寿命。而这些数据将会告诉我们如何因地制宜，制造新的发动机。

从宏观角度来说，通用电气公司在分析数据科学、运营软件、硬件制造、用户界面和人工智能等领域投入了几十亿资金，探索出了数字孪生技术的基本运用，也使得这个技术成为了通用电气公司数字化时代的骨干发动机。从一个新电厂的动工，新发动机的设计，到其长期升级和寿命使用，通用电气公司数字孪生体不仅通过数字孪生技术全方位映射其核心资产，而且为核心资产未来的发展提供了更精准的决策依据和见解。

2. 基于实物数字孪生实现设备管理与可视化

数字孪生，自其被提出以来，很快得到人们的广泛接受，而且随着信息技术的不断发展，数字孪生的应用也越来越广泛，设备管理是其中一个场景。

对应于物理空间的实体，在赛博空间重构一台设备的3D模型，对其空间形态、运行状态、与外界实时交互结果等物理信息进行完全的"复刻"，标注上地理位置信息，再通过可视化技术把以上这些信息完全呈现出来，并通过云计算技术把这些信息呈现给客户以及用户,从而帮助实现对设备的管理。这就是华东某家具装备制造企业所打造的设备管理平台。

这家制造企业生产的产品种类丰富、型号多样,设备复杂,操作及维修保养的维修成本相对较高。随着业务的发展,设备维修需求增多,设备故障快速诊断、高效妥善解决、降低维修难度的需求愈加强烈。作为制造业企业,自身信息化能力不强,设备维修数据、知识和方法的深入分析和复用能力,数据化和智能化手段有待加强。

整个项目所服务的对象,以及预期实现的服务目标包括:

设备制造商——定制服务流程,定制数据权限,定制工单样式,便于工程师记录服务流程,支持利用报表对服务工单进行数据分析,为设备制造商的决策提供数据支撑。

服务工程师——可通过手机或智能终端及时获得工单信息,提升响应速度,在接到服务工单后,可以查看对应的设备数据,并获得技术支持,以便于更好地解决问题。

终端用户——终端用户可以通过多种方式自助提报工单,相应的设备信息(设备位置,故障信息等)会自动导入工单,方便准确,同时终端用户可以通过移动端实时获得服务进展。

于是,这家制造企业打造了一个设备管理云平台。利用数字孪生技术实现设备物理实体与赛博虚体的实时映射,利用知识图谱技术解决设备故障的快速确认、维修人员的高效分配、辅修系统的有效支撑,利用可视化技术做好呈现,最后通过云计算的模式,让所有相关方都能快速使用系统提供的便捷功能。

最终,这套系统帮助这家企业实现了六大价值:

实现数据实时采集与传输。实现各类设备机器参数的信息采集(如基本信息、位置信息、设备运行状况信息、故障信息等),并对数据进行及时存储分析。

实现对设备的监控、分析与预警。针对设备工况数据进行监控分析,解决设备运行、运营管理、技术支持的问题,实现设备的及时监控预警。

实现设备的高效维护。通过知识图谱,快速获得故障知识及维修知识之间的关联,实现维护的快速匹配及设备运行的辅助优化决策。

实现设备故障分析与预测。基于大数据分析,通过设备使用、工况、性能、维修保养数据等设备与服务数据,进行设备故障、服务的预测分析,实现主动感知,事前防控。

实现设备维修全生命周期管理。实现设备档案、维修知识图谱、设备数字手册、设备工单、操作保养管理、设备基础信息管理等方面的全生命周期管理。

实现高效的数据采集与量化分析。整合多种数据来源，实现对数据的统一管理、为深度关联分析和商业信息挖掘提供数据标准，为企业高层实现 BI 智能展示。

5.3 组织数字孪生：虚实互动

组织数字孪生是通过串联很多企业在信息化建设过程中所使用的 ERP、CRM、MES、FMS 等条块化的信息化系统的基础上，对实际的生产、经营活动进行仿真、模拟的过程。而组织数字孪生面对物理实体产生的不同类型、不同形态、不同来源的海量数据，在保证数据实时性要求、质量要求的前提下，结合行业机理模型、数据驱动模型，达成数据精确全面的呈现和表达，更准确地实现动态监测、趋势预判、虚实互动等核心功能。

5.3.1 组织数字孪生的应用价值

从宏观上来说，现如今于实体领域存在许多需求，在数字化的大背景下，目前在实体领域多因信息多源、异构、异地、分散形成的信息孤岛，难以发挥信息数字化的价值，如何利用各种信息技术或创新概念，将系统和服务打通、集成，以提升资源运用的效率，优化管理和服务成为新生代问题。一套完整的数字孪生系统，相比较传统的系统，具有生产要素多样、动态生产路径配置、人机物自主通信、自组织和可数据支撑决策等特点，可以统筹协调系统内外部变化，实现资源能源优化配置。对于国内实体制造业而言，目前面临用工成本大幅上升，年轻人不愿进厂，原材料成本增高，再加上国内外客户持续压低价格，竞品企业互相打价格战所带来的成本控制的压力，不断压缩企业利润空间等诸多问题。所以如何让生产线管理组织高效运转成为如何让企业生存下去的要点，也是新时代数字化生产转型的关键。

通过对产业链供应链进行模拟仿真，提前制定预案保障国家产业安全。

组织数字孪生系统能通过客户定义的 KPI（关键绩效指标）和业务目标，创造额外收入，降低成本，提高组织管理效率。

另外，组织数字孪生还应用于智慧城市管理，在数字化的趋势下高速解决人类生活中的生理需求、安全需求、社交需求、尊重需求和自我实现需求，真正实现改善市民生活质量，成功实现智慧城市的目标。

1. 保障产业链供应链整体安全

国家经济安全是国家安全的基础，而产业安全是国家经济安全的核心。当前，新冠肺炎疫情全球大流行的态势尚未从根本上得到遏制，贸易保护主义、单边主义上升，给中国的整体经济竞争能力和国家经济整体抵御外部各种侵袭、干扰、危机，稳定发展的能力带来了很大的挑战，产业安全受到了严峻挑战。

工业是国民经济的主导产业，数字孪生对产业安全将起到重要的支撑作用，具体包括以下三个方面：一是构建整个经济体的"数字孪生"，从产业集中度、市场效率、产业整体杠杆率等多个维度进行产业形态分析，避免完全垄断市场的出现和过度杠杆化带来的崩盘风险，促进产业良性发展；二是构建产业结构的能力知识图谱，优化保障国家经济安全的产业知识管理能力，对基本生存需求产业、发展提升需求产业、目标实现需求产业等不同产业进行分类引导，从而实现产业结构的稳定运作并不断高度化、合理化，实现趋利避害的结构状态；三是建立产业链的应急手段，在供应链数字化的基础上，利用工业智能，不仅可以实现对中国主要产业的供应链情况进行更精准、更及时的监控，而且可以开展不同场景下（诸如突发卫生事件导致供应链中断，国际政治因素导致的"卡脖子"断供等）的数字沙盘推演，结合大数据分析制定针对性预案和"备链"计划，提高国内主要行业的抗风险能力，保障国家的产业安全。

2. 提升智慧城市管理

对于智慧城市建设领域而言，目前智慧城市正面临着新兴技术聚合式创新的技术瓶颈，推动智慧城市有机融合的统一架构模块尚未实现，城市运行和治理的水平有量的提升而没有质的飞跃；同时，推动智慧城市建设的市场和行政的边界尚不清晰，资源共享和业务系统机制没有建立。

目前，虽然全国200多个城市都提出了各自的智慧城市建设方案，但各地对智慧城市建设的理解和认知水平参差不齐，在信息化基础设施建设投入、信息化开发能力等方面还存在很大差异，智慧城市的"智慧"程度还存在很大差距，没有统一的规划指导和标准支撑，造成重复投资和资源浪费；同时，有可能造成各个城市盲目建设、城市间应用形成更多孤岛和难以连通的问题，导致"智慧城市"不智慧的局面。同时，调研表明，用户在智慧城市建设中最为关注的仍然是信息化建设多年来的难题——信息资源共享、整合、有效利用和跨部门业务协同。

智慧城市建设涉及面广、技术复杂、业务类型多，需信息、通信、应用多领域协作，需要不断完善标准体系。智慧城市部分领域标准缺失，标准体系不完善，影响智慧城市标准化建设，如智能家居标准缺失，技术标准不统一、产品兼容性和开放性差，无法互联互通；新能源汽车、无人驾驶等由于缺乏加氢站建设运营管理、无人驾驶汽车测试等规范而受影响。

数字孪生城市基于数字孪生技术建立的城市信息模型，作为智慧城市的重要基础，其核心围绕全域数据端到端管理运营：数据采集、接入、治理、融合、轻量化、可视化、应用。这一核心正是面向信息资源共享、整合、有效利用和跨部门业务协同的根源性解决手段。因此，数字孪生城市的标准化制定会是满足智慧城市标准化需求的重要途径。

数字孪生城市的提出，正是要将城市的人、物、事件等所有要素数字化，在网络空间再造一个相对应的"虚拟城市"，形成物理实体世界和信息维度的数字虚拟世界的共生共存、虚实结合的一种形态。借助数字孪生城市，可以提升城市的整体规划质量，提前谋划、科学验证，避免不切实际的规划，也提升规划的效率。基于全城市要素的数据，可以推动以人为核心的城市设计、交通规划等，具体到设计层面，可以实现1:1复原城市原貌空间，进行细化颗粒度到建筑、道路、管线、设备等底层规划，具体到施工层面，可以进行工程施工的可视化管理和环境的实时监测。另外，在城市管理上，借助数字孪生技术，可以建设数字驾驶舱以数字化方式展现现在城市运营态势，实现城市管理决策协同化和智能化，推动如虚拟交互、智慧服务等城市公共服务系统。

3. 提升组织体管理效率

组织数字孪生系统更是能通过客户定义的KPI和业务目标来衡量资产健康、磨损和性能，资产业绩，提高运营，改善能源交易决策，创造额外的收入和降低成本的机会。总的来说可分为以下类别：

资产绩效管理：通过结合领域专业知识，将数据转化为可操作的智能。为整个资产创建单一数据源，利用预测分析在问题发生前识别问题，减少待机时间，延长资产寿命，同时平衡维护成本和操作风险。

运营优化：提供跨部门的企业数据可见性，提供对运营决策的整体理解，从而扩展功能和降低生产成本，帮助管理者获得KPI的洞察力，以提高整体生产力。

业务优化：通过智能预测实现更智能的业务决策，减少财务风险，最大化业务的实际潜力，以获得更大的盈利能力。

先进控制/边缘计算：用先进技术控制总体的运行。基于数据分析的解决方案应对生产稳定性、燃料可变性、排放、合规和其他挑战，以降低成本和最大化收入。

网络节点：用先进的防御系统，旨在评估系统漏洞，检测漏洞，并根据网络安全法规保护关键基础设施和控制。

4. 提升工厂运营效益

现如今许多负责人虽认可数字化革新所带来的红利以及其所带来的公司整

体竞争力的提升，但总体上还是采取观望态度以及保留态度。从宏观来看，大多数工厂负责人缺乏对数字化的了解，尤其是劳动密集型企业。虽然说多数企业认同数字化改革为未来发展方向，但这些企业普遍缺乏对制造数字化以及智能化制造的深刻理解。尤其是对数字化转型存在的风险预判不足，或是将数字化与电子化混淆不清。

在当前的工业生产及流水线模式下，一旦某一运行环节运行出错将很容易致使全产线停机停产。除此之外，一些特殊工艺生产线甚至面临严重的安全风险和衍生灾害。因此工业生产过程中需要基于大量数据，在虚拟数字空间中进行设备诊断、生产过程的模拟，以及对当前设备状态和生产工艺下的仿真预测等，从而防止现场故障、生产异常造成的严重后果。

而对于负责人而言，如何了解数据和分析，如何帮助他们最终控制自己的运营、财务决策和市场战略成为新时代的难题，通过数字孪生技术帮助开展对工厂的日常运营和远程评估，先进分析技术的应用使其负责人对工厂内部的运营情况有了更直观的了解。

再加上国内生产已经向电子产品转型，而电子产品元器件中的敏感物件等与国家不断推出的环保法规、产品召回法规使得品牌商要求其供应商必须建立完整的质量、物料追溯体系，从而在出现产品生产问题时能够根据产品号码追溯这批产品的所有生产过程信息，立即查明它的原料供应商、操作设备、操作人员、经过的工序、生产时间日期和关键的工艺参数。

除此之外，数字孪生为工业生产建立了可以投射物理设备的虚拟空间，能够仿真复杂的制造工艺，实现产品设计、制造和智能服务等闭环优化。比如在工业产品世界中，虚拟的数字孪生空间可以预先完成产品的部件设计修改、尺寸装配等模拟工作，不需要实际生产和验证，从而大幅降低了产品的验证工作和工期成本。在制造生产中，为了避免意外事故，可以在虚拟数字空间中进行设备诊断、过程模拟等仿真预测，从而防止现场故障、生产异常产生的严重后果。

智能数字孪生工厂根据工厂的规划和建设、工厂运行的实时模拟、企业生产及管理能力的需要，进行虚拟模拟，对产品、制造过程乃至整个工厂进行准确、完整、实时的虚拟仿真及分析。

智能数字孪生工厂的实质是实现实体工厂的虚拟映射，把实体工厂运行过程中的生产资源要素在虚拟工厂中体现，并利用数字孪生系统进行实时反馈。因此该系统需首先对生产资源要素进行虚拟化、数字化的工作，编制要素的定义标准，生产资源、虚拟产品的三维文件要求，生产资源的功能需求。数字孪生体工厂结合实体工厂的实际业务环节，制定相应的场景定义标准和表现形式，如生产线规划测试、物流仿真及物流瓶颈分析，工艺流程仿真，产能分析，虚拟生产，实体工厂的实时虚拟等。数字孪生工厂的应用不仅仅是要实现现实工厂的映射，还需要能基于虚拟工厂的运行情况提出相应的改善意见，并能依托数字孪生体对实体工厂进行驱动控制及优化。

现代化工厂对智能化、信息化的需求使得工厂管理的重要性更为突出，各种系统、软硬件的联合应用同时也增加了管理的工作量。各层级之间的信息孤岛，工厂集中监控可视化管理平台的缺失，导致管理人员无法实时、全面、准确地得知各生产及相关环节的实际状况，更无法及时地进行排查及做好处理，造成工厂管理的窘境。而现如今工厂面临的难题总结如下：

1）工厂实时管理，应急反馈。

生产线的有效生产时间不能准确确认，设备故障或空转不能实时反馈。

计划调度失误，材料供应不及时，计划频繁变更，工艺指标和产品设计不合理。

2）现代化管理。如何废除人工报表，实现无纸化办公，简化业务流程，增加工作效率，如何自动统计每个过程的生产数量、合格率，分析产线缺陷。

3）质量追溯。如何根据产品号码进行产品追溯，追踪问题产品的所有生产过程信息，如原料供应商、操作设备、操作人员、经过的工序、生产时间日期和关键的工艺参数等。

4）过程防错。当同一条生产线需要混合多种型号产品时，如何自动校验和操作提示，以防止工人零件、部件装配错误，产品生产、流程错误，产品混装、错装错误，如何进行自动标准化生产。

5）生产过程信息透明化。如何系统性统计仓库以及各工序线上的每种产品数量，产品目的地及生产期限。

通过运用三维数字孪生工厂技术可以为以上问题提供系统性的解决方案。管理人员能够实时地掌握生产现场的生产进度、计划、目标达成情况，以及生产的人员、设备、物料、质量的相关信息等，使整个生产现场完全透明。

5.3.2 组织数字孪生的关键技术

1. 关键技术

组织数字孪生是一个基于物理的方法和高级分析的有组织的集合，用于模拟数字孪生实体中每个资产的当前状态。该模型可以为城市规划提供指导，或者通过将设备与数据库中数千台其他类似设备进行匹配，推断现有反应机制的设计极限。组织数字孪生模型包含了物理资产或更大系统的所有必要方面，包括日常运动逻辑，组织运行规则，机械、电气、化学、流体动力学、材料、经济和统计等多方面数据及知识，从而使这些模型准确地表示与运行相关的大量变量下的运行-环境温度、空气质量、湿度、负荷、天气预报模型和产出预测。使用这些数字孪生模型和最先进的优化、控制、预测技术，应用程序可以沿着可用性、性能、可靠性、磨损、灵活性和可维护性的不同轴更准确地预测结果。与传感器数据相结合的模型能够预测总体的性能，评估不同的情况，接收传感器的数据输入后的模型，能够预测出多种场景、不同情况下组织体的运行状态，帮助权衡决策利弊，提高决策效率。

随着组织数字孪生系统的运行，将不断提高其建模和跟踪组织运行状态的能力。组织数字孪生允许系统操作人员优化整体的瞬时和瞬态控制，以提高效率或性能，对性能和部件寿命做出明智的决定，分配负载和组合，并在理想的时间执行正确的维护任务。组织数字孪生将允许"假设"场景根据业务目标进行测试，从而尽可能地做出最明智的决策。

一个完整的组织数字孪生模型包含五个层次，分别是物理层、数据层、模型层、功能层和能力层。首先是物理层，物理层包含现实中的物理实体以及各种运行逻辑和运行规则。其次是数据层，数据层则包含物理空间中的数据，包括由传感器采集到的运行数据和固有的数据。第三层为模型层，模型层包含众多由数据驱动的模型。该模型拥有动态特征，具备自我学习、自主判断及调整的能力。第四层为功能层，功能层的核心为各大功能模块。功能模块通常由多个动态模型所组成，通过动态模型相互之间的逻辑关系而形成特定子系统，满足自主运作、分析优化等需求。在遵循规则的同时保证统一性，使不同功能模块之间可以灵活地结合、快速地扩展、高效地更新，形成数字孪生系统中一个成熟完整的子板块。最后是第五层能力层。能力层通过功能模块的搭配组合解决特定问题，通过归纳总结沉淀为专业知识体系。因为其内部的模型和模块具有的半自主特性，使得数字孪生系统可在一定程度上自适应调整。

而一个数字孪生系统根据其功能的逐渐演进，通常会经历四个阶段：

1）数化仿真阶段。在本阶段，数字孪生系统将实现对物理空间的精准复刻，通过技术手段实现现实与虚拟之间的虚实互动。在这一阶段，数据可在较短的周期内进行局部汇集和周期性传递，满足数字孪生的基本要求。

在本阶段会完成数字孪生的物理层、数据层和模型层的构建。通过核心的建模技术和物联网感知技术进行物理实体的数字化，组建相应的机理模型，并通过物联网等技术逐步实现实时映射。

2）分析诊断阶段。在本阶段，虚拟体与物理实体之间需要实现实时映射，完成对物理空间的全周期动态监控，并根据需求逐步建立知识图谱，构建不同功能模块，通过对实时数据的分析与理解，对潜在或即将发生的问题进行预警及诊断，对已经发生的情况进行快速调整，实现状态跟踪、问题分析诊断等功能。

本阶段解决的问题是如何把机理模型及数据相结合，核心技术包括统计计算、大数据分析、知识图谱、计算机视觉等相关技术。

3）学习预测阶段。在本阶段，数字孪生体需根据过往资料进行学习，通过机器学习在数字空间中完成预测、模拟。在解决潜在问题的同时逐渐探索系统优化方式，并在建立预测之后将预测内容可被理解的方式呈现于数字空间中。

本阶段解决的核心问题是如何构建多个复杂的数据驱动模型构成的、具有主动学习功能的半自主型功能模块。需要数字孪生系统理解学习到的已知知识，并逐渐探索未知领域。所需求的核心技术包括机器学习、自然语言处理、计算机视觉、人机交互等。

4）决策自治阶段。在本阶段，数字孪生体需要完成搭建一个成熟的数字孪生体系。通过将不同功能及发展方向功能模块相结合来构成面向不同层级的业务应用能力，并通过具有中枢神经处理功能的模块将各类智能推理结果进一步归集、梳理与分析，实现对物理世界复杂状态的预判，并自发地提出决策性建议和预见性改造，对运行效率进行优化，并根据实际情况不断地调整和完善自身体系。

本阶段的数据类型将愈发复杂多样且逐渐接近物理世界的核心，而不同系统之间的数据集成将对数字孪生体有更高的要求。因此，本阶段的核心技术除了大数据、机器学习等人工智能技术外，必然还包括云计算、区块链及高级别隐私保护等技术。

通过结合机器学习、大数据、物联网、5G、区块链等新兴技术，数字孪生可以对物理对象进行实时建模、监控、分析、预测及系统优化。不仅能形成对产业整体趋势的分析和预知，更能打通不同产业之间的信息孤岛，并为决策者提供前瞻性优化方案，解决在实际运营中的产业链协同、城市综合治理等复杂问题，改变行业的运作方式，为管理决策打下坚实的基础。

2. "事件网"技术推动组织数字孪生的创新发展

组织数字孪生应用部署时遇到系统负荷重、运算量大，以及孪生体需跟随企业经营变化动态调整等诸多现实挑战，影响落地的效果。为应对这些挑战，傲林科技通过深入分析工业制造、建筑施工、园区管理、城市运营等典型行业场景，首创了"事件网（Event Net）"技术。

事件网模型综合了传统 Petri Net 和基于事件的系统（Event-Based System，EBS）的特性，既能描述系统组成结构，也能描述事件的因果关系。事件网模型用有向图来反映复杂的业务关系，图上的点代表网络中不同层次的组件，点与点之间的连线表示组件之间的业务流动、数据流动、资金流动或实体的流动。有向图反映了企业已有的知识图谱，并利用工作流机制，对图上的状态变化进行向前或向后的推演，通过在点与连线的扩展，构建出数字孪生体的"神经系统"，如图 5-3 所示。

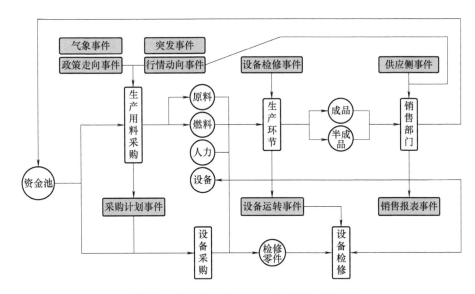

图 5-3　数字孪生体的"神经系统"架构图

利用事件网构建组织数字孪生，能够反映企业已有的知识图谱和内在联系，让数据分析更加简明快捷。组织数字孪生涉及行业 KNOW-HOW 与大数据分析能力的充分融合，构建难度大，而通过事件网构件化封装，可降低数字孪生体系构建的复杂度，也能够以行业模型为基础快速构建行业知识图谱，通过基于历史数据的智能调参，快速完成业务模拟仿真，大大降低了运算量，提升了分析效率，节约对硬件设备的投入。

在描述事件网时，"点"和"线"代表的实体单元和业务关系是单一的。通过节点的增减、连线的调整即可适应企业业务、架构的变化，经营管理者关注点的变化等，实现数字孪生与企业业务的快速匹配。

以事件网技术为核心，构建的企业数字孪生已在多个细分行业中发挥作用。以钢铁行业为例，其属于大型复杂流程工业，全流程工序内部生产数据获取困难,绝大部分为"黑盒",而且生产主要呈现为孤岛式、局部式、单点式控制,尚未形成全流程的一体化控制与各层面的协调优化。而钢铁行业又是生产工序内部高度相关的行业,亟需全流程一体化控制以加强生产数据整合和经营决策。

"事件网"技术的运用,可以将生产制造装备的各种属性映射到虚拟空间中,形成可拆解、可修改、可重复操作的数字镜像,使生产全流程"黑盒"透明化,并结合在生产工序、管理流程等方面的数据,构建起完整的企业数字孪生体,实现在赛博空间修改产线设备、产品工艺参数和工序间协同关系,并通过模型计算获得优化的策略,并通过指令反馈到物理生产线执行。同时,企业数字孪生还可为新控制功能测试、新产品开发提供重要、高效、强力的支撑,帮助企业实现对采购、生产、销售等各环节信号的快速响应,企业资源按需配置,并通过企业内部、产业链上下游的协同实现整体效益的最优。

5.3.3 组织数字孪生的实践案例

1. 某港区智慧城市——基于数字孪生构建"六能"体系

某港区智慧城市发展中心在 BIM/GIS 大数据平台的基础上,通过构建数字孪生体,实现各政府部门、企业和互联网数据的汇聚融合,从宏观、中观、微观三个层面统筹城市数据资源,构建"六能"体系,实现全局分析预判,智能化调配城市公共资源,完成产业"一站式"服务、交通"提前一天预测"、游客"多留一天"的城市管理目标。

"六能"体系包括"感能""视能""数能""图能""算能"和"管能"。

"感能"充分展现数字孪生城市物联感知能力,实现全区域基础设施状态的主动感知,覆盖智慧园区、公共设施、市政、道路、社区综治等 12 类传感器,每日上传约 14 万条信息。

"视能"连接主城区 1000 多路摄像头,利用数字孪生数字化表达能力,实现监控视频实时结构化,每日结构化数据量达到 200 多万条,支持人脸身份、车辆号牌和社会事件的自动识别,支撑综合治理、城市安全管理、交通管理等智能应用。

"数能"接入包括高德票务、水务及政府相关部门等 10 多类数据源,外界数据总量约 33 万条,每日 API 调用总次数超过 2 万余次。

"图能"基于数字孪生数字化、可视化表达技术,融合三维模型、BIM 模型、倾斜摄影模正影像、卫星图片等,为城市服务提供定位支撑,支持一键切换实景与夜光效果，支持 11520×3240（6×4K）超大分辨率的流畅显示与操作，支持 iPad 端对大屏端的互动操作。

"算能"体现数字孪生城市计算能力，部署 CPU、GPU 等海量异构计算资源，支持算法部署点位数 1010 个。

"管能"实现了自动化执行能力，实现主城区无人机 5 分钟出行圈，日飞行里程达 100 千米以上，可提供递送应急物资，现场执法喊话的能力。

场景 1：社区综合治理

综合治理。基于数字孪生体，完成区域城市日常综合治理和城市精细化管理。实现多部门统一联动协调，通过人工智能手段实现对综合治理处置的智能辅助指导，提高综治管理能力。以综治事件自动派单与处置指导为目标，通过自然语言处理、深度学习等人工智能技术与物联网数据整合，建立综治事件处置模型，实现简单事件快速派单处置、重复无效事件甄别反馈、复杂事件拆分指导。

无人机巡航。针对主城区 70 平方千米区域，基于数字孪生实现无人机全地形自动巡航，形成正射影像瓦片地图，采用 AI 智能监测技术，实现对主城区垃圾堆放、人流密度等问题的智能监测和管理。

智能派单。当事件上报至综合管理平台后，平台根据事件的现场照片、文字信息、监控视频、地理坐标等信息进行事件画像，分析事件的关键属性，将历史派单的信息和日常增量派单信息存储至深度学习数据库。通过深度学习模型和人工选择反馈的反复训练，达到对简单事件快速派单处置。在复杂事件处理时，综合管理平台通过深度学习结果，提出事件处理的牵头部门、处理建议、需要参与人员等处置指导意见，辅助管理部门进行科学决策。

垃圾监测预警。无人机定期巡检，在与环境卫生数据标准进行比对分析后，如果发现问题，将预警信息以多种终端方式智能推送给相关人员。

违章建筑监测预警。对图像信息进行实时扫描并与数据库进行比对，发现新信息后，系统提供多种方式展示预报警信息，将预警信息以多种终端方式智能推送相关人员，并由综合业务管理系统统一处理。

违法渣土车自动跟踪。基于城区主要入口设立的固定摄像头系统，识别非认证违法渣土车辆车牌并自动报警，周边无人机紧急升空进行跟踪，对发生违法行为的目标车辆进行警示、驱离或对正在发生违法行为的车辆进行拍照取证。

场景 2：交通智能决策

通过基本的城市路网拓扑信息、设施信息、路口渠化、交警动态数据信息

（包括 SCATS 数据、卡口/视频、线圈、微波数据等）和互联网数据（高德数据）进行数据融合，得到预处理结果（设备流量数据、路口过车数据、车辆轨迹数据），并在此基础上对交通指标进行计算，为后续路网态势监控及智能信号优化提供数据支撑。

景区人流预测。依据景区周边路口的摄像头分析人流数，再参考历史大数据预测未来不同时段到达人数。在三维地图上标注不同时段预测的人流总数及主要路口，当预测人数达到警示阈值时，平台醒目提示等级。

交通仿真。依据车流预测结果，在三维地图上模拟车辆行驶，调整交通控制策略（信号灯、疏导方案等），通过仿真模拟，查看拥堵缓解效果。

综合交通诱导。根据诱导的不同场景分为进城路线诱导、常发性拥堵诱导、高速事故诱导、停车诱导。通过汇集互联网交通事件、视频识别的拥堵、事故以及通过融合高德浮动车数据、交警卡口、微波、线圈等数据识别拥堵，实时感知整体交通运行状况，通过智能算法，对道路上的车流进行合理的分配，优化交通动态分配。通过诱导屏及高德 APP 端将交通实时运行状态及拥堵、封闭等关键信息传达给出行者，缩短出行者旅行时间。

场景 3：产业全景雷达

基于企业（人才）综合服务平台数据、智慧园区精细化运营管理与物联网平台数据、芝麻信用数据、政务数据、其他业务系统数据等多渠道来源数据，从经济发展、产业变迁、企业表现等多方面展示区域经济态势，深入分析产业结构影响因素，辅助政府落地区域经济一体化改革中的各项政策，协助企业根据经济敏感点和产业新动向，发展核心竞争力。

产业全景洞察。全景显示园区产业板块信息、竞争力雷达图、发展进化史和结构风控，显示园区企业数、产值、固定投资等数据的变化趋势曲线，园区就业机会、薪资水平、高端人才需求等变化趋势。

产业地图。通过产业地图的直观展示，显示某区域、某楼宇的税收、产值情况，以及内部入驻的企业信息、人员数量、能耗信息（需对接智能水电表）等，实现地区产业分布的全景展现。

园区一网通办。在三维地图上定位企业所在楼层位置，显示企业详细信息、综合评分雷达图异动指数，根据企业 DNA，实现精准智能匹配产业政策及园区服务。

案例总结：

利用数字孪生技术使得城市精细化管理水平明显提高，巡查发现率提高到一分钟。主城区无人机自动巡查，配合地面 1000 多个摄像头、传感器以及智能算法,智能派单的准确率提升超过85%,实现五分钟出勤,日飞行里程超过100千米。

2. 某医院智能化改革——利用数字孪生打造可视、可管、可控的智慧医院

为推进智慧医院建设,优化"智慧管理、智慧服务、智慧医疗"体系,实现精细化运营管理,该医院构建了一套完备的智慧医院管理平台。借助数字孪生技术,构建智慧医院数字孪生载体,打通底层数据壁垒,实现数据消费,使业务数据化、数据场景化、场景可视化,从根本上实现医院管理的可视、可管、可控,达到主动服务、智能进化的医院管理水平。在需求与技术的双轮驱动以及不断实践过程中,医院从传统迈向先进,从单点智能到整体智慧,从服务缺失到极致服务,将医院诊疗业务及自身发展提升到新高度。

场景1:智慧管理

医院通过数字孪生三维可视化技术构建医院园区整体的数字化模型,基于园区内外环境、建筑、道路等重要空间进行科技风格的场景还原,实现以下主要管理功能:

空间管理:结合医院三维空间管理手段提高门诊楼、住院楼、药房、重点治疗护理单元空间使用率;通过集成挂号系统、工作站系统、药库管理系统、病案管理等系统数据,以信息牌置顶方式将各类空间使用信息进行直观呈现,展示门诊楼、住院楼、重点治疗护理单元等基本属性信息、面积信息、可容人数、就诊人数、排队人数等。以不同色块区分展示空间占用状态。

智慧能耗:结合医院空间管理,按园区、楼宇、楼层、功能区、行政区、房间、设备等维度展示电力、水力、暖通的日/月/年能耗数据,结合大数据技术实现人员电力、热力分析、功能分区工作负荷、天气状况等各类数据的多维分析,支撑按照能耗管理规则自动调节公共区域开关、空调等开启数量或通过人工远程单控、群控手段以达到节能目的。

智慧照明:结合医院三维空间,展示室内灯光位置和状态,结合数据面板显示灯具总数量、运行数量、各回路数量、开启回路数、告警回路数等信息;通过对接灯控平台,点击功能集成按钮,可实现一键单控、群控开关灯控制、亮度及不同时间段灯光的开关模式调节。

智慧安防:基于医院三维空间,结合安防系统一键实现安防末端设备信息查看、设备联动、远程操作和控制、应急预案联动等功能,通过点击功能集成按钮,实现实时监控画面查看,通过智慧医院管理平台可以对每个摄像机进行

联动配置,在接收到其他系统如门禁、消防报警信息的同时进行相应的策略联动。

智慧资产:结合医院三维空间实现智慧资产管理,提供资产分布、资产定位、资产轨迹,并对接携物出门电子流系统,实现资产非法出门告警定位的可视化呈现;以列表或图表形式展示医院各类资产统计信息。点击具体资产3D模型,可查看当前资产的资产信息、使用信息、预约信息。针对移动医疗设备,结合加装硬件定位设备实现实时查看设备位置和使用状态。

场景2:智慧服务

针对医院诊疗业务,依托于门诊住院大楼三维模型,通过对接医院信息管理各项业务子系统,将业务数据与三维场景进行有机融合,实现以下管理功能:

智慧床位:以可视化的形式展示医院床位信息,蓝色表示所属床位已有病人入住,白色则表示当前床位未被占用。此外,还可根据病人所需看护等级,对各个床位进行高亮区分。点击不同床位模型,能够实时显示当前病人的详细就诊及护理信息。

智慧床旁:通过为住院患者佩戴智能手环,实现基于可视化的方式查询病人所在位置。病人可以通过佩戴呼叫设备及时呼叫医护人员。医生可以通过手环实时监测到患者血压和心跳,同时可以显示当前输液状态。

智慧导诊:以可视化方式体现楼层内科室的位置分布,基于三维场景的楼层结构,将楼层按科室进行划分,并在科室内区分具体功能房间,且显示每个就诊房间目前的就诊患者、排队人数、坐诊医生等就诊信息,以便快速地了解目前诊疗业务开展情况。

案例总结:

智慧医院三维可视化项目以数字孪生为理念,以三维可视化为特色,以物联网、大数据、人工智能等新型数字化技术为基础,成功构建智慧医院"大脑"。本项目通过接入后勤各业务系统的数据,将能效运营数据和控制能力打通,实现智能化能源管理,为园区节省了20%以上的能源;打通资产及安防管理平台,实现不同部门监控对象之间的联动互通,提升了日常管理效率,节省了约10%的人力工作量;打通了就诊业务数据及床位等资产管理信息,提升了医护人员工作的精准度,提升了约10%的服务效率。让运营管理人员更便捷、更灵活地定位问题、识别风险、进行根因分析;对全员全量业务进行集中运营和管理,实现业务全路径管理。

3. 钢铁企业经营分析与智慧决策系统

随着相关技术的发展,数字孪生的内涵也在不断丰富,从具象的产品、设备、产线等实物体，逐渐演进到更为抽象的企业、城市等组织体，英国和德国提出的"数字国家"也是数字孪生的概念范畴。

与实物体一样，组织体的数字孪生应用，也是通过现代先进信息技术，在赛博空间重构一个虚体，并开展诊断、分析与预测，从而帮助人们进行决策。其输出结果不再局限于对具体物理实物的改进，而是从提升了经济、社会、民生等方面的指标来体现。

华东某大型钢铁企业一直本着精益化管理理念，其吨钢利润位于国内钢铁行业的领先地位。多年以来积累了很多宝贵的管理经验，但如何实施数字化转型，利用数据实现实时全局的决策，把看不见摸不着的优秀管理思想和方法变成可看可学可复制的标准化模块，以应对数字化时代的挑战，成为该钢企当前亟需解决的问题。

该钢企把目标进一步明确为：

一是实时把控运营状况并做出科学决策。钢企管理者能及时观测和掌握当前供产销和财务各环节业务运营情况，进而能够根据钢企当前的运行状况，适时调整生产运营策略；同时，通过数据分析，追溯钢企生产、运营、管理过程中发生的问题，进而确定成因、影响及责任；进一步提升该钢企对整个钢铁行业的洞察能力，从中挖掘行业新的商机，并在钢企内形成基于数据分析，量化科学预测，做出明智决策的机制。

二是固化优秀管理方法并全面推广。借助 AI 和大数据分析等先进技术，将该钢企在采购、生产、销售、库存、财务等环节的优秀经验通过模型和代码固化（如合理的原料及成品库存水位计算、成本计算、大宗采购计算等），让其精益化管理模式得到传承和推广。

但该钢企本身的信息化基础相对薄弱，存在三个问题：

一是全局数据没有打通。该钢企之前开展了大量的信息化建设工作，已建成从底层 PLC 到中层 MES 到上层 ERP 等在内的多个信息系统。但这些系统之间无法互联互通，形成了多个数据孤岛，导致钢企决策者在日常决策中，需要技术部门开展额外工作，才能获取决策所需的数据。亟需打破数据孤岛，建立基于全局数据进行科学决策的机制。

二是数据质量差。虽然该钢企通过多年的信息化系统积累了大量的经营数据，但是数据质量不高。具体体现在：数据自采率低，数据完整性差，数据关联性弱，数据散落在全集团范围内，数据没有形成统一规范、格式和含义，数据口径不一致等，不一而足。

三是数据利用率低。依靠人工基于个人经验进行数据分析，无法做到基于经营数据及时反馈调整生产计划，对沉淀的历史数据的使用率较少，大量的历史数据未能对该钢企的智能化分析形成支撑。

明确目标和现状之后，该钢企制定了三个主要实施步骤：

一是夯实现有信息化基础。通过现有 ERP 等信息系统的集成打通，提升数据采集量、数据准确度和数据质量。

二是训练并优化模型。通过梳理业务流程，把人工经验、历史数据、实时数据、预测数据进行智能分析和模型训练，输出为直接指导各业务环节的优化模型。

三是围绕具体业务应用开展落地实施。围绕钢企"产供销"经营铁三角，导入优化模型，形成在采购管理、库存优化、产销平衡、成本分析、资金优化等方面的具体应用，全面实施数字化转型。

该钢企建设实施了"经营分析与智慧决策支持系统"，图 5-4 是项目架构图。整个项目实施的关键：通过 L5 层的数据湖和数据治理，建立了全局数据体系。钢企生产制造过程复杂，涉及的专用信息软件及系统众多，对差异化系统的多源异构原始数据的存储、处理及分析通过数据湖解决。数据治理的实施则是通过引入业务主数据管理、元数据管理、主题数据管理、报表生成工具、业务视图管理以及数据质量管理等子系统，实现了数据质量的大幅提升。

更为关键的是，该钢企引入组织数字孪生的概念和相关技术，在已经夯实的全局数据体系基础之上，在赛博空间构建了对应的数字孪生体，针对人、机、料、法、环、财等全局管理要素，建立多维度多尺度的动态模型，并通过与实时数据进行交互，持续进行仿真模拟，在赛博空间实现前追溯（根因分析）、后推演（模拟预测），为物理世界的钢企管理者做出决策提供科学指导。

通过组织数字孪生的协助，该钢企在多个场景实现了业务优化，包括：

库存优化。以数字孪生和量化分析技术为基础，进行原材料库、成品库、在制品库的库存精准预测，采购及生产辅助建议，解决库存预测问题。通过智能采购预案模拟和生产配方预案模拟，提升内部"供产销"协同效率。

供应商推荐。通过供应商历史供货数量、质量、价格、及时率等数据，智能分析出最为合适的供应商，推荐给采购部门。

产销平衡。打破先行"以销定产"的模式，以产线的单元建模，根据产品的市场价格及利润进行产线产能的调整，辅助确定每月销售目标。同时，基于对产量的预测，确定更加合理的安全库存水位，充分利用产线产能，实现生产效率最大化。

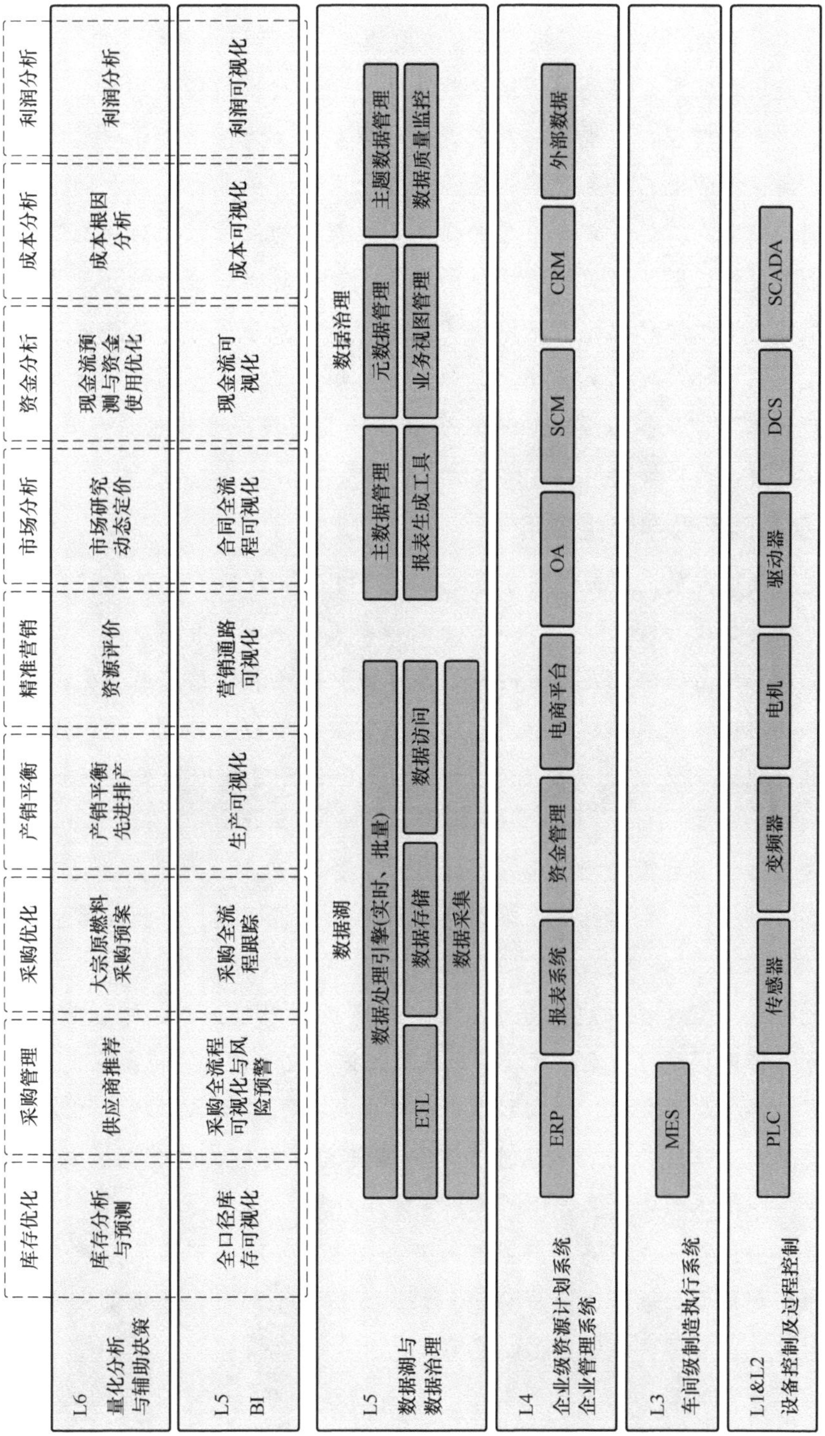

第 5 章 数智化孪生

	采购管理	采购优化	产销平衡	精准营销	市场分析	资金分析	成本分析	利润分析
L6 量化分析与辅助决策	库存优化							
	库存分析与预测	供应商推荐	大宗原燃料采购预案	产销平衡先进排产	资源评价	市场研究动态定价	现金流预测与资金使用优化	成本根因分析	利润分析
L5 BI	全口径库存可视化	采购全流程可视化与风险预警	采购全流程跟踪	生产可视化	营销通路可视化	合同全流程可视化	现金流可视化	成本可视化	利润可视化

L5 数据湖与数据治理

数据湖		数据治理	
数据处理引擎(实时、批量)		主数据管理	主题数据管理
ETL	数据存储	报表生成工具	数据质量监控
	数据采集	元数据管理	
	数据访问	业务视图管理	外部数据

L4 企业级资源计划系统企业管理系统	ERP	报表系统	资金管理	电商平台	OA	SCM	CRM	

L3 车间级制造执行系统	MES

L1&L2 设备控制及过程控制	PLC	传感器	变频器	电机	驱动器	DCS	SCADA

图 5-4 某企业经营分析与智慧决策支持系统图

现金流预测与资金使用优化。对资金需求进行模拟预测，在保持现金流量平衡和保障资金收支的同时，提高资金使用效率，降低资金使用成本。

该钢企切切实实地感受到了组织数字孪生相关技术所带来的好处。一是数据利用能力大幅增强。实现了一数一源，一源多用，大幅增强了研发创新、生产管控、供应链管理、财务管理、经营管控及用户服务能力，以及同上下游产业链协同的效率。二是决策水平显著提升。所积累的海量数据转化成高价值的决策与业务支持资源，显著提高决策的科学性、及时性、准确性。三是生产运营降本增效。通过库存优化和采购优化模型，降低安全库存天数和库存资金占用；通过在销售环节建立客户精准画像，进行销售预测和市场预测分析，深度挖掘客户价值，开展精准营销；通过在财务环节构建现金流分析与资金优化、成本分析模型，降低资金成本，提升资金周转率。

4. 智慧园区数字孪生应用

经过多年的发展，国内大部分园区正逐渐由"服务型"发展为"赋能型"，已经开始借助5G、大数据、物联网、云计算等高新技术，依靠大数据运营、量化决策分析等核心理念，将分散的基础设施和业务环节通过"智慧大脑"连接起来，实现对园区优质品牌的提升，园区运营管理的综合调度，产业链共享协同的加强，以及对人才、项目和客户的凝聚。但在运营中需要解决以下痛点问题：

一是园区经济运营监测困难多。设备及业务环节多，指标类型冗杂，数据采集繁琐，时效性、完整性低，难以做出准确的分析研判，可视化智能调度程度低。

二是信息采集不全，决策分析被动。信息类型多且分散，数据难以打通，无法全面掌握园区运行情况，管理缺乏模型支撑，决策质量有待提高。

三是业务信息不共享，协同程度低。产业链上下游间各个环节无法透明衔接，内部协同共享程度低，园区企业对价值链和供需链的优化配置意愿强烈，园区如何实现降本增效，多方协同共赢是重点问题。

四是产业链整体成本高。产业链的资金成本高、现金流转周期长，贷款服务效率低，如何使金融行为及资金服务快速穿透多个环节、多级供应链是制胜关键。数字化前后园区职能变化如图5-5所示。

数字孪生技术助力智慧园区建设，就是通过数字技术在产业园区的应用，整合园区内外部资源，实现数字化赋能园区运营管理，产业链共享协同、园

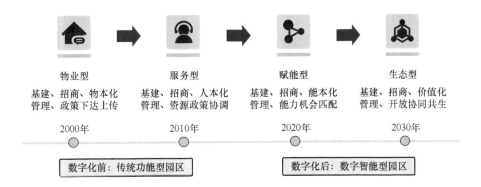

图 5-5　数字化前后园区职能变化图

区金融结算等功能服务全覆盖,支撑园区企业向数字化转型和数字产业集群发展。

数字孪生技术可以为园区建设提供助力。首先,构建园区的数字孪生体。将园区内各项数据打通,为政府及园区运营者提供全流程的大数据建模与运营监测和管理能力,为管理者提高园区运行效率提供依据。

其次,打造园区"智慧大脑"。围绕园区多项业务功能,包括在线交易、产业协同、结算管理、数据交换、跟踪追溯、智能分析、终端应用和政府监管等,基于园区数字孪生体在赛博空间进行模拟仿真。为园区管理者提供直观的预测结果,辅助园区管理者决策。

第三,提升园区资源统筹和产业协同服务。基于对园区数字孪生体分析预测结果,一方面结合园区运营模式,为园区重点企业提供全方位资源支持,扶持其发展壮大;另一方面筛选园区重点产业,作为关键创新业态,以促进产业链高效合作为目标优化企业协同流程,并在整个过程中提供信息化、数字化和智能化服务。

第四,基于数字孪生打造产业链金融服务。围绕核心企业和金融机构,打造园区产业链金融服务平台。结合园区产业机构和上下游客户关系,通过产业链条的数字画像,实现产业链环节全过程的融资服务,帮助园区企业拓宽融资渠道,降低融资成本,改善财务指标,提升产业竞争力。

整体而言,在智慧园区场景下,数字孪生技术可以帮助园区管委会提升应急响应能力,降低园区管控成本,提供产业协同共赢的平台,加强产业链协同,树立园区品牌形象,也可以帮助园区企业提高自身运营能力和盈利能力,提高自身数字化智能化水平。

5.4　本章小结

孪生的本质是实现实体世界到虚拟世界的建模过程,实现数据对实体世界的有效映射。本节作为数字孪生的概述,系统性地梳理了数字孪生的发展形势和机遇,数字孪生的概念演进,数字孪生关键技术的发展以及数字孪生的应用,同时阐述了数字孪生在数字化转型中的需求、驱动力及具体案例。

第 6 章
数智化决策

企业的决策过程一般经过三个阶段：首先是识别并诊断问题，针对出现的问题进行分析以追溯到导致问题发生最根本的原因。从众多先后发生的事件中分析彼此的关联关系，挖掘出核心矛盾最终定位问题根因。其次是对未来情况进行预判。借助各类工具，综合已有信息，再结合管理者的经验，对将来可能出现的情况作出判断。如果说识别并诊断问题是对偏历史的、偏封闭的、偏内部管理的总结和提炼，那么预判则更多是对偏未来的、偏开放的、偏市场反馈的预测和行动。第三是行动选择，在往往不唯一的行动项中选择最优项贯彻执行。绝大部分情况下并不存在完美的最优项，管理者需要对每个可能项的利弊进行权衡。

数字经济时代对企业决策提出了更高的要求。

第一，决策所需的信息增加了，猛增的信息量给企业带来首当其冲的影响。在成熟先进的信息系统及数据的支撑下，数字经济时代的企业管理者所能获取的信息不再局限于公司内部，国家宏观经济动向、原料市场价格变化趋势、成品市场供应情况等外部指标，都成为决策考量的因素。

第二，决策所需的工作量增加了，决策频率提高、周期缩短，增加了决策支撑工作的工作量。现代企业出于节约成本提高资金利用率等目的，会根据市场需求量对生产线进行灵活调整，调整一旦发生将对整个上下游供应协作体系产生影响。相关企业人员需要开展大量工作预测调整所带来的变化，为企业领导者进行决策提供支撑。变化愈加剧烈的市场环境决定了现代企业需要投入更多的资源支撑决策。

第三，所需决策的人增加了，企业需要帮助基层管理者做好决策。现代企业需要下放一定决策权限给基层管理者才能及时响应剧烈变化的市场需求，同时基层管理者的局部决策需要与公司全局决策达到高度的协调统一。企业数智化决策应用如图 6-1 所示。

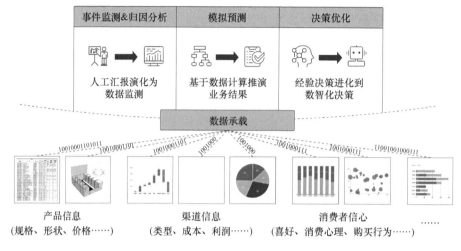

图 6-1　企业数智化决策应用

企业可以借助先进信息技术开展数智化决策。首先可以帮助企业做好事件监测和归因分析。对企业运营过程中关键环节的重要指标进行重点监控，及时发现并提示风险。在风险事件发生后，借助人工智能（AI）模型和知识图谱等技术追溯事件根因。其次可以帮助企业进行模拟预测。基于科学模型对重要的市场指标数据进行运算，得出更为精准的研判。相比起人的预测，不仅能接收的数据量更为庞大，能处理的工作量更为庞杂，还可以避免因为能力和私心导致的预测失误。最后可以帮助企业优化决策。优化一方面是指找到或不断接近最优值，为企业提供最优行动项；另一方面是指精益求精，对本已符合需求的最优行动项进行持续改进，不断做到更好。

6.1　数智化价值体现：让数据实现最优决策

数智化时代，企业面临数字化转型的巨大机遇和挑战，过往的很多经营模式、商业运营模式和技术等需要进行改变。在企业战略决策资源中，数据资源逐渐成为最重要的组成部分，同时数据也直接影响着企业的兴衰。

企业中的数据量是庞大的，而数据类型各有不同，其中还包含很多非结构化的数据，企业数据呈现出多样性和复杂性。在处理数据时，数据的更新速度也是非常快的，这就对数据识别、处理等方面的能力提出了更高要求。数智化时代为企业的数据处理工作提供了诸多的便利，在大数据、人工智能、云计算、物联网等新一代信息技术的支持下,企业能更加精准地获取有价值的数据和信息,作为企业战略决策时准确可靠的参考依据,由此提高了企业的战略决策能力和科学性,提升了企业的核心竞争力。

充分重视并挖掘数据的价值,让数据能够真正地为企业服务,帮助企业更好地进行经营和管理,实现最优化的决策,是每一个数字化转型中的企业的重要工作。

6.1.1　数智化时代下企业战略决策的变革

1. 企业战略决策的形式变革

现阶段,经济飞速发展,各项事物也在快速变化中,由此,企业战略决策的形式也在发生根本性的变化。在企业市场竞争中,价格战是最低级的对策。在数智化时代下,企业要转变思维,在做战略决策时,应着重考虑的是如何充分利用和掌握大数据等新一代信息技术,用大数据为决策提供依据,以此实现科学决策,达到降本增效的目标。数智化时代,变化才是不变的真理,企业思考和制定战略时,不能再封闭和保守,必须与时俱进,与时代发展同步,不断变革和创新,才能推动企业发展,确保企业在激烈的市场竞争中占据一席之地。

2. 企业战略决策的模式变革

数智化时代,企业战略管理模式也与传统模式有着本质差别。在传统企业战略管理模式中,主要的思维模式是正向推进,解决问题时往往采取的是发现—分析—解决的思路。进入数智化时代,企业战略模式更多的是采用逆向思维,即从整理收集数据开始,到分析数据,再到寻找内在规律,最终提出方案。由此可见,数智化时代的企业战略模式是一次思维模式的升级,是战略层次的升维,从而推动企业与时俱进、创新发展。

3. 企业战略决策的思维变革

传统企业进行决策时,往往依据企业管理层的经验做出判断和决定,因而主观性比较强,客观性分析严重不足。当前,尽管大家都看到也认识到数据的客观存在,体会到信息爆炸的速度和威力,但由于思维惯性使然,企业管理层的主观臆断仍旧大量存在。数智化时代,个人经验已经很难适应信息爆炸带来的冲击,凭借企业家的个人经验做出好决策的时代已经一去不复返了,要做出良好决策,必须以数据为依据,进行大数据分析。数智化时代,数据量庞大且增长迅速,其中所隐含的信息复杂多变,这些信息无一不对企业产生影响,因而企业制胜的关键是要转变战略思维模式,从依靠个人经验决策转向用数据做决策，运用大数据等新一代信息技术对信息数据进行全面、客观、科学的分析，在此基础上做出恰当的战略决策。

4. 企业战略决策的目的变革

大数据的一个本质特征就是不再局限于因果关系，而是更多地考察相互关系，其背后的深刻含义是：在大数据时代，知道是什么就够了，没必要知道为什么，我们不必非得知道现象背后的原因，而是要让数据自己发声。因此，数智化时代的企业思考和制定战略时，不能再局限于因果关系，而要重点关注人、事、物之间的相互关系。让数据说话，寻求人、事、物之间的关系，发现问题、解决问题，成为数智化时代企业发展的战略目的。这种战略目的的变革，彻底颠覆了传统的思维定式，是连接未来新世界、在新世界遨游的重要方式。

6.1.2　数智化时代企业管理决策面对的挑战

1. 企业管理决策所面对的环境变化

在大数据、云计算等新一代信息技术的推动下，企业能够获得海量的数据，基于这些数据，可以为企业提供更加丰富的决策信息、决策方案，降低企业决策难度。但由于所提供的各类数据随时都在发生变化，企业在管理上、技术上要面对更加复杂的挑战，需要与时俱进地进行优化，以适应快速变化的形势。

2. 企业辨别决策信息的难度加大

数智化时代，数据的增长速度不断加快，传统意义上的数据处理系统已经无法满足要求。在新的环境下，为保障企业稳定、健康发展，拥抱技术革新，实施精准决策就变得越来越重要、不可替代。企业既要拥抱新技术以便适应快速变化，对数据进行整理、分析、更新，也要建立稳定、高效的管理决策系统，深入挖掘数据包含的商业价值，建立科学、全面、适应发展需求的决策方案。

3. 企业决策程序存在滞后性

传统企业的决策程序往往比较繁复，经常将很多时间花费在信息收集、整理以及方案筛选与评估上，导致企业决策常常滞后，错失良机。在数智化背景下，企业需要简化决策程序，先发制人、迅速决策，占据市场优势地位。

4. 企业决策主体多元化

数智化时代，企业决策对技术、知识能力的要求越来越高，数据规模也不断增大，仅靠企业内部管理人员难以适应，内外部的学者、专家、技术人员等纷纷加入进来，企业决策主体多元化趋势日渐明显。为此，企业要建立决策管理系统，更高效地收集与整理各类数据，提高决策服务的有效性。

6.1.3 数智化时代对企业战略决策的影响

数智化时代，企业数据已经不仅仅局限于数据属性，而是已经拥有了工具属性，成为企业重要的工具，对于企业战略决策起着至关重要的作用，企业要切实加强对数据价值的认识。

1. 抢占市场先机

数智化新时代，得数据者得天下。企业强化对数据的关注度，可以先人一步发现市场商机，先人一步采取行动；同时，企业能够通过数据分析判断竞争者的决策信息，这也为企业抢占市场打下了基础。基于数据做决策是企业获取竞争实力的有效途径，通过对数据的挖掘、分析和判断，企业可以更加及时地制定高效的战略决策，抢占市场先机。

2. 基于消费者信息做决策

数智化时代，网络购物、网络游戏、网络支付等已经渗透到生活的各个方面，透过网络购物、网络游戏、网络支付等的用户量和交易量等信息，可以分析出消费者的需求和需求的变化。通过对这些数据的分析和判断，企业如果能以消费者的需求为根本出发点，想消费者所想，并结合企业自身实际，就有可能开辟出企业独有市场。数智化时代，善于在消费者数据中发现商机，对市场需求进行分析，依托数据制定战略决策，是企业提高决策可行性、科学性、准确性，避免盲目和随意决策的关键。

3. 提高企业决策的全面性

由于数据范围广、层面多、所蕴含的价值非常大，企业在进行战略决策时，如果能更加全面地对数据进行分析和判断，从而得出高价值的决策数据，就能够大大提高企业决策的全面性，促进企业的创新以及良性健康发展。

数智化时代，企业之间的竞争会愈演愈烈。对于企业战略决策而言，要善于持续地深挖数据中蕴藏的价值，积极应对发展中所遇到的难题，并给予相应完善的对策，优化企业的战略决策。

6.2 风险预警：保障经营活动效益

企业活动是集经济、技术、管理、组织等活动于一体的综合性社会活动，在以上这些方面都存在着不确定性。企业风险预警系统是应对这些不确定性、防范企业风险的有效手段,通过建立风险评估体系,进行风险预控,能规避风险的发生,并将风险造成的损失降至最低。建立企业风险预警机制,分析与管理企业活动风险,预防和化解风险,将风险造成的损失降至最低,是保证企业经营活动正常进行并创造最大效益的重要措施之一。

数智化时代,技术更新迭代越来越快,用户需求越来越个性化,在带给企业更多机会的同时,也给企业带来了更多的挑战,预防和管理风险变得越来越重要。数智化时代,数据成为关键的驱动要素,数字技术和数据要素的强大作用力,让信息的及时性、全面性、准确性、关联性更高,能够通过表面现象挖掘问题的本质原因,从而为企业提前预警风险,进而管理风险、化解风险提供了强大的武器。风险预警也从过去以人为主的模式,向自动化、精细化的机器识别风险预警模式转变。

风险预警系统是依据风险指标,通过收集相关数据和信息,监测风险因素的变动趋势,评价各种风险状态偏离预警线的强弱程度,然后向决策人员发出预警信号并提前采取预防预控对策的信息化系统。要构建风险预警系统,首先要构建风险预警指标体系,逐级细化指标,并保证各指标的数据来源可得可信;然后依据预警模型,对收集到的数据和信息进行综合评判;最后依据评判结果所对应的预警区间,发出警报通知相关人员采取相应对策。

6.2.1 风险预警系统的建设要求

在市场竞争日趋激烈的今天,企业要想在大浪淘沙中站住脚,就必须要建立风险预警机制和风险预警系统。企业建立风险预警系统就像给企业安装了"千里眼"和"顺风耳",使企业在危机还没有形成时就已经发出了预警,引起管理层的重视,并将危机消灭在萌芽状态,使企业保持稳健发展。

未雨绸缪永远好过亡羊补牢。对风险提前预知,采取积极主动的应对措施,将风险隐患消灭在萌芽状态,能够节约管理成本,取得事半功倍的管理成效,但这也对风险管理能力和水平提出了更高的要求。恰当的设计和应用风险预警系统,有助于风险管理发挥为"促进企业实现战略和经营目标"保驾护航的作用。

风险预警系统的构建是一项系统性工程,除了与IT相关的网络架构、服务器、存储、数据库、系统软件、应用软件、系统接口等项目之外,还有风控业务人员关注的风险识别、关键风险指标体系、指标信息收集与分析、预警发布和预警事项响应机制等内容。风险预警系统需要以全面风险管理的视角从顶层开始设计。

1. 风险预警系统的特点

及时性。及时性是风险预警最基本的特点，也是最基本的要求。风险监测和风险预警系统要能够及时发现风险，一旦监测过程中发现风险，就应及时发出相应的预警信号，提示相关部门和管理层，对可能出现的风险进行提前防范；同时风险监测和预警有助于及时将风险状况通报给适当的管理层、相关部门，以及其他利益相关方，让他们提前采取有效措施控制风险，在风险尚未造成巨大损失前就能消除风险或者将风险控制在可以接受的范围内，最大限度地避免风险给企业造成损失。

敏感性。监测和预警指标需要具有代表性和敏感性，不能稍有风吹草动就报警，更不能等风险变成了事故还没报警。所以，对预警指标的选择很重要。

持续性。风险监测和预警要保持连续性和持续性，要贯穿企业各项业务活动的整个生命周期。随着时间的推移，潜在的风险会不断地发生变化，原有风险可能会减弱或消失，新的风险可能会出现，次要风险也可能会上升为主要风险，为了及时了解风险现状，及时调整风险应对策略，相关人员需要对内外部环境进行持续的跟踪并进行动态调整。

可操作性。对企业业务活动的风险监测和预警需要遵循可操作原则，要符合企业实际情况，符合企业现有的资源和能力，过于复杂的监测和预警指标会增加收集信息的难度和成本。如果选择的具体风险监测指标难以获得相关信息和数据，那么风险监测和预警系统也不能发挥作用。

2. 风险预警系统建设路径

风险预警系统一般包括两大模块：一是风险监测模块，二是报警模块。风险预警系统的工作流一般包括六个环节：设指标、定阈值、采数据、做分析、定警级、发警报。

设指标：综合企业现行风险监测指标、标杆企业风险指标设计方面的先进经验，设计分层分类的关键风险监测指标体系。

定阈值：结合监管要求、同业基准、各企业内部管理要求和历史数据等因素，为各类风险指标设定合理的阈值。

采数据：通过线上线下多种手段、多种接口，实时或及时采集风险预警指标的相关数据。

做分析：按设定的指标计算模型或计算公式，获得风险指标的大小值。

定警级：把上面分析的结果与设定的预警阈值相比较，看风险指标值落在哪个预警区间，是危险区域，还是安全区域。

发警报：根据确定的预警等级，发布预警信息或信号。如果落在危险区域，那就亮"红灯"；如果落在安全区域，那就亮"绿灯"。这个环节可以建立风险预警提示机制，比如通过电信网络向手机发短信、发微信，可以通过办公自动化（OA）向相关人员发风险预警提示函，或者在OA系统、风控系统上通过风险地图、趋势图、雷达图、仪表盘等来展示风险的整体情况及预警信息。

3. 建立关键风险指标体系

风险指标和绩效指标类似，多种多样，如果需要经济且有效的管理，那就必须找到关键指标。和关键绩效指标（KPI）对应的是关键风险指标（key risk indicator，KRI）。KRI具有关键性、灵敏性、易测量性等特征。

建立关键风险指标体系的原则包括：

重要性原则。关键风险指标是用来反映企业重要风险和关键风险的，重要性是其最根本的原则。选择KRI时，不能追求多而全，这不仅会让管理者抓不住管理重点，也会浪费有限的管理成本。

敏感性原则。关键风险指标要具有敏感性，其变化要能够合理反映重大风险的整体情况，但不能稍有风吹草动就报警。当然，更不能等风险变成了事故系统还没报警。

简单性原则。简单性原则包括两个方面：一是指标要尽量简单，因为复杂的指标意味着大量复杂的数据收集与分析工作；二是要易于获取，如果数据的获取复杂、艰难，甚至需要花费高额成本，那就得不偿失了。

适应性原则。关键风险指标的建立不是一项一劳永逸的工作，而是一个持续改进、不断完善的过程，需要根据实际情况不断进行调整。随着企业所处内外部环境的变化，企业面临的主要风险以及企业风险偏好的不断变化，原有的一些风险指标可能会不符合企业实际需要，而一些新的指标需要补充到体系当中来，因此相关部门需要对风险预警指标进行定期评估，不断地对指标体系进行更新和完善，以保证预警指标的适用性。

4. 预警指标数据收集与分析

建设风险预警系统必须先构建风险预警指标，然后对照指标类别确定所需数据的来源，确保通过有效的数据收集途径能够获取所需的信息，然后再及时加以分析处理。在实践中，风险管理主责部门负责从各风险事项的主责业务部门收集关于风险指标的即时数据，并且保证数据信息的准确性，以便下一步开展相关分析。

风险监测和预警需要对大量的数据信息进行收集、分析和处理，仅靠人工收集的方式已经无法满足要求，应当通过有效的信息技术手段，提高信息收集、分析和处理的能力。只有这样，才能进一步提高风险监测和预警的准确性和及时性。

因此，为了保证风险预警指标信息收集的高效性，企业不仅需要建立高度自动化、智能化的风险预警信息系统，还要保证该系统与其他系统在数据共享层面互联互通，以便及时准确地获取各种所需信息。俗话说"巧妇难为无米之炊"，如果得不到数据，那么风险预警系统就只是个壳，什么也加工不了，什么也预警不了。

5. 预警事项发布和应对处理

企业可以通过风险预警系统实现预警信息的自动发布与处理。风险预警系统对每个关键风险指标都设定了阈值，一旦风险指标的实时监测结果超过风险临界值，风险预警系统就会根据其所在预警区间，自动判断对应的风险等级，然后触发相应的风险预警机制进行风险报警，并向相关人员发出风险提示。

风险指标主责部门负责汇总风险监测结果，及时进行风险发布，同时与风控部门协商采取相应对策，制定并采取综合风险应对措施。

6. 建立风险预警配套机制

有了预警指标，也收集了数据，不一定就能实现预警。一个预警体系的正常运转，需要有一套良好的机制作保障。建立风险预警配套机制的主要工作内容包括构建完整的预警治理、管理、执行、支持及应用组织架构，完善风险预警管理制度及相关流程体系，建立专业的预警团队与健全的培训机制等。

6.2.2 风险预警的运行机理

基于数智化平台与事件网，运用大数据、人工智能等新一代信息技术、算法和工具，可针对不同管理者提供实时事件分析与风险预警功能，聚焦企业异常，极大提升管理效率。

1. 大数据风险预警

大数据风险预警是基于关联分析思想，运用智能分析技术，对业务过程中的海量、多源、异构的内外部数据进行挖掘和分析，了解业务运行状况和发展态势，从而构建基于机器学习的各业务模块风险预警模型，汇总实时风险清单或设置风险管理进度看板，识别和预警可能存在的风险并及时反馈。基于数据的风险预警机制如图 6-2 所示。

企业内部的各种会议文件、合同、业务流程、职能职责、内控制度、年报、

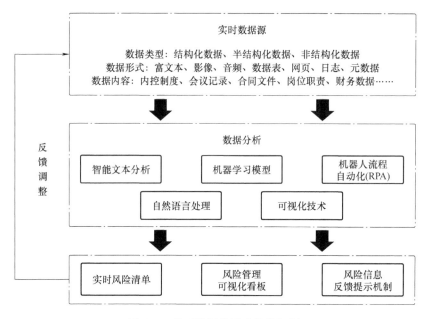

图 6-2 基于数据的风险预警机制

财务文本信息等文档中蕴含着十分有价值的信息，通过运用大数据技术对这些文档进行分析，进而判断企业的重大决策流程、内部管控是否合规，使得企业可以预判风险并提前进行干预，这已经被大量事实所验证。例如，通过研究上市公司年报，发现年报披露的语气（正面和负面词频的对比）波动性越大，意味着企业风险越大。再如，通过研究企业董事会会议记录，进行词频分析并画出词云图，可以迅速直观地了解企业战略目标与工作重点，再运用人工智能技术将之与企业业务报告、岗位职责等文件进行对比，就能够看出企业业务层面是否如实遵循战略目标。

（1）实时数据收集处理

首先是数据采集，即要实时获取与风险管理工作相关的所有信息。需要采集的数据类型多样，包括财务数据与非财务数据、内部数据与外部数据、结构化数据与非结构化数据（或半结构化数据）等；形式上可包括文本、音频、视频、图像、数据表等；内容上可包括内部文件、会议记录、新闻报道、访谈记载、往来邮件、计划安排、生产流水以及微博、微信等社交媒体信息等。内部数据可采用埋点采集，即通过在业务逻辑中嵌入采集代码完成收集。外部数据一般使用爬虫技术对公共数据进行大规模采集；也可通过应用程序接口（API）等技术采集获得授权的上下游单位、社会公众组织的外部数据。

其次是数据清洗，采集到的数据往往良莠不齐、存在噪声，需要进行处理。比如：所采集的数据包含大量非结构化数据，就需要对其进行预处理；数据存在重复、异常、缺失等情况，影响数据分析的准确性；还有的数据量纲不同、差异过大，标准化程度低，难以进行有效分析。因此，要运用专用工具（如 PowerBI 的 Powerquery 模块、Python 的 Pandas 库等）对海量原始数据进行清洗处理，提升数据标准化程度和一致性。

然后是数据存储，清洗处理后的数据要妥善地存储。有多种数据存储模式可供选择，如购买云存储服务、选择工业常用的大型实时数据库等，企业可结合自身实际，以及对数据安全、实时性、准确性的需求，选取适当的数据存储模式。

（2）数据分析

数据分析是风险预警的核心，借助 RPA、机器学习、自然语言处理、社会网络分析等技术，将清洗处理后的数据变成有用的数据信息。

企业风险管理人员可以基于实时数据，借助机器学习技术，根据不同类型业务的流程与内控环节，有针对性地为不同业务模块设计风险预警模型。包括以下几个步骤：

第一步：进行规则定义、收集历史数据，是构建风险预警模型的基础。规则定义的实质就是构建一个"规则知识库"。构建规则知识库时，从企业宏观层面上的战略重点到业务单元层面上的具体目标，都是重要的指引、依据、支撑和参考。规则知识库中包含了建构风险预警模型所需的知识，主要是规则定义的组合及预警条件的确定。例如，根据不同业务各自的控制目标，运用决策树模型等算法，进行自动化规则挖掘，同时结合专家经验，可以得出适当的、可自我迭代的内外部规则，包括评分规则、投资风险预警规则、欺诈检测规则、供应链上下游企业协作风险规则等。

第二步：数据训练与调试。将历史数据分为训练集与测试集，使用适当的算法对模型进行训练和测试。一般情况下，风险预警模型所面对的样本有一个特点，即可供学习的有标签的样本比较稀缺，比如内控失效、合谋舞弊等情形日常并不多见。因而，在风险管理事前控制场景中，半监督算法与无监督算法的适用程度更高。

第三步：调试模型参数。主要是为了增强模型的时效性与解释度。风险预警模型主要运用在事前控制环节，在初始设置时可适当降低模型的复杂度与精度。

第四步：反馈调整优化。在实际应用中，风险预警模型也应根据反馈信息不断迭代和不断优化,以进一步增强模型的预警功能与适用性。一旦识别到风险迹象,借助 RPA 技术,风险预警模型可设置信息的自动反馈机制,自动将相关信息通过企业办公自动化(OA)系统发送给相应的部门及管理人员。这样不仅可以实时反馈与提醒风险状况,也有助于明晰责任归属,避免企业内部各职能部门相互推诿。

(3)成果呈现

随着各业务单元的风险预警模型持续运行,企业风险管理系统可以及时汇总形成公司乃至集团层面的实时风险清单,并以可视化的方式清晰明了地将风险事项、关键风险环节、重点风险责任人、风险影响范围等信息呈现出来,以供决策。

比如,可在公司领导及业务部门负责人的办公场所设置风险管理进度看板;可将各业务环节风险状况进行汇总,并用饼图、折线图、词云图、仪表盘、散点图等形式加以展现;还可以将风险影响范围、发生的可能性及风险等级以不同颜色直观地呈现出来,从而使相关人员能够第一时间接收并感知到风险状况的变化信息。

2. 大数据风险监控

风险监控是指风险管理人员对事前控制环节形成的风险事项进行实时监控。通过对风险预警期间识别到的关键环节与关键事项进行监控,当相关指标异常或触发报警规则时,表明已出现风险,风险管理系统就会启动报警并实施应对措施。在风险监控中,风险应对的智能化尤为重要,主要包括两大部分,即关键风险点实时监控和风险应对决策的智能化分析(决策智能分析系统)。

(1)关键风险点实时监控

利用机器学习技术,实时监控风险预警中涉及的风险信息关键点,实现风险管理关口前移,从而增强风险管理的主动性与及时性。

第一步:建立重点实时监控风险对象清单。基于风险预警中识别出的高风险客户、业务流程中的风险隐患等,建立重点实时监控风险对象清单。

第二步:设计动态风险监控规则与指标。运用机器学习技术,根据重点实时监控风险清单,构建模型并设计相应的动态风险监控规则和指标。基于机器学习技术的模型具备自我学习、自我成长能力,可以不依赖人为干预进行自主学习,寻找甚至尝试建立事中控制规则,并进行动态重构与不断优化。

第三步:实时绘制风险坐标图。基于机器学习的模型通过可视化技术,实时自动绘制风险坐标图,通过直观的颜色来进行风险情况的提示和监控。如红色区域就应予以特别关注,并及时进行分析汇报。

关键风险点的实时监控将产生不同等级的风险情况，因而事中控制环节所实施的人工干预和应对策略也相应会有多种方案，如何选择是关键。这就需要决策智能分析系统的支持。

（2）决策智能分析系统

决策智能分析系统能够在大量历史数据和经验的基础上，通过建立智能决策模型，对多种风险应对方案进行智能比较，结合公司长远目标，筛选出合适的风险应对选项，并辅助管理者进行决策，最终确定风险应对方案。上述分析过程和结果，又作为新的训练数据输入到智能决策模型中。实践证明，基于决策智能分析系统做出的风险应对，能够提高事中控制效果。例如，在银行贷款决策中，大数据决策模型比传统决策模型拥有信息量大、判断标准更为丰富等优势，实现了贷款拒绝率和贷款违约率双低。

3. 关键技术

（1）规则引擎

复杂事件处理（CEP）是一种基于动态环境中事件流的分析技术，主要用于物联网、网络攻击检测、金融等领域。运用过滤、关联、聚合等技术，分析事件中的关系，根据事件之间的时序和聚合关系制定规则，持续地从事件流中检测出符合要求的事件序列，最终得到更复杂的复合事件。

大多数复杂事件处理应用要求能根据业务需求更新业务规则。为此，业务人员应能够直接管理IT系统中的规则，而不需要开发人员参与。由此衍生出规则引擎。

规则引擎是嵌入在复杂事件处理应用程序中的组件，主要用于实现决策逻辑和业务系统的分离。现实业务中的决策逻辑既复杂又多变，决策引擎的应用需求越来越大，把决策逻辑单独分离出来就显得越来越重要。目前，主流的规则引擎包括Drools、Esper、SEC、NodeBrain等。

规则引擎由推理引擎发展而来，是一种嵌入在应用程序中的组件，将业务决策从应用程序代码中分离出来进行处理，使用预定义的语义模板编写业务决策，从而可以把复杂、冗余的业务规则同整个支撑系统分离开。

推理引擎一般包括三部分：模式匹配器、议程和执行引擎。模式匹配器决定选择执行哪个规则及何时执行规则；议程管理所挑选出来的规则的执行次序；执行引擎负责执行规则和其他动作。

推理引擎有演绎和归纳两种推理方法：演绎法从一个最初的事实出发，不断地应用规则得出结论；归纳法则根据假设不断地寻找符合假设的事实。Rete算法是目前效率最高的演绎推理算法，众多推理引擎都基于Rete算法来进行推理。

规则引擎包含信息元、信息服务、规则集和队列管理器这四个基本组件。信息元是一个包含了特定事件的所有信息对象;规则集即规则的集合,每条规则包含一个条件过滤器和多个动作,一个条件过滤器可以包含多个过滤条件。队列管理器用于管理来自不同信息服务的信息元对象的队列。规则引擎的工作机制如图 6-3 所示。

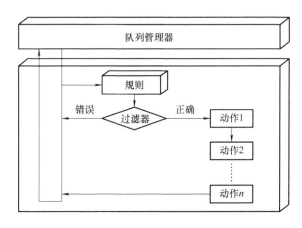

图 6-3　规则引擎工作机制

规则引擎从队列管理器中依次接收信息元,按照规则的定义顺序检查信息元所含规则集中的规则。如果第一个规则的过滤器求值为假,则所有与此规则相关的动作都被忽略并继续执行下一条规则。信息元中所有规则执行完毕后,该信息元将被销毁,然后接收并处理下一个信息元。

(2)自然语言处理

分析数据的一个根本障碍是计算机难以理解文本的意义。早在计算机刚刚问世时,一个被称为自然语言处理(NLP)的技术就已经在着手解决这个问题。NLP 是一种帮助计算机学习语法和弄懂文本潜在意义的技术。使用 NLP,计算机可以自动确定某篇文章的情绪,并且辨别公司名称或品牌。NLP 是当今最难解决的问题之一,即使是最先进的算法,也远远谈不上完美。但是,得益于处理能力的大幅提高以及机器学习的创新,NLP 仍然是一个快速发展的研究领域。

比如,2014 年 10 月,斯坦福大学博士毕业生罗伯·芒罗与人共同创办了一家名叫 Idibon 的初创公司,该公司为大规模实用性 NLP 这一领域做出了令人瞩目的贡献。该公司的设计从本质上与语言无关,也就是说它不依赖于任何一种特定的语言。Idibon 软件基于人工智能,不对语言做出任何预设,而是与用户互动,以构筑其知识基础。目前,Idibon 能够使用 60 种语言,包括单词与单词之间没有空格的中文和日语、从右至左书写的阿拉伯语和希伯来语以及有着独特字母的韩语。Idibon 与汽车行业的客户合作,通过研究社交媒体来了解购买模式。"挑选大件商品时,人们更倾向于登录社交媒体,看看朋友圈中什么人已经买过。"这使得 Idibon 公司能够以 90% 的准确率辨别出那些表达过买车意图的人们。

6.2.3　风险预警系统的实践案例

▌典型案例:源头与过程监控确保危化品生产安全

中国自 2010 年起已成为全球化学品第一生产大国,化工产能约占世界总量的 40%,相当于欧洲和北美洲的总和。与此同时,中国危险化学品(以下简称"危化品")安全生产重特大事故时有发生,给国家、社会和企业带来了巨大的损失。2019 年江苏响水"3·21"事故,造成 78 人死亡、76 人重伤,640 人住院治疗,直接经济损失高达 19.86 亿元。

从宏观行业角度看,危化品行业具有产业规模总量大、涉及行业领域多、分布区域范围广、安全管理链条长、涉及监管部门多,以及事故发展快、危害后果大、影响范围广等特点,行业监管难度大,安全生产形势较为严峻。

从微观企业角度看,中国作为世界第一化工大国,危化品生产经营单位达 21 万余家,涉及 2800 多个种类,但整体安全保障条件较差、管理水平较低、重大安全风险隐患较突出,安全管理水平与国外先进水平有较大差距。

华南某石化企业非常重视利用信息技术手段确保生产安全,连续 10 年实现安全稳定生产。对于生产过程中产生的危化品(液化石油气等),该企业建立了专门的危化品管理系统,对源头和生产过程中的相关事件进行监控,提前消除风险苗头,确保整体安全。

危化品危险源事件监控系统架构如图 6-4 所示。

该系统由"五横"——基础支撑系统、安全监测感知系统、融合应急通信网络、大数据支撑系统、应急协同应用系统五个子系统,以及"四纵"——安全运行保障体系、应急标准规范体系、信息化工作机制、科技力量汇聚机制四个体系组成。

一方面对传感器的数据进行采集,比如储罐区和库区的温度、液位、压力、可燃气体浓度、有毒气体浓度、可燃气体浓度等数据,实时监控、分析、还原重大危险源的运行状况。

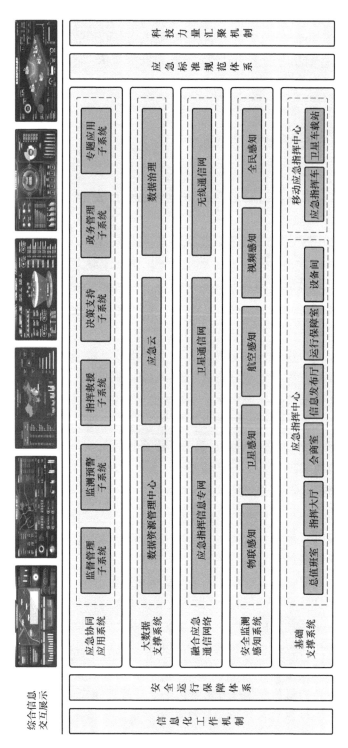

图 6-4 危化品危险源事件监控系统架构

另一方面利用人工智能技术，结合视频信息开展模式分析和行为分析，对生产场所的烟雾火焰，以及工作人员的巡查巡检、离岗在岗、安全帽佩戴等事件进行识别。

一旦数据分析或视频识别的结果超过提前设定的报警阈值，系统启动预警信息发布平台进行预警发布。同时，系统调用相关模型进行周边分析，包括影响范围、影响趋势、风险分析、资源分析，帮助预警处理人员做好处置。

危化品安全生产事件监控系统架构如图6-5所示。

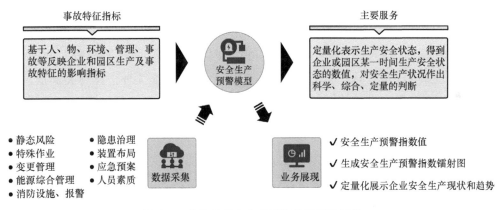

图6-5　危化品安全生产事件监控系统架构

同样，在危化品生产环节，也是通过数据统计、计算、分析，定量化表示生产安全状态，对可能发生的危险进行事先预报，提醒相关部门及时采取针对性的处理措施，最大限度地消除和降低风险。

所不同的是，生产环节监控的事件从相对静态变成了相对动态，员工的操作是否准确、作业执行是否正常、设备是否稳定运行、控制精度是否下降、响应是否及时等，成为监控的重点事件。

数智化强化了危化品企业快速感知、实时监测、联动处置的能力，助推行业实现操作控制智能化、风险预警精准化、危险作业无人化、运维辅助远程化，整体上促进行业企业不断提升安全生产事件预测及管控水平。

6.3　量化分析：挖掘数据价值

量化分析就是将一些不具体、模糊的因素用具体的数据来表示，从而达到分析比较的目的。

管理最重要的是决策，而正确决策又依赖充足的信息、准确的判断。美国职业经理人有一句耳熟能详的话叫"无测量、无管理"，意思是管理的前提是可以量化、估算被管理的事物。彼得·德鲁克说:"人们永远无法管理不能量化的东西。"

数智化时代充满复杂性、多样性,给我们预测与把握数据与信息的无形价值带来了困难。没有量化思路,就无法驾驭数据;没有数据,价值就无法评估;价值不可见,就不可管理。

6.3.1 量化分析的价值和意义

在很多组织中存在一个固化的观念,认为某些事物不可量化。产品质量的价值、员工的士气、更加清洁的水等"无形之物",经常是做商业决策和政府政策时要考量的关键因素。往往一个重要的决策需要人们对"无形之物"有更多的了解,如果决策者认为这些事情不可量化,那就很难及时把握到关键信息,决策时出错的概率当然就增加了。错配了资源,拒绝了好的想法却接受了坏的想法,资金、人力、时间等宝贵的资源就这样被浪费了。在某些情况下,甚至还可能威胁到生命和健康。

决策者如果理解任何事物其实都可以量化,进而知道如何进行量化分析,从而获得有价值的信息,那将受益无穷。

1. "凡事皆可量化":建立量化思维

人们在观测事物、思考问题时,如果能找到某种方法,不论该方法多么的模糊,只要能让你知道得比以前更多,那它就可以看作是一种量化方法。在实际工作和生活中,对于那些看似不可量化的事物,人们往往能够找到相对简单的量化方法。建立量化思维案例见表6-1。

表6-1 建立量化思维案例

物理学家如何估算芝加哥的钢琴调音师有多少?
1938年诺贝尔物理学奖获得者恩里科·费米(Enrico Fermi)深谙量化的价值,经常教授学生们估算一些奇妙的数值。最著名的例子就是"费米问题"。
费米的问题是:怎样估计芝加哥的钢琴调音师的人数?
学生们提出了一些比较简单的解法,例如通过查看广告统计钢琴调音师的数量,或者通过发证机构来统计某种执照的数量等。费米希望学生们学会量化"无形之物"的方法,通过提问题并量化其数值,了解并领悟到一些东西。
首先,费米引导学生们思考关于钢琴和钢琴调音师的其他一些相对容易的问题,比如当时的芝加哥人口数量(1930—1950年,略超过300万人)、平均每家有几口人(2人或3人)、平均每个家庭拥有的需要定期调音的钢琴数量(10家里面最多1家,但30家里面至少1家)、每部钢琴需要进行调音的频次(也许平均1年1次)、一个调音师平均每天能调多少部钢琴(4~5部)、调音师平均一年工作多少天(约250天)等。

（续）

物理学家如何估算芝加哥的钢琴调音师有多少？

由此，就可以根据以下算式计算相关结果：

芝加哥钢琴调音师的数量＝人口/每家人口×有钢琴的家庭百分比×每年调音次数/（钢琴调音师每天调音的钢琴数×年工作天数）

所得结果在 20～200 之间，一般在 50 左右。这个猜测结果范围与真实值是比较接近的。

这种方法被称为"费米分解法"或"费米解法"，不仅有助于估计不确定的数值，而且也可评估不确定性的来源。比如是每家平均拥有的钢琴数量不确定？还是钢琴每年需要调音的平均次数不确定？还是钢琴调音师每天调音的钢琴数量不确定或者其他什么因素？搞清楚不确定性的来源，可帮助我们量化相关事物，以便最大限度地减少不确定性。

2. 量化是为了减少不确定性，从而创造价值

很多人认为，量化是确定的，应该获得一个精确数值。但是通常而言，科研人员都会把量化看成是在数量上减少不确定性的观测结果。犯错是不可避免的，但仍然会在前人基础上有所提高。这是做实验、调查研究和其他科学量化的指导思想。

一个真正的量化过程不需要无限精确。如果没有报告误差，也没有采用抽样和实验等实证方法，就认为数字是完全精确的，并不是真正的量化。对于真正的科学方法而言，在报告数字时是有范围的，例如，农场使用了某种新的玉米种子后，在 95% 的置信水平上，平均产量会提高 10%～18%。对于没有误差的精确数字，除非它们是完全计数，否则不需要实证观测。例如，统计口袋里的所有零钱就可以完全计数，而像宝钢、中石油、工商银行等的资产评估就不需要实证观测。

1948 年，克劳德·香农发表了题为《通信的数学理论》的论文，奠定了信息论的基础，也奠定了量化的基础。

香农将信号中不确定性的减少量作为信息的数学定义，在信息论中，他用信号代替了"熵"。这种"减少不确定性"的观点具有很大的商业价值。例如，对于一个信息技术大项目或者新产品开发项目，这种不确定性的减少可能创造数千万元的价值。

量化不需要彻底消除不确定性，只要进行量化工作的花费远远少于因此而带来的收益，那么量化就是值得的。

3. 大数据预测

数据的本质是解决问题，数据的核心价值就在于预测，而企业经营的核心也是基于预测问题而对此做出正确判断。数据预测则基于多种数据和预测模型

去预测企业在未来某个问题发生的概率。

大数据预测则是基于大数据和预测模型去预测未来某件事情的概率，如果说传统数据分析是"面向已经发生的过去"，那么大数据分析则是"面向即将发生的未来"。

大数据预测把一个非常困难的预测问题，转化为一个相对简单的描述问题，这是传统的小型数据集无法企及的。从大数据预测所得出的结果中可以得到简单、客观地处理现实业务的结论，预测结果还能帮助企业管理者进行决策，通过分析所收集的大量资料还可以发现并开发更大的消费需求。

6.3.2 预测的作用和价值

从气象预报到地震预测，从命运预测到科技预言，人类一直希望能够看穿未来。随着新一代信息技术的不断发展，基于大数据的预测变得更加容易，大数据预测正在深刻改变人类的生产与生活。

1. 大数据的核心价值是预测

说起大数据的价值，人们常常想到的就是"预测股市""预测流感""预测消费者行为"等。预测性分析是大数据最核心的功能，进而通过数据可视化和数据挖掘，发现信息价值，辅助进行决策。

人们通过长期的实践发现，每一种非常规的变化其事前一定有征兆，每一件事情都有章可循，找到征兆与变化之间的规律就可以进行预测，这正是大数据预测的逻辑基础。大数据预测无法确定某件事情必定会发生，更多的是给出一个发生的概率。

2. 大数据预测的特征

（1）时效性

大数据预测具有时效性，比如基于海量数据分析的天气预报就是典型的例子。在一些特定领域，大数据预测的"时效性"要求更高，比如股市。这就需要高速计算能力，因而也推动了云计算、分布式计算和超级计算机的不断发展。

（2）数据源

大数据预测需要海量数据支持。互联网时代之前，具备海量数据收集、处理能力的领域十分稀少。进入互联网时代，从WEB1.0到WEB2.0再到移动互联网，如今发展到万物互联，随时随地都有数据产生、上传，同时随着数据收集成本大幅降低，数据收集的范围和规模越来越大，庞大的数据源为大数据预测打下了坚实基础。

（3）动态性

数字时代的一个重要特点是一个小小的变量都可能引发整个系统变化，甚至产生蝴蝶效应。如果某个变量对结果起决定性作用，而其却难以捕捉，预测就会难上加难，譬如人为因素。大数据预测的应用场景大都是极不稳定但有固定规律的领域，如天气、股市、疾病等。预测系统要精准地捕捉每一个变量数据，并接近实时的调整预测，为此就需要无处不在的感知网络和充沛的算力做保障。

（4）规律性

与传统的基于抽样的预测不同，大数据预测基于海量历史数据和实时动态数据，发现数据与结果之间的规律，捕捉到变量之后进行预测。因而，只有在那些本身就有相对稳定规律的领域，大数据预测才有机会得以应用。古人夜观天象，表明天气有规律可循，故而气象预报最早得到应用。而地震、彩票等由于数据源收集困难、规律难以捉摸，因而难以预测。

3. 大数据预测的典型应用领域

天气预报以外，还有哪些领域正在或者可能被大数据预测所改变呢？

（1）赛事预测

2018年世界杯期间，谷歌、百度、微软和高盛等公司都推出了比赛结果预测平台。百度预测结果最为亮眼，全程64场比赛，预测准确率为67%，进入淘汰赛后准确率更是达到94%。如何做到的呢？百度收集了过去5年间全球987支球队（包括国家队和俱乐部队）的3.7万场比赛数据，并与数据供应商Spdex合作，导入博彩市场预测数据，建立了一个涵盖199972名球员、1.12亿条数据的庞大数据库，基于此开发预测模型进行结果预测。互联网公司的成功经验表明，只要有足够齐全的体育赛事历史数据，并与指数公司进行合作，即可进行赛事预测。

（2）股票预测

英国华威商学院和美国波士顿大学的研究发现，一些欧美用户通过谷歌搜索金融关键词来预测金融市场走向进而进行投资，收益高达326%。股票预测更适合于美国股市。中国股市并没有相对稳定的规律，很难被预测。

（3）物价预测

大数据可以帮助人们了解未来物价走向，提前预知通货膨胀或经济危机。比如，阿里数据团队通过阿里B2B大数据提前预测了亚洲金融危机。单个商品的价格预测更加容易，尤其是标准化产品，比如去哪儿的"机票日历"可告知几个月后机票的大概价位。在充分竞争的市场中，商品的生产、渠道成本和毛利相对稳定,与价格相关的变量相对固定,电商平台可实时监控供需关系,因此可以预测价格,进而提供购买建议,或指导商家动态调整价格、开展营销活动,使利益最大化。

（4）行为预测

在征得用户许可、合理合法合规的前提下,通过用户搜索、浏览、评论等行为数据,互联网平台可以洞察消费者需求,进而有针对性地设计、改进产品生产和营销。比如根据用户特征生产定制化产品,预测用户点击行为提前发货等。

（5）健康预测

中医能够通过望闻问切发现一些隐藏的慢性病,甚至通过人的体质便可预测将来可能出现的症状,其背后是历经千百年、历代中医总结、流传下来的经验,其实这些就是生动的大数据预测模型。人的体征变化是有一定规律的,慢性病发生前,人体会表现出一些持续性异常。利用可穿戴设备和智能健康设备,可收集人体健康数据,如心率、体重、血脂、血糖、运动量、睡眠量等,基于这些数据就可以构建慢性病预测模型,并在不断应用中迭代和改进,就有可能预警慢性病风险。当然,急性病由于其突变性和随机性,目前还难以预测。

（6）疫情预测

从人们的搜索情况、购物行为等数据中,存在预测大面积疫情暴发的可能性。如果发现某个区域搜索"流感""板蓝根"的人次越来越多,就可以推测此地有发生流感的趋势。比如百度就推出了疾病预测产品,提供流感、肝炎、肺结核、性病等四种疾病的趋势预测。

（7）灾害预测

如果能够准确预测地震、洪水、高温、台风等自然灾害,就能避免可能造成的重大人员和财产损失,其重要性毋庸置疑。随着物联网等技术的不断发展,借助越来越便宜的传感器、摄像头和无线通信等设备,可进行实时数据收集和监控,进而通过大数据预测分析,实现更精准的灾害预测。

（8）环境预测

现代化进程越来越快,环境问题也越来越凸显,如森林面积减少、沙漠化扩大、野生动植物濒危、温室效应频现等,这些如果不能得到有效的遏制,人类将面临严重的生存和发展危机。大数据技术可以帮助我们收集、存储和挖掘更多的地球数据,建立模型和工具,预测未来环境的变化,阻止不好的转变发生。

(9) 交通预测

基于用户和车辆定位服务（LBS）数据，交通部门可预测不同时点、不同道路的车流量进行智能化车辆调度，用户则可根据预测结果避开拥堵路段。春运期间，通过预测人们的迁徙趋势，可以更科学地规划、设置、调度火车线路和飞机航线。节假日期间，通过预测景点人流量，可引导人们合理选择景区。平时，通过热力图可告知城市商圈、娱乐休闲等地点的人流情况，指导用户出行、商家选址。

(10) 能耗预测

美国加州电网系统运营中心管理着加州超过 80% 的电网，服务 3500 万用户，电力线长度超过 25000 英里（1 英里≈1.6 千米），每年输送 2.89 亿兆瓦电力。该中心建立了智能管理系统，通过来自天气、传感器、计量设备等数据源的海量数据，综合分析后，预测各地能源需求变化，进行智能电力调度，平衡全网电力供应和需求，并对潜在危机做出及时响应。类似的大数据预测应用也已在中国逐步开展起来。对于家庭来说，通过智能家居可记录家庭成员的起居习惯，感知舒适度，预测能耗需求，进行智能温控。

6.3.3 预测分析的运行机理

预测分析是一种统计或数据挖掘解决方案，包含可在结构化和非结构化数据中使用以确定未来结果的算法和技术，可用于预测、优化、预报和模拟等多种用途，也可为规划流程提供各种信息，并对企业未来提供关键洞察。

1. 数据挖掘基础知识

数据挖掘是一个涉及计算科学、统计学、数据库技术、人工智能、机器学习、模式识别的交叉领域。

数据挖掘与传统统计方法有很大不同。传统统计方法使用人工调整模型，过程较为漫长。数据挖掘则基于自动或者半自动化的寻找模式，发展应用现成工具，可自动检索、计算和寻找大量、多样的数学模型，有效地减少了知识发现时间，降低了人力成本。

数据挖掘涉及多学科交叉与合作，提供了新的知识发现技术。不同学科的学者积极寻求合作，以期在各学科领域及交叉领域取得突破。以前，受限于技术的发展，人们很难发现和发掘隐藏于大数据中的规律。数据挖掘提供了一系列知识发现技术，帮助人们找到过去未被发现、甚至无法被发现的隐藏数据模式，这些模式能够协助人们创新、发现新理论，进而可能对各学科的进步产生革命性影响。这也正是数据挖掘最吸引人的地方。

数据挖掘依据知识发现过程（KDP）模型，综合运用演绎法和归纳法，充分运用和处理多元化数据形式，更强调多重因果和因果异质性。相较于传统统计模型，数据挖掘极大地提高了模型预测精度，提升了完整阐述事件的能力。

知识发现过程模型的建立始于 20 世纪 90 年代中期。1996 年的知识发现过程模型包括九个步骤；最近发展的新的知识发现过程模型建立在这个初始模型基础之上，包括以下六个步骤：

1）理解问题域。清楚地定义问题，形成清晰的研究目标，学习该领域中的重要知识和术语，将问题转化为数据挖掘的目标，并选择数据挖掘方法。

2）理解数据。收集并决定要使用的数据，运用领域内知识指导、检测数据完整性、重复性以及数据丢失情况。

3）数据准备。对数据进行抽样、相关性分析、显著性检验、数据清理等。通过特征选择和提取算法对数据减维，通过离散化和总结法获取新的数据特征。

4）数据挖掘。运用多种数据挖掘方法处理数据、发现新知识。

5）评估新知识。理解数据分析结果，检查所发掘的知识是否新颖有趣，运用领域知识解释结果，检验新知识的影响力。通过检验的模型才能被留下。

6）使用新知识。计划使用新知识的地点和方法，并延展到其他领域。监控和记录新知识的使用经过，并有计划地进行展开。

知识发现过程模型如图 6-6 所示。

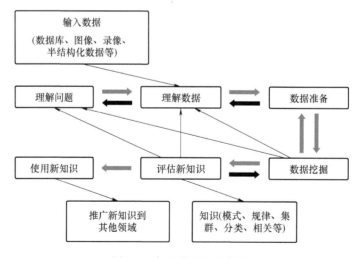

图 6-6　知识发现过程模型

2. 模拟预测步骤

模拟预测试图基于历史数据来预测未来的结果，分为以下几个步骤：

步骤 1：建立预测模型；

步骤 2：模型评估；

步骤 3：预测。

模拟预测流程如图 6-7 所示。

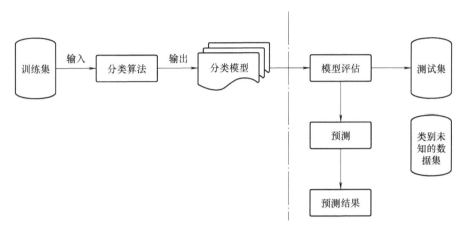

图 6-7　模拟预测流程

3. 常用预测算法模型

深度学习和知识计算是预测分析的基础。如今，预测分析逐步使用机器学习来提高预测准确度，主要包括传统时序预测模型、基于支持向量机的预测模型和基于神经网络的预测模型等。

（1）传统时序预测模型

传统时序模型可依据算法模型的输出结果分为确定时序模型和随机时序模型。确定时序模型经常使用移动平均法、指数平均法、趋势拟合法和季节系数法等方法。随机时序模型包括 ARMA、ARIMA、ARCH、GARCH 等。

（2）基于支持向量机的预测模型

在解决小样本、非线性及高维模式识别中，支持向量机（SVM）具备许多特有优势，并可推广到函数拟合等其他机器学习问题中。简单 SVM 是用 SVM 算法对原始数据进行分析，并给出预测结果。PCA + SVM 算法是 SVM 的改进型，对数据进行预处理，进行特征提取和归一化处理，处理后的数据作为 SVM 回归机的输入变量可以更有效地拟合复杂函数。PCA 能够发掘原始数据的高维特性并进行重构，提高了 SVM 回归预测的准确性。

（3）基于神经网络的预测模型

2006 年，"神经网络之父"杰弗里·辛顿研究发现多层神经网络具有很强的学习能力。近十年来，利用神经网络进行预测已成为研究热点。

卷积神经网络（CNN）具有局部连接、权值共享及池化操作等特性，可有效降低网络复杂度，减少训练参数数量，易于训练和优化。国内学者利用卷积神经网络强大的监督学习性能对沪深 300 指数涨跌情况进行预测，取得了不错的预测效果。

BP 神经网络是一种多层网络的误差反向传播算法，用它来进行预测时，容易陷入局部最优。采用贝叶斯正则化算法对传统 BP 神经网络模型进行改进后，对股票时间序列的预测精度比传统 BP 模型提高 42.81%。

将遗传算法与神经网络相结合，产生了一种新的算法优化方法。利用遗传算法对神经网络的权值和阈值进行优化是目前这方面的主流做法。

（4）几种预测算法模型的优劣性对比

没有一种预测算法能够适用于所有场景，每种预测模型都有它自身的特点、优缺点，因而在预测性能上有不同的表现力。预测算法模型对比见表 6-2。

表 6-2 预测算法模型对比

模型	模型组成	优点	缺点
传统模型	时序模型	算法设计和执行简单；中短期预测的效果好，模型相对成熟	长期预测时间较长，精度下降
	SVM	在准确率和操作复杂度之间取得了较好的折中	预测的准确性需要继续提高
	PCA + SVM	提高了预测精度，可以有效地拟合复杂函数	前期数据处理较复杂，技术水平要求较高；处理时间较长
基于机器学习的模型	卷积神经网络	降低了模型复杂度，减少了过拟合的风险，自适应性能好；良好的容错和并行处理能力	不知道每个卷积层提取到的具体特征，较难以解释
	贝叶斯神经网络	单变量预测精度较高；过拟合的鲁棒性好；能很好地从小的数据集上学习，得到较为稳定的模型	对多变量的预测尚未成熟；参数的数量非常多，对神经网络权重的贝叶斯精确推断难以处理，导致真实后验概率分布难以处理
	遗传神经网络	在预测精度、收敛速度等方面都比单纯的 BP 神经网络有所提高；能很好地处理约束，跳出局部最优	部分参数难以确定，需要依靠经验来确定

6.3.4 量化分析的实践案例

省级电网企业最优现金持有量大数据预测模型构建

最佳现金持有量（或最佳安全备付金额）是指在满足基本建设和正常生产经营活动需要的基础上，使现金使用效率和效益达到最高水平时的最为合理的资金存量。最佳现金持有量预测过低将产生一系列风险，如造成资金短缺，无法偿还到期债务，甚至生产经营中断等；预测过高则会使资金得不到合理利用，产生较高的机会成本，现金使用效率和效益不高。因此，科学估测现金持有量十分重要。

某省级电网公司当前采取日常净支付额度和日均不可动用资金两部分叠加的方式测算安全备付额度。日常净支付额度为公司上年度正常生产经营及电网建设活动资金支出加上年度连续高峰支付收支差额；日均不可动用资金为流动性较差的资金日均余额。

通过不断完善对最佳现金持有量的科学预测，最大限度地减少资金闲置，提高资金使用效率。

1. 实施方法

通过对现金科目日记账及凭证信息等数据进行关联和清洗，获取每日公司净现金流，以此预测年度短中长期的最佳现金持有量。

第一步，对每日净现金流数据进行清洗及观测，获取所需的关键信息；对关联后的数据进行筛选，剔除凭证信息，获取有效的现金流数据；对筛选后的数据进行可视化分析，挖掘公司收支构成、现金流量随时间变化的规律、收购点是否集中在某些特定日期、净流量随时间变化的规律、历年安全备付额度的对比情况等。

第二步，评估已有现金持有量预测模型。结合公司实际，对成本分析模型、存货模型以及随机模型这三类常见的现金持有量预测模型进行分析研究，评估其是否适用于公司现状。

第三步，利用科学性预测模型预测现金流。运用蒙特卡罗模拟法，模拟大量符合历史数据特性的现金支出，通过风险价值模型计算公司全年的安全备付额度；通过历史数据训练适用于公司现金流的循环神经网络，预测未来短期内的现金流变动。

（1）数据获取

数据内容主要包括现金日记账、凭证信息以及子公司凭证信息三类。现金日记账数据全部来自 ERP 系统，用于获取凭证信息的准确对账日期；凭证信息全部来自 ERP 系统，用于清洗非现金流范畴的凭证；子公司的凭证信息全部来自财务管控系统，用于获取子公司的有效现金流凭证。凭证信息共计 38.9 万条，完整率为 100%，但缺乏准确记账日期，可通过与日记账数据的关联获取其记账日期。剔除部分不属于现金科目的凭证，得到可用凭证信息 38.6 万条。

（2）数据预处理

筛选凭证信息。诸如冲销、转账、调整现金流量等凭证会在预测时影响实际发生的现金流金额，降低预测准确性，故而剔除与现金流无关的凭证，最终保留 32.4 万条凭证信息进行分析研究。

计算现金流。根据借贷方向及记账日期，将筛选后的凭证分为现金收入凭证及现金支出凭证，按日期汇总，获取期间的每日支出金额及每日收入金额，计算每日净现金流金额，输入预测模型。

（3）最优现金持有量模型建模及应用

1）中长期预测。蒙特卡罗模拟法根据市场数据估计历史波动参数，模拟市场因子未来波动的大量可能路径。在建模过程中，使用的历史数据较少，并能保证一定的精度和可靠性。由于无须假定市场因子服从正态分布，蒙特卡罗模拟法有效地解决了在处理非线性、非正态问题中遇到的困难。蒙特卡罗模拟法计算量较大，可采用高性能计算机处理数据。

风险价值模型是指给定置信区间的一个持有期内的最坏预期损失。例如，给定持有期为一个星期，给定置信水平为 99%，某资产组合的风险价值为 1000 万元人民币，则下一个星期内、99% 的概率下，该资产组合的最大损失不会超过 1000 万元人民币。

运用蒙特卡罗模拟及风险价值测算，获取未来每月（中期）最佳备付额度预测值，可预测出支出金额最多的天所在月份，以及实际金额是否超出预测金额。

2）短期预测。循环神经网络是一种计算机制，是由简单函数串联起来的复杂函数，可以学习长期依赖信息。循环神经网络很适合进行时间序列预测，并能够结合长期的时序变化预测未来现金流量。循环神经网络训练步骤如下：

● 数据按比例划分为训练集与测试集；

● 训练集数据划分为若干训练组，训练组中元素个数由数据特点和模型结构决定；

● 将分好的训练组依次输入神经网络中进行训练，训练完成后将模型存储在计算机中；

- 利用训练好的模型进行预测。

循环神经网络算法可用于预测日现金流,选取 8 天预测第 9 天,平均预测误差率为 15%,较好地体现了真实变动情况,且还能通过更多的训练使预测更加精准。

2. 结论及效果

(1) 数据分析结论

根据对有效资金收支数据的观测,可发现公司资金流特点为:收入来源比较单一而支出渠道较为多样化,收入主要来源于售电,支出渠道主要包括购电、工程支出、政府部门附加费及税费四类支出。

(2) 模型应用效果

通过中长期以及日现金流量的预测,可提升现金预算及存量资金精益化管理水平,为制定安全备付额度提供数据支撑工具。同时,根据年度与月度预测数值,可将多余的备付资金用于投资,提高公司收益。此外,通过精准预测公司未来现金流量,可有效地指导公司未来融资策略,以应对复杂的内外部形势和未来现金流管理存在的不确定问题,在保障资金安全的前提下,创新公司融资模式,提高资金运作效率和效益,降低融资成本。

6.4 模拟推演:基于数据的预测

6.4.1 模拟推演的价值

企业模拟推演来自企业沙盘模拟培训,最先起源于国外军事上的战争沙盘模拟推演,通过红、蓝两军在战场上对抗、较量,发现双方战略战术上所存在的问题,提高指战员的指挥和作战能力。后来国外商学院和咨询机构意识到这种方法同样适合企业培养和锻炼中、高层管理人员,在广泛借鉴与研究军事沙盘模拟推演后,开发出了企业沙盘实战模拟培训,成为企业新型现代培训模式。

将企业的经营管理决策与企业模拟推演进行融合,形成一个相辅相成的过程,其意义在于:

一是强化经营理念。通过虚拟盘面将企业经营的关键指标数据进行布局,通过企业经营体系建立逻辑关系,将企业技术、业务、管理人员的经验转化为衡量的标尺,探究公司发展趋势,确定企业经营目标的变化范围,规范和指导企业中高层管理人员建立基于数据的经营管理思维,并借助企业模拟推演模型解析关键经营指标的变化态势,从内外部的边界条件变化进行模拟推演,逐步推导至企业经营目标。

二是体验经营决策全过程。通过模拟推演，企业中高层管理者能体会不同场景及问题的处理方式，经历企业决策的制定过程，加深决策导致盈利或亏损的体验，促使管理者多总结过往经验、多角度思考、全局决策习惯的养成。

6.4.2 模拟推演的过程

随着计算机技术在工作中得到越来越广泛的应用，模拟推演也逐步由实体转化为虚拟，利用计算机相关技术进行深度完善，并与企业经营管理更加紧密地融合。模拟推演的基础是推演模型的设计，根据业务逻辑梳理出业务模型，并借助这个业务模型将经营数据的流动状态及关系呈现出来，并从内外部相关经营数据逐步推导出企业经营的目标，最终帮助企业中高层管理者将零散的经营信息转换为决策思路，并做好企业资源的投入。

在现代信息技术的加持下，模拟推演的过程一般分为：

（1）建立企业业务模型

企业业务模型是开展模拟推演的基础，每个企业需要根据各自的业务逻辑构建各自的业务模型。做好经营主要指标、变量及相互关联关系的梳理，再结合主要的经营目标与运算过程间的指标关系，建立以经营目标为目标解的模拟推演模型，从而勾勒出经营指标数据间的勾稽关联，从而建立可对经营指标的影响因素进行分析的基础。

（2）明确模拟推演场景

模拟推演是一个和场景高度相关的过程，不仅需要明确推演的具体场景，更为重要的，一是明确各个不同场景的边界条件、场景的内外部环境、场景的限制条件、场景的异常状况等，并以数据化的方式定义一套较为合理的范围和规则；二是确定场景的进化演变逻辑，边界条件到经营关键指标的关联关系、影响因素、计算公式等，从而为后续的回溯提供清晰的业务逻辑；三是明确场景的影响因子，单个或多个因素变化前后对于经营关键指标的影响及其影响程度的大小，为后续筛选最优决策提供来源依据。

（3）模拟分析，逐层推演

基于业务模型和推演场景，以数据化的方式呈现，假设出现某个事件，该事件对业务运营、经营上会造成什么影响，带来什么结果。其运行过程是将各类指标根据其勾稽关系进行运算，上一个过程运算的结果自动传导到下一个过程继续执行后续运算。经过反复对比得到不同且合理的结果，并对不同的结果根据场景的影响因子进行运算，进而筛选出满足企业经营目标的优质方案。整个推演过程往往需要将边界条件进行划分或组合，自动尝试尽可能多的合理情况，才能最终挑选出最优方案。

（4）以推演结果辅助企业经营

通过图表、3D 模型、AR/VR 等呈现方式，把推演结果展示出来，让中高层管理者能更直观地观察到。除了能从不同维度观察到不同指标的完成情况，还应该提供数据下钻功能，从多个维度呈现经营数据的两边关系，从而让管理者能从全局上去分析所有关键经营指标的变化情况。

6.4.3 模拟推演的运行机理

人工智能技术在模拟推演领域得到大量应用。机器学习的各种算法都被人们有针对性地应用于开展企业模拟推演的领域里，并在工业场景下得到大量应用。比如，Google 数据中心通过利用神经网络极限降低 PUE 值，西门子通过机器学习发现机械故障，IBM 开发人工智能模型来预测矿山中特定位置的金矿化等，不一而足。

但同时，模拟推演和场景高度相关，所有技术的应用都需要根据场景特点做相应的调整。这里针对价格预测场景给出特定的技术机理作为例子，见表 6-3。

表 6-3　价格预测场景的技术机理

价格预测是根据历史数据对未来价格走势的预测，是典型的时间序列问题。相比较其他的时间序列问题，如气温预测，价格预测的难度更大，主要原因是对价格的影响因素较多，且难以量化，如政策调整、国际形势、海运突发情况和市场情绪等。而对价格波动产生主要影响的也是这些难以量化的影响因素，这就导致了价格预测的准确度往往不理想。 为了解决以上难以量化的影响因素，可以融合 LSTM（长短期记忆人工神经网络），深度挖掘潜藏在历史数据中难以量化的影响因素。因为历史价格波动往往受难以量化的影响因素所影响，所以历史价格也隐性地包含了各种影响因素的数据。通过使用 LSTM，可以将长期历史中的影响因素与近期价格走势波动相结合，并对未来的价格起到较为精准的预测。 LSTM 作为深度学习技术，其神经网络的大小对价格预测的准确性有显著影响，对不同的价格预测应使用相应大小的神经网络，往往越复杂的问题，所需的神经网络就越庞大，但这并不意味着大就是好，选用合适大小的神经网络才能保证预测更加准确且稳定。可以再结合机器学习，通过使用 Hyperband 算法，通过使用较少的计算资源，自动找到最为合适的神经网络大小及对应的神经网络设置方式。一般来说，价格波动更多受近期影响因素的影响，对远期影响因素并不敏感，所以价格预测模型的持续学习能力显得尤为重要。通过持续学习最新的价格表现，持续更新模型参数，适应最新的影响因素，以达到更佳的预测精度。

6.4.4 模拟推演的实践案例

大型钢企采用数智化技术实现财务沙盘模拟

大型集团企业会在财务信息化方面投入巨额成本，以便企业管理者能清晰地了解整个公司的各项收支。传统的财务信息化重点关注以报表形式对已发生业务收支的汇总分析，但缺乏对收支数据项之间关系的梳理，以及立体地将这些关联关系体现出来的全局呈现能力。

为了给管理者提供准确的数据，以及清晰、直观地呈现数据项相互之间的关联，东北某钢铁企业采用数智化技术开发了财务沙盘系统，辅助管理者决策。

该钢企把系统建设的目标确定为：围绕实现精细化财务管理的目标需求，从梳理财务指标及核心业务需求出发，开发建设集团财务指标与资金量化分析系统，以充分分析挖掘财务数据价值，提升企业管理效率。

为适应集团财务管理特点，所开发的财务指标与资金量化分析系统在集团信息化规划层面属于 L5 级系统。量化分析系统基于线下数据、代码系统、NC 财务系统，对财务数据进行抽取、转换、存储和加工，构建财务数字孪生平台，实现财务指标量化分析和可视化呈现，进而辅助管理者开展决策。同时，将财务数据进行有效的整合，构建财务指标间的勾稽关系，快速完成主要财务指标动态分析查询，以满足不同管理者掌控财务指标的需求，为企业经营决策提供有效的财务数据支撑。

财务指标与资金量化分析系统的目标设定为：以集团已有 NC 财务系统为基础，构建以财务指标为核心的财务数字孪生平台，构建从集团、分子公司、到各级业务实体的全级次财务指标勾稽关系全景图，支撑财务指标的量化分析、财务辅助决策、管理报表编制等财务工作的数字化转型，实现综合化、自动化、智能化的财务数据分析，在不改变现有财务工作模式的前提下，提升财务数字化管理效率，为财务分析后期延伸拓展奠定有利基础。

财务指标与资金量化分析系统由以下几大子系统组成。

财务数字孪生平台。主要完成财务指标体系的梳理，指标数据的接入，指标数据的模拟与优化。依靠集团组织单位、往来单位、会计科目及其核算规则等基础数据的采集，结合凭证、账簿数据、离线数据的采集，并根据系统内各单位月报表结构和集团管理月报需要，构建从基础数据到月报表综合数据的财务指标勾稽关系全景图。然后结合财务指标体系的数据来源和采集频度要求，从 NC 财务系统中进行财务数据采集，对来自不同财务报表名称、精度不统一的情况进行财务数据的唯一化处理，构建及时、动态的财务数据采集与分析能力，形成可支持财务指标量化分析和决策辅助的财务主题数据库。再结合财务报表生成情况、指标勾稽关系的及时计算与处理情况，利用机器学习算法、数字孪生模型、工作引擎，对财务指标数据进行核验与优化。

财务量化分析平台。根据集团每月的财务分析内容，以及针对集团考核的公司绩效目标完成内容，结合其他行业情况，对财务指标（包括利润总额等）、考核指标（包括外部应收账款增幅与营收比率等）、评价指标（包括资产负债率等）、财务台账（包括管理费用等）等指标进行量化分析，为企业一把手提供系统、全面、清晰的财务数据汇聚与分析。

辅助决策平台。该钢企选取关键的财务指标（如 ROE 等），对每项指标的计算方式、对企业的影响、各相关指标间的相互影响作用关系等进行详细分解，并构建全局财务数据指标的勾稽关系全景图，为企业管理者决策提供全局辅助。

报表动态分析平台。主要基于财务数字孪生平台，构建动态化、自动化、灵活化的报表构建与响应能力，持续支持财务管理的数字化升级。

这套系统上线以后，钢企管理者能随时直观地了解企业各项财务指标。在财务数字孪生平台的支撑下，某项指标调整对其他指标的影响迅速得以呈现，从而帮助管理者在众多可能的决策中选择对企业最有利的决策加以贯彻执行。

6.5 决策优化：引领价值实现

著名咨询公司美国兰德公司指出：世界上每 100 家破产倒闭的大企业中，85% 是因为企业管理者的决策不慎造成的。

何为决策？决策是为了达到一定的目标，从两个或两个以上的可行方案中选择一个合理方案的分析判断过程。决策正确与否，很大程度上决定着企业的成败。正确的决策能指导企业沿着正确的方向、合理的路线前进；错误的决策则会使企业走上错误的道路，甚至可能导致企业失败、消亡。

决策失败是中国企业家的头号失败原因。在谈及中国企业家失败的原因时，新希望集团董事长刘永好表示：70%~80% 是由于投资失败，而投资失败又源于决策失败。飞龙总裁姜伟反省的 20 大失误中，头三条是"决策的浪漫化、决策的模糊性、决策的急躁化。"其他国内企业家在反思时，无一例外地检讨了自己的决策错误，可见决策失误给企业家带来的切肤之痛。

诺贝尔经济学奖得主赫伯特·西蒙曾这样定义管理：管理就是决策。从高层管理人员到中层管理人员,每天都在参与、制定和执行着各类决策,而这些决策关系到企业生死存亡。管理粗放化,数据缺失,无法正确做出决策,导致管理难以有效地延伸到高端会员运营和消费者运营层面。其实,在公司的基础经营当中隐藏着很多数据金矿,如果能把它们挖掘出来,就将帮助企业在竞争中取得优势。

因而,掌握决策的程序和方法,把握决策关键环节,不断优化决策,从而引领价值实现,是企业成功的关键。

6.5.1 决策优化的价值和意义

人们已经深刻认识到"拍脑门"决策所带来的危害,企业决策正由"经验决策"不断向"数据决策"转变。经历了一次次的失败与摸索后,"用数据做决策"的思想和方法受到了越来越多的重视,逐步被企业管理者所接受和采用。

被称为百货商店之父的约翰·沃纳梅克曾经说道"我的广告费有一半浪费掉了,可我不知道是哪一半"。当时,数据搜集太困难,需要大量的时间和资金成本,没有足够的数据,也就解决不了哪一半广告费被浪费掉的问题。如今,随着技术日新月异的发展,搜集数据、分析数据的成本大大降低,同时从大数据中还会涌现出之前我们发现不了的信息和知识,数智化新时代,企业管理者如能把握数据分析之道,将如虎添翼、事半功倍。

麦肯锡的研究分析表明:充分利用海量数据的零售商可将其经营利润提高60%以上;欧洲发达经济体中,通过利用海量数据提升政府行政管理方面的运作效率,可节省开支1000亿欧元以上;世界500强企业中,90%以上的重要投资与经营决策都取决于充分的数据分析支持;美国、欧盟、日本等发达国家和地区,数据分析已经被普遍作为经营决策的前提要素,为社会经济的高速发展做出了巨大贡献。

数据已经逐渐成为公司新的核心资产,大大促进了劳动生产率的提高和资产收益率的增加。因此,市场上已经涌现出大量在商业中运用数据分析的成功案例,人们越来越认识到合法、合理经营数据的重要性。数据决策的应用案例见表6-4。

表6-4 数据决策的应用案例

1)英国皇家莎士比亚公司(RSC)。为了稳定原有客户、寻找新的顾客群体,RSC对过去7年的售票数据进行了全面分析,在对顾客的姓名、住址、观看戏剧的类型、购票价位等数据进行研究后,制定出更有针对性的销售计划,使得其斯特拉特福剧院的上座率提高了70%以上。

(续)

2）脸书（Facebook）。通过将广告与微博、SNS 等网络社区中的用户联系起来，运用先进的数据挖掘与分析技术，为广告商提供更为精准的服务。这种精准广告模式受到了广大广告商的热烈欢迎，市场调研机构 eMarketer 的数据显示，Facebook 已经成为美国最大的在线显示广告提供商。

3）亚马逊。亚马逊 30% 的销售来自其系统自动的产品推荐。通过客户分类、测试统计、行为建模、投放优化等步骤，亚马逊根据客户的行为数据进行自动产品推荐，形成了新的竞争优势。

4）百思买。通过将顾客调查、销售点数据和人口分析数据结合起来，以确定在特定的区域中，哪些顾客群的需求已过多的满足，哪些尚未满足，据此相应地改变其门店经营管理模式。例如，在富裕男性白领集中的居住区附近，商店会提供更高端的家庭影院设备、特别付款方式和即日送货到家服务。而在"足球妈妈"（即经常接送孩子参加体育活动的妈妈）较集中的居住区附近的商店中，其突出特点是较温和的色调，人性化的导购，以及面向孩子的科技活动区。调查显示，在这些商店改为有针对性的模式后，销售额上升了 7%，毛利提升了 50 个基点。

过去十年间，还有很多行业的企业走得更远。像 Netflix、Capital One、乐购、Progressive 等，都是运用数据分析来优化决策的高手：他们懂得如何让数据和复杂精妙的模型成为创造卓越绩效的战略工具。

由此可见，发掘数据的价值，用数据做分析在营销、金融、互联网方面正蓬勃发展，"用数据做决策"在企业经营决策中的重要地位日趋明显。

6.5.2 决策优化的运行机理

决策贯穿于企业管理者各个层级中。企业管理者在做决策时，都需要一定的决策依据做支撑，以做出正确的决策。任何决策都可能对企业经营发展产生好的结果或者坏的结果。不基于科学合理的决策依据，就很有可能做出错误的决策。

1. 企业经营决策的方式

企业经营决策贯穿于企业运营管理的各个方面、各个层级，从影响大小来看，企业经营决策可分为涉及企业长期战略或投资的大型决策、面向业务部门中短期规划的中型决策、与具体事务相关的细小事务型决策。

（1）战略决策

企业生产和服务方向一般在企业建立时就已经确定了，但由于企业内外部环境因时因势而变，企业需要随之重新研究和确定企业生产和服务方向：当外部环境对企业原定方向影响不大时，应坚持原来方向；企业在做好原有方向的基础上，若仍有充足余力，则可考虑增加新的方向；当原有客户和服务对象的需求逐步减少，竞争强敌增多，或受到其他条件的限制，经研判企业已经难以取胜，就要下决心转变方向。

（2）产品和服务结构决策

即企业生产什么样的产品，提供什么样的服务。企业要综合考虑各方面的因素，比如产品和服务的市场前景、收益性、竞争对手情况，企业所具备的技术、设备、资金、人力等条件，国家法律、政策、标准等方面的要求，由此作出合理的产品和服务结构决策。基本原则是要实现企业经济效益好、资源利用程度高和经营比较稳定。

（3）价格决策

企业提供产品和服务时，是以利润为主要目标，以扩大市场占有率为重要目标，同时要适应激烈的市场竞争。这就要求企业作出科学的价格决策，以合适的产品和服务价格赢得用户满意，提高经济和社会效益。常用的定价策略包括成本导向定价、需求导向定价和竞争导向定价等。

（4）营销决策

好的营销是企业成功的重要原因和动力，做好营销决策是企业管理者的重要职责。营销决策主要解决如何尽可能高效率、高效益地销售企业产品和服务，提高用户满意度和忠诚度，提升企业品牌影响力，包括但不限于渠道选择、促销措施、用户运营、品牌策略等。

（5）采购决策

采购事关企业生产、运营成本，事关产品和服务质量，事关企业经营的持续性、稳定性。每个企业管理者都应重视采购决策。采购决策包括但不限于物料需要量计算、物料需求计划、物料供应商选择、物料采购批量决策等，基本原则是在满足企业生产经营过程需要的同时，将物料成本尽可能降到最低。

（6）预算决策

经过市场需求预测、市场营销决策、生产方案决策、物料需求计划和物料采购批量决策等一系列过程，企业已形成生产经营决策方案，接下来需要对该决策方案下的企业营收和成本费用进行全面预算，从而测算出该方案下的企业经营成果是否满足企业发展目标和要求。

企业决策一般通过企业管理者的指令来完成。以往，企业管理者在进行决策时，主要的决策依据包括历史经验、逻辑分析、惯例、随机选择等。随着技术的不断更新、外部环境变化的加快、市场竞争越来越激烈，企业管理者们可遵循和借鉴的历史经验和惯例也越来越少。新时代、新要求下，企业需要通过翔实的数据、详尽的分析、甚至经过虚拟模拟，才能做出正确的决策。

数智化时代，对于企业经营管理而言，数据分析的价值愈发突出，作用愈发明显。通过数据分析，可以让支撑企业决策的信息更充分、更可靠，提高决策的科学性；可以有效地降低决策失误概率、降低决策风险；可以预测未来的变化趋势，提前把握市场动态；可以探查出现问题的原因，并找到解决方法；可以提高运营管理效率，提升运营管理水平。因此，企业需要采用高效的数据分析工具，节省海量数据分析所需的时间，提升数据分析的结果质量，从而做出更好、更科学的决策。

2. 数据分析四层次

数据分析的根本目的是要洞察数据背后的规律和发现数据潜藏的价值，基于科学、有效的数据分析，企业能够做出正确的决策并采取相应措施和行动，进而达成企业发展目标和想要的结果。数据分析分为四个层次：

（1）描述性分析

描述性分析是用数据对已经发生的事实作出准确的描述，也就是发生了什么。比如某企业本月订单签约额从上个月的 1000 万元增加到 1100 万元，但同时发现订单履约率却从 98% 下降到了 95%，库存周转率从 0.8 下降到了 0.7。

（2）诊断性分析

诊断性分析是通过运用工具对描述型数据进行评估和深入分析，从而发现为什么会发生。比如经过分析，发现订单履约率下降的原因是成品生产不出来，无法完成交付，进一步分析后发现成品生成不出来的原因则是部分原材料的供应商未能按时交货，导致原材料不齐备，无法开始生产。

（3）预测性分析

预测性分析对事件未来发生的可能性预测一个可量化的值，或者预估事情发生的时间点，也就是什么可能会发生。比如基于历史数据和环境数据，通过建模可预测本月该供应商可能会使企业订单履约率下降 2%。

（4）处方性分析

处方性分析基于对"发生了什么""为什么会发生"和"可能发生什么"的分析，来帮助用户决定应该采取什么措施，也就是该做些什么。通常情况下，处方性分析是在前面的所有方法都完成之后，最后要完成的分析。比如，上面的例子中，预测性分析发现供应商 A 会导致本月订单履约率下降，那么可能采取的措施就是把 A 换掉，现在有 B 和 C 两个供应商供选择，通过分析和计算发现选用供应商 B 会比选 C 的订单履约率高 1%，因此建议选择供应商 B。

因而，数据分析的一般过程是：首先进行描述性分析，明确现状、问题以及业务人员和管理人员的需求，做到有的放矢；其次进行诊断性分析，寻找与问题相关的特征，探寻问题发生的原因并进行建模；最后根据不同的业务场景和需求，给出具体的解决方案和实施建议。

3. 运用处方式分析进行决策优化的方法

（1）根据预测分析进行决策

有些情况，仅使用诊断性分析和预测性分析的模型，即可以给出相应的建议。例如：根据信用卡申请人的基本信息，包括学历、收入、是否有车、是否有住房和存款、是否有违约记录等，银行可进行建模并预测其信用违约的风险，进而给出建议是否同意给该申请人发卡以及信用卡的额度是多少。

（2）基于仿真结果进行决策

仿真就是通过数学建模仿真，模拟现实世界的系统或流程，通过调整输入参数或条件查看其对结果的影响，据此制定相应的决策，给出相应的解决方案和行动建议。比如，控制成本支出和提升服务水平是一个两难问题，通过仿真发现成本降低5%时服务水平仅下降1%，属于可接受范围，但当成本降低10%时服务水平下降6%，有可能对公司经营、商誉等产生重大影响。由此，可采取成本降低5%的方案。

（3）运用最优化方法进行决策

最优化是指在一定限制条件下，选取某种方案达到最优目标的一种方法，在军事、工程、管理、商业等领域都有广泛应用。比如，如何在现实的约束条件下，达到企业利润最大化就是企业管理者十分关心的最优化问题。最优化的常用方法包括线性规划、非线性规划、凸优化、整数规划、网络流优化等。

（4）建立反馈系统，不断进行迭代

给出决策建议后，还需要建立一个反馈系统用来收集采取相应行动后的结果数据，以验证行动建议的有效性，若效果不佳，则需要调整，给出新的可行性建议，这个过程会不断地循环迭代，直至达到预期目标。

一个优秀的数据分析系统，迭代过程应该是无需人工干预、智能自动完成的，这也是目前机器学习和人工智能方法的最大优势。处方式分析是最高阶的数据分析方法形态，也是在商业环境中对企业最有用、价值最大的方法。

6.5.3 决策优化的实践案例

典型案例：钢铁企业采购、生产配料方案优化

原料采购是钢铁行业成本支出的大头，原因是为了保证生产不中断，需要保持较高的安全库存，占用了大量资金。如果能在生产和采购环节对配料做一些优化，减少资金挤压，将有助于提升钢铁企业的资金利用效率。

华东某大型钢铁企业循着这个思路，对他们负责采购和负责生产配料的人员日常工作进行了梳理。

他们的采购配料人员的职责是，制定未来一段时间的物料购买计划，需要综合权衡物料价格、物料运输时间、物料成分品质、物料库存，在保障供应的前提下，尽可能地降低采购成本，执行采购计划后需要对订单的物流进行定期追踪，出现突发情况需要制定紧急采购计划。采购计划一般月初制定一次，如果出现价格合适的现货，需要立即计算性价比并调整采购计划；而采购计划执行后，需要每天追踪矿石的发货情况、航运位置等信息，以确保能够按时到达。他们的采购人员需要关注30余种矿石价格，40多个元素/化合物成分限制，以及企业的库存数据、生产消耗计划等。还需要处理意外情况，比如货船没有按预期路线航行，如发现这个情况较晚，导致矿石告急，需要紧急加价采购。

而生产配料人员的日常工作，会根据生产需求和产品限制，制定未来一段时间内的多种配料方案，同样需要综合权衡物料库存、在途物料、物料成分品质、生产限制条件（物理/化学）、产品成分要求。出现物料延迟到货等情况，需要制定紧急配料方案。一般情况下，配料人员需循环制定未来3~5天的配料方案，如果出现原料到货延迟等突发情况时，配料人员需要紧急修改配料方案。同样，生产配料人员也要关注30种以上的主流矿石，数百种燃料、混合料、辅料和几十种元素/化合物含量限制条件。如遇到异常情况，比如实际生产与配料方案有出入，新的配料方案由于库存短缺而无法执行，则需要临时紧急调换配料方案。

鉴于以上情况，该钢企明确，要通过数智化技术从整体上对配料方案进行优化。具体就是通过信息系统，为采购配料以及生产配料人员自动提供最优配料方案，该系统能够协同分析物料库存、生产消耗、物料价格、运输时间等多维度数据，输出最优采购配料及生产配料计划，并提供方案追踪功能，进而提升工作效率，降低成本。

接下来，钢企对涉及的物料信息和生产信息做了系统梳理，包括物料价格、元素成分、元素/化合物含量、生产各个环节成分限制、物理属性、生产设备、生产条件、生产约束条件等，把这些信息作为基本参数融合到所建立的配料模型中进行运算。

通过数智化技术优化后的配料方案，为该钢企带来了诸多好处：一是降低成本，提高资金使用。通过物料优化算法模型，对钢企在采购和生产环节所需的物料进行优化配置，成功减少了资金占用。二是实现对物料资源的合理采购利用。通过物料优化算法，在满足元素/化合物含量要求的前提下合理利用物料库存及在途资源。三是提高生产稳定性。既避免了人工因遗漏或失误导致的错误，面对突发意外也可以迅速生成当下最优的物料方案，保障钢企生产的顺畅进行。

6.6 本章小结

当前，很多企业管理者还是更多依赖个人经验和直觉做决策，而不是基于数据，因而很多决策是失败的或者低效的，给企业带来了严重损失，教训十分深刻。人类社会已经进入数智化新时代，新一代技术不断发展，数据驱动力越来越强，数据成为新的核心生产要素，"用数据说话，用数据做决策"，成为大势所趋。

大数据从诞生开始就是站在决策的角度出发的，大数据能够有效地帮助各个行业用户做出更为准确的商业决策，从而实现更大的商业价值。在宏观层面，用数据做决策，能够使经济决策部门可以更敏锐地把握经济走向，制定并实施科学的经济政策；在微观层面，用数据做决策，可以提高企业经营决策水平和效率，推动创新，给企业、行业创造更多价值。

第 7 章
数智化管理

企业数字化管理的根本目的是实现企业效益最大化。数智化时代，企业要学会运用数字技术和数字化管理模式，逐步建立起信息互通、沟通便捷、分工明确、责任到位、反应迅速、处置及时、运转高效的管理和运营机制，全面提升企业经营管理水平，实现企业管理的数字化、标准化和精细化。

用信息技术搭建专业的系统配合企业各级负责人执行管理工作，一直以来是信息化领域的重点工作，也取得了良好效果。但随着时代的变迁，由原有管理系统辅助的管理体系，逐渐出现一些弊端，需要进一步的改进才能适应数字化时代对企业管理工作的要求。

一是在公司内部形成了"信息孤岛"。每套管理系统都有一套内部自我闭环的管理逻辑，聚焦于帮助用户高效解决专业领域的问题，从未考虑与其他领域进行沟通协调。从单个部门的角度来看，这是优势，但各部门管理系统之间无法互联互通，从整个公司来看，则形成了一个个孤岛。需要设立单独部门逐一从孤岛中抽取数据，既浪费了人力物力，又事倍而功半。更为重要的是，企业最高管理者无法全面知晓企业运营状态，无法及时应对出现的细微风险，从而导致不能做出准确的管理决策。

二是欠缺对管理知识和经验的固化手段。原有的管理系统遵循专业领域里的管理思想和理论，并主要通过固化到管理流程中来体现。但每个管理者都有各自的管理思想和模式，同时企业员工在工作过程中大量积累处理问题的专业技能，这些基于实践所积累的宝贵经验对于改进整个企业的管理流程，提升管理效率都大有裨益，却无法及时融入现有的管理体系中。只能通过周期性地对管理系统的更新改造实现企业的管理模范，在时效性上无法满足企业应对变化的需求。

三是现有管理系统难以助力企业管理提升。就像人的肌体需要通过新陈代谢才能保持健康活力一样，企业的管理也需要不断优化才能帮助企业实现基业长青。现实中企业管理模式一旦固化，从文化和制度上，都难以从企业机体内产生带有"纠偏"性质的正向循环。现有的管理系统只能按部就班执行预先设定好的流程，缺乏对整个企业运转的全局分析，企业管理者只有在负面事件产生时才会反思是否该对某个环节进行改进，全面系统的管理优化更是无从谈起。

通过先进信息技术实施数智化管理，利用原本流通在企业内部的数据构建出新的管理范式，为企业带来管理能力的提高和管理效率的提升。可视化呈现可以为企业管理者带来细致全面的管理洞察。按需从企业各个系统中抽取数据，对企业生产经营的关键指标进行分析处理，实时还原经营管理状况，供企业管理者随时了解企业运营的关键细节，还能及时发现经营异常和突发意外，便于及早应对。在全面洞察的基础上利用先进技术及时固化优秀管理经验。通过把员工和管理者的知识、技能和经验系统化构建成可运算的模型，实现对业务及管理问题的快速分析，结合管理者的管理思想和企业的管理模式给出解决方案，并在企业内部贯彻实施。结合企业的全局洞察和优秀管理经验实现管理的改进提升。利用企业运营管理数据洞察出有待提升的管理环节，融合积累的管理经验提供优化建议与方案，持续帮助企业改进管理模式、提升管理水平。企业数智化管理的各阶段如图 7-1 所示。

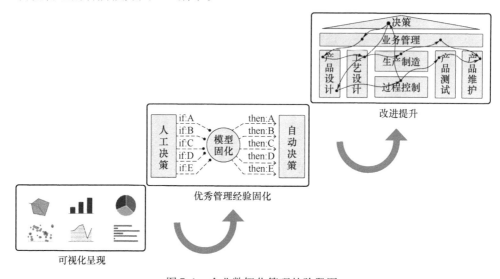

图 7-1　企业数智化管理的阶段图

7.1　企业管理的数字化转型

7.1.1　现代意义上的企业管理四次革命

曹仰锋在《第四次管理革命》中提出，现代意义上的企业管理诞生在 20 世

纪,自 1901 年以来发生了四次大的管理革命:

1901—1940 年,是以"科学管理"为主要特征的第一次管理革命时期。"规模经济"是社会经济的核心特征,"经济人"假设成为激励模式的主旋律,弗雷德里克·泰勒提出"科学管理"。代表企业是福特汽车。亨利·福特以独特的汽车生产线和为大众服务的经营理念开创了一个新时代。从此,美国成为汽车王国。1917 年,福特公司当年生产了 70 多万辆汽车,成为当时工业界的楷模和标杆。1918 年,福特公司在全球汽车市场上所占的份额达到了 50%。这些巨大成就得益于亨利·福特所推行的科学管理。

1941—1970 年为以"人本管理"为主要特征的第二次管理革命。20 世纪 40 年代,全球经济环境和政治环境发生了巨大变化,"范围经济"是经济发展的核心模式,多元化的并购成为企业成长的战略选择,由此,企业迎来了第二次管理革命,将关注的视角从"效率"转向"人性","社会人"这一崭新的概念替代了"经济人",管理步入"人本管理"的新时代。代表企业是林肯电气。林肯电气的独特之处在于它的管理模式和激励体系,这一体系是"科学管理"和"人本管理"的融合。企业对员工的激励重心从基于个体效率的激励转向基于工作场所中社会需求的激励。林肯电气取消了计时工资制度,主要采取计件工资和利润分享。

1971—2000 年,全球进入了知识经济和信息技术时代,企业迎来了以"精益管理"为主要特征的第三次管理革命。突出特点是"以顾客为中心",管理视角从组织内部转向组织外部,以流程再造和精益管理为基础,发挥小型团队的创造力,构建"客户中心型"组织。第三次管理革命的主角从美国转移到日本。代表企业是丰田汽车。20 世纪 70 年代,丰田开始践行戴明的全面质量管理理念,到 80 年代发展成为独特的精益生产模式,到了 90 年代,丰田精益模式享誉世界。杰弗瑞·莱克在《丰田模式:精益制造的 14 项管理原则》一书中将丰田的企业哲学、流程管理、人员管理及解决问题之道有机地融合在一起,提出了"丰田模式",为其他企业提供了"一套帮助管理者持续提高工作效率的工具"。

2001 年以后的管理新革命是以"价值共生"为主要特征的第四次管理革命。步入 21 世纪,数字技术突飞猛进,推动人类社会进入数字经济时代,企业管理也进入了新纪元。人工智能、区块链、云计算、大数据、物联网、边缘计算等新一代信息技术不断重塑企业的商业模式和管理模式,推动企业不断向数字化、生态化转型。在第四次管理革命进程中,组织从"流程型组织"向"生态型组织"转型,企业的生产方式和价值创造模式从以产品为中心向以用户为中心转变、从大规模制造向大规模定制转变。第四次管理革命的核心是"价值共生",企业将基于"人的价值第一"来设计组织模式、管理模式、商业模式。代表企业包括华为、海尔、京东、苹果、西门子、亚马逊等。在第四次管理革命时代,管理的秘方是"价值共生",因"价值"而"共生",这是世界级企业领导者的基本共识和企业管理的转型方向。

7.1.2 数据驱动的企业数字化管理

如今世界正变成全球连接、互通互联的数字化状态,企业竞争模式发生变化,行业界限变得模糊,数据已经成为新的生产要素,成为企业数字化转型的核心动力,成为代表未来企业核心竞争力的资产。大数据驱动企业生产方式、组织形式、商业模式转型与升级。企业数字化转型仅仅有大数据技术是不够的,还需要在制度、流程、文化等方面有一套转型的模式,并经过不断实践的验证。要打造数据驱动型企业,作为决策者,首要的是获得数据价值,继而实现流程的优化、产品的迭代、商业模式的创新。在当前新冠肺炎疫情的防控中,数字化技术的应用与普及得到了极大的推广,促使更多的企业加快了数字化转型步伐,"云办公""线上经营""智能制造""无接触生产"等数字经济管理新模式、新业态出现了加速发展之势。这既是疫情倒逼加快企业数字化转型的结果,也揭示了下一步企业管理新的发展方向。

如果企业领导者不能在管理层面上理解数字化转型,就会阻碍数字化转型真正实现其价值。数字化是一个管理命题,贯穿于整个企业的经营管理全过程,从战略、组织一直到运营的各环节,使其落地并创造价值,这个过程应该是可管理的,价值创造也是可衡量的。传统企业面临的是多角度、多层级的数字化转型:管理者站在数字化营销的角度,会看到新的收入增长机遇;站在数字化运营的角度,会看到降低现有业务成本、提升资产使用效率的好处;站在开发创新业务的角度,又会看到制定长期战略、管理组织变革和人才结构的挑战。

数字化管理是指将业务工作通过完善的基础统计报表体系、数据分析体系进行明确计量、科学分析、精准定性。数字化管理是以数据报表的形式来进行记录、查询、汇报、公示以及存储的过程,也是现代企业的管理方法之一。

数字化管理能力建设是一项复杂的系统工程,涉及数据价值挖掘、技术融合应用、管理模式变革、过程机制创新等系列工作。一是要用系统性的方法统筹推进。如傲林科技结合技术实现(要素维)、管理保障(管理维)、过程控制(过程维)等一些方面开发的全局性解决方案为企业实施数字化管理提供了可行路径。二是要高度重视数字孪生、知识图谱、人工智能等关键共性技术的研究和运用。

数字化管理对工业企业转型升级、构建可持续竞争优势具有重要价值。一是可有效地盘活企业数据要素资产，发挥数据在支撑决策、驱动运营、优化创新等许多方面的作用。二是能加快构建企业新型能力体系，数字化管理帮助企业快速进行数字化产品研发、工艺设计、生产制造等，提升发展的柔性和韧性。三是将成为工业企业实现模式创新、培育新增长点的强大引擎。四是能促进企业管理效率大幅提升，企业资源调配更加合理高效，管理决策更加及时灵活。五是助力企业通过远程办公和服务、柔性转产等数字化管理方式做好疫情防控。

在当今数字经济大时代下，数据的重要性不言而喻，数字化管理的思想也已经被越来越多的公司接受、熟知和应用。已有不少先行企业将数字化转型作为"十四五"期间重大战略积极推进。如国家电网公司2020年以来在数字新基建领域投入247亿元，全面部署电网数字化平台等10项重点任务，打造国内规模最大的能源电商平台和全球规模最大的智慧车联网平台。美的集团实施全面数字化，建立数字孪生的智能工厂，数字化驱动全价值链和全员改变。中信戴卡公司全面实现"人、机、料、法、环、财"数据在企业生产过程中的有机贯通，以数字化技术赋能集团管理。

数字化管理能助力企业的市场竞争，帮助企业更好的生存和发展，越来越多的企业开始投身和推进数字化管理。未来，没有实行数字化管理的企业将被淘汰，也许只有实行数字化管理的企业才能存活了。

7.2 数字化管理：数据价值的可视化呈现

俗语说"百闻不如一见""一图胜千言"。相比于枯燥的表格，生动的图形更容易使人理解和接受其中所蕴含的信息。近年来，很多行业的企业决策者开始将数据可视化作为企业管理和经营分析系统中十分重要的组成部分。

7.2.1 数据可视化的价值和意义

进入数字化时代，企业每天都会产生大量的各种数据，收集、分析、挖掘这些数据背后隐藏的意义就变得日益重要。通过这些数据可以更精准、更及时地了解用户的需求、掌握企业的经营状况，这些都将对企业的经营决策起到很大的指导性作用。

海量数据带来了相应的大数据处理及分析需求，传统方法难以应对。很多情况下，数据淹没在浩瀚的"数据海洋"中，成为沉默的资产，而海量数据所需的大量存储资源还给企业带来成本压力，这已经成为很多企业的心头之痛。因此急需一种能够针对大数据进行统计、分析和信息提取的方法。"数据科学"应运而生。数据科学涵盖数据管理、计算机科学、统计学、视觉设计、可视化、人机交互，以及基于架构式和信息技术的物理科学，以数据为研究对象，综合运用各学科技术和手段，提取隐藏在数据中有价值的信息，并且将数据利用率提高到传统方法所不能及的高度。

作为数据内涵信息的展示方法和人机交互接口，数据可视化已成为数据科学的核心要素之一。面对海量数据，我们很难通过直接观察数据本身，或者对数据进行简单统计分析后得到数据中蕴含的信息。例如，我们无法通过查看海量的服务器日志来判断设备系统是否面临故障甚至损毁威胁，或者很难从数以万计的供货清单中来发掘用户的喜好变化等。而通过可视化方法，将海量数据变成形象、生动的图形，将大大有助于对数据中的属性、关系进行深入探究，利用人类智慧来挖掘数据中蕴含的信息，从表面杂乱无章的海量数据中探究隐藏的规律，为企业商业决策提供依据。

1. 可视化的定义

视觉是人类获取信息的最重要通道，研究显示，超过 50% 的人脑功能用于视觉的感知，包括解码可视化信息、高层次可视化信息处理和思考可视化符号。

人的眼睛是一个高带宽、巨量视觉信号输入的并行处理器，最高带宽为每秒 100MB，具有很强的模式识别能力，对可视化符号的感知速度比对数字或文本快好几个数量级，并且大量的视觉信息的处理发生在潜意识阶段。比如，在一大堆灰色物体中我们能瞬时注意到红色的物体，这种现象称之为视觉突变。由于在整个视野中的视觉处理是并行的，无论物体所占区间大小，这种视觉突变都会发生。

人类很早就认识到可视化的作用和价值。中世纪时期，人们就开始使用包含等值线的地磁图、表示海上主要风向的箭头图和天象图。可视化通常被理解为一个生成图形图像的过程。更深刻的认识是，可视化是认知的过程，即形成某个物体的感知图像，强化认知理解。因此，可视化的终极目的是对事物规律的洞悉，而非所绘制的可视化结果本身。这包含多重含义：发现、决策、解释、分析、探索和学习。因此，可视化可简明地定义为"通过可视化表达增强人们完成某些任务的效率"。

从信息加工的角度看，巨量的信息将消耗大量的注意力，我们需要有效地分配注意力。一方面，精心设计的可视化可以作为某种外部内存，在人脑之外保存待处理信息，补充人脑有限地记忆内存，从而有助于将认知行为从感知系统中剥离，提高信息认知的效率。另一方面，视觉系统的高级处理过程中包含一个重要的部分，即有意识地集中注意力。人类执行视觉搜索的效率通常无法持久，只能保持几分钟。图形化符号可以高效地传递信息，从而将用户的注意力引导到重要的目标上。

可视化的作用体现在多个方面，从宏观的角度看，可视化包括三个功能，即记录信息、推理和分析信息、信息传播与协同。

一是记录信息。在人类发展历史中，将浩如烟海的信息记录下来、世代传播的有效方式之一就是将信息成像或画成草图，如中国中医绘制的人体经络图。不仅如此，可视化图示能极大地激发智力和洞察力，帮助验证科学假设。比如，20世纪自然科学最重要的三大发现之一的DNA分子结构，就源于对DNA结构的X射线照片的图像分析。

二是推理和分析信息。将信息以可视化的方式呈现给用户，能够大大提升对信息认知的效率，并引导用户从可视化结果分析和推理出有效信息。这种直观的信息感知机制极大地降低了数据理解复杂度，突破了常规统计分析方法的局限性。究其原因，是因为可视化扩充了人脑的记忆，帮助人脑形象地理解和分析所面临的任务。由于可视化可以清晰地展示证据，它在支持上下文的理解和数据推理方面也有独到的作用。一个著名的例子是，1831年起，欧洲爆发霍乱，当时的主流理论是毒气或瘴气引起了霍乱。英国医生约翰·斯诺研究了1854年8月底伦敦布拉德街附近居民区爆发的一场霍乱。通过调查病例发生的地点和取水的关系，斯诺绘制了一张布拉德街区的地图（见图7-2），标记了水井的位置，每个地址（房子）里的病例用图符显示。图符清晰地显示了病例集中在布拉德街水井附近，这就是著名的"鬼图"（Ghost Map）。斯诺发现73个病例离布拉德街水井的距离比附近其他任何一个水井的距离都更近。在拆除布拉德街水井的摇把后不久，霍乱消除。

三是信息传播与协同。人的视觉感知是最主要的信息界面，从外界获取的70%信息由视觉输入。向公众用户传播与发布复杂信息的最有效途径就是将数据可视化。比如，寒潮预警图就非常直观、形象地向人们传播了重要的天气信息。此外，在数字化新时代，资源互联共享、群体协同合作已经成为科学和社会发展的新动力。美国华盛顿大学的专家开发了一款名叫Fold.It的多用户在线网络游戏，玩家从半折叠的蛋白质结构起步，根据简单的规则扭曲蛋白质使之成为理想的形状。结果发现，玩家预测出正确的蛋白质结构的速度比任何算法都快（有些情况如果采用计算机求解则需要几百年），而且能凭直觉解决计算机

图 7-2 帮助发现霍乱流行原因的"鬼图"⊖

没办法解决的问题。这个实例表明,在处理某些复杂科学问题上,人类的直觉胜于机器智能,同时也证明可视化、人机交互技术等在协同式知识传播与科学发现中的重要作用。

2. 数据可视化及其意义

数据可视化意指对数据的可视化展示,利用计算机图形学和图形处理技术,将数据信息转换成图形或者图像并呈现出来,同时结合交互理论、方法和技术,帮助人们更有效地理解原本抽象繁杂的数据信息以及数据之间的关系,获得更多有价值的信息。

数据可视化将企业各类业务系统中积累的数据经过提取、统计、整合和提炼,通过图形化报表等可视化方式进行展示,如图 7-3 所示。

这种可视化的呈现方式比以往的纯文字或数字表格更加直观、有效,加强了数据的对比效果。企业管理人员可以便捷地通过各种终端(包括 PC 端、移动

⊖ 图片来源:http://www.datavis.ca/gallery/historical.php

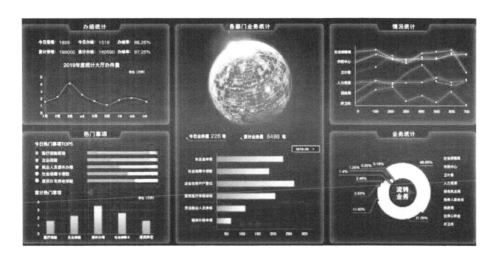

图 7-3　某企业业务数据看板演示图

端和大屏等）随时、随地掌握企业经营管理状况（如经营实绩、资金状况、各种绩效等），及时发现各种机会、异动和问题，从而迅速应对，形成决策方案和响应机制。

如此一来，企业实现了管理上的透明化与高效化，能将管理效果渗透到企业运营与经营的各个环节，提高了解决问题的能力，缩短了问题解决的过程，还能发现潜在的商机。

7.2.2　数据可视化的运行机理

1. 从数据到智慧

在信息管理、信息系统和知识管理学科中，最基本的模型是"数据、信息、知识、智慧"（DIKW）层次模型。它以数据为基层架构，按照信息流顺序依次完成数据到智慧的转换，如图 7-4 所示。

数据是符号的集合，是表达客观事物的未经加工的原始素材。数据是对目标观察和记录的结果，是关于现实世界中的时间、地点、事件、其他对象或概念的描述。在表达为有用的形式之前，数据本身并没有什么用途。

信息是被赋予了意义和目标的数据。信息和数据的区别在于信息是有用的、有意义的，可以回答诸如谁、什么、哪里、多少、什么时候等问题。信息赋予数据以生命力，辅助用户进行决策或行动。进一步，信息可以采用描述的方式定义知识。

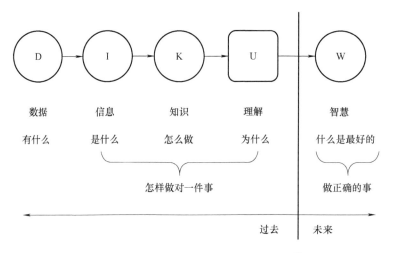

图7-4 数据、信息、知识和智慧流程图[○]

知识是被处理和组织过、应用或付诸行动的信息。知识又是框架化的经验、价值、情境信息、专家观察和基本直觉的流动的混合，它提供了一个环境和框架，用于评估和融入新的经验和信息。知识通常体现于文档和资料的描述中，也流转于组织机构的流程、处理和实践中，应用于知识者的意识之中。

智慧是启示性的，知道为什么，知道如何去做。在知识和智慧之间存在一种状态：理解。理解是一种对为什么的欣赏，而智慧则是被评估过的理解。智慧可增加有效性和价值，智慧是独特和个性化的。

在DIKW模型所定义的数据转化为智慧的流程中，可视化借助于人眼快速的视觉感知和人脑的智能认知能力，可以起到清晰有效地传达、沟通并辅助数据分析的作用。

数据可视化综合运用计算机图形学、图像处理、人机交互等技术，将采集或模拟的数据变换为可识别的图形符号、图像、视频或动画，并以此呈现对用户有价值的信息，帮助人们更有效、更直观地理解原本抽象繁杂的数据信息以及数据之间的关系。用户通过对可视化的感知，使用可视化交互工具进行数据分析，获取知识。再进一步，用户通过可视化的直观刺激，加快、加深甚至扩展对知识的理解，从而上升为智慧，去解决面临的问题。

数据可视化的作用在于视物致知，即从看见物体到获取知识。对于复杂、

○ 图片参考：http://en.wikipedia.org/wiki/DIKW

大尺度的数据,已有的统计分析或数据挖掘方法往往是对数据的简化和抽象,隐藏了数据集真实的结构,而数据可视化则可还原乃至增强数据中的全局结构和具体细节。

数据可视化提升了单位面积的信息容量。文字信息的表达受到文字大小属性的局限性,在单位面积中,可以展示的信息是非常有限的。不同于文字信息的表达,可视化的表达可以呈现更多的信息,比如,一个带颜色的坐标点不仅仅包含空间位置信息,还包含该颜色所对应的特定信息。

数据可视化提升了信息的处理效率。研究表明,人脑处理图片信息是同步进行的,而处理文字信息则是循序渐进的。例如一篇 300 字的小故事,看一遍需要 10 秒,而转化成图片后的图例只需要一眼即可记在脑海里。2013 年《注意力、知觉和心理物理学》杂志发表的一项研究显示,大脑仅用 13 毫秒就可以处理视觉接收的图片信息。

数据可视化提升了信息的传递效率。传统数据表格、PPT 等只能以静态表格和图表等为管理层提供信息,而数据可视化可快速帮助企业管理者从多个角度观察和分析数据,并通过柱状图、条形图、雷达图、饼状图、百分比图、指标卡、气泡图等辅助手段更好地诠释企业经营数据,从而帮助管理人员更好地做出决策。

数据可视化加深对关系的理解、加强对趋势的洞察。文字信息的表达是零散的"点",可视化表达则可以将信息通过"线""面""体"关联起来形成一个整体,其中还蕴含着趋势。数据可视化使得企业管理人员可同时查看多维数据集之间的关联,通过运营和业务动态的多角度视图等,管理团队能够更好地了解客户对产品的深层需求是否能够实现,进而帮助企业获取最新的商机,领先于对手,获得持续的竞争优势。

2. 企业数据可视化系统基本架构

数据可视化不仅是一门包含各种算法的技术,还是一个具有方法论的学科。数据可视化流程中的核心要素包括三个方面。一是数据表示和变换。数据表示和变换是数据可视化的基础。输入数据必须从原始状态变换为一种便于计算机处理的结构化数据表示形式,这样才能进行有效的可视化、分析和记录。二是数据的可视化呈现。即将数据以一种直观、容易理解和操纵的方式呈现给用户,这就需要将数据转换为可视化表示并呈现给用户。三是用户交互。数据可视化可以用于从数据中探索新的假设,也可以证实相关假设与数据是否吻合,还可以帮助数据专家向公众展示其中的信息,这些都需要进行用户交互。

基于数据可视化的流程三要素，结合企业管理经营的一般模式，可构建如图 7-5 所示的企业数据可视化系统基本架构。

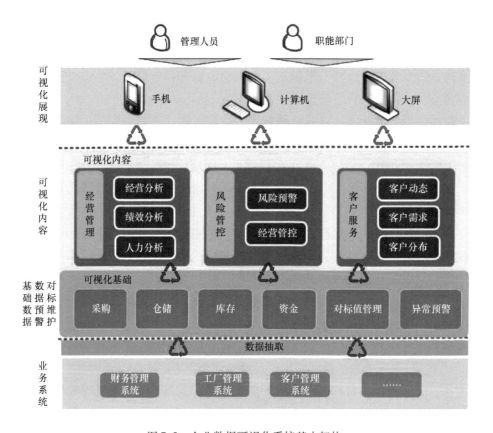

图 7-5　企业数据可视化系统基本架构

企业数据可视化系统从企业各业务系统中抽取数据形成可视化基础数据，同时由业务人员定期维护对标数值，结合各种图形形成可视化展现的内容，最终通过各类型终端呈现给企业相关管理决策者。企业数据可视化系统将各类经营管控指标信息化，并结合企业各类实际值与绩效目标的对标展现，为各业务管理人员快速获取最新的经营信息提供便利，也为企业的经营决策提供有效支撑。

7.2.3　数据可视化的实践案例

近年来，越来越多的企业开始建设数据可视化系统，通过生动形象的图形图像或动画来展示数据信息、数据关系及数据趋势，降低了各项数据内容分析与使用的难度,便于更好、更迅速地理解数据、分析数据,进一步掌握数据背后隐藏的规律,挖掘出数据潜在的价值。

典型案例:白酒企业营销管理全屏可视化呈现

随着我国经济的快速发展,以及人们生活水平的持续提高,消费市场飞速升级,白酒行业也经历行业集中度接连提高、产业链不断优化、市场竞争持续加剧等一系列的挑战。但同时也孕育着市场机遇,白酒企业需要苦练内功,通过重视品牌建设,强化营销管理,开拓消费场景,才能在数以千计的品牌竞争中,构建独特的竞争优势。

国内某著名白酒品牌,源自久负盛名的中国赤水河谷白酒核心产区,选用生态红高粱为酿酒原料,遵循厚积千年的传统酿造技艺,在专人悉心养窖、120天双轮发酵、数十年储藏自然老熟等工艺的打造下,该品牌白酒具备独特的浓郁芳香,深受国内消费者喜爱。

该白酒品牌以"顾客"为中心,建立了以价格、产品、渠道和活动为支撑的营销体系。在开展营销的过程中,密切关注顾客消费的动态变化,通过对价格、产品、渠道或活动的适当调节,来及时调整营销方式,以响应市场需求。

该白酒企业需要全面了解营销体系的整体运营状况,以辅助管理者制定适当的营销决策,帮助渠道部门管理经销商,生产部门制定生产计划等。于是,采用数智化相关技术搭建了一套 BI(商业智能)系统,提供全面的信息可视化,以及辅助决策能力。

在可视化方面,该 BI 系统把消费者、价格、产品、渠道和活动等营销体系的五个关键要素作为独立的五个视角,把相关的所有数据进行汇总,并以图形、图表形式进行呈现,形成五个子系统——消费者 360,价格 360,产品 360,渠道 360,活动 360。按照不同年龄、性别、地区、偏好、消费频次、产品价格等不同维度进行统计、汇总、呈现,整体勾勒出消费者画像、各档位产品及价格区分、渠道商分布等营销体系全局,如图 7-6 所示。

以其中的经销商 360 为例,对分销商/联营体进行统一的生命周期管理,通过销量情况分析、营销执行分析、费效比分析等多维度,形成能力雷达图,方便企业相关人员快速了解分销商/联营体的运营情况,开展有针对性的管理。

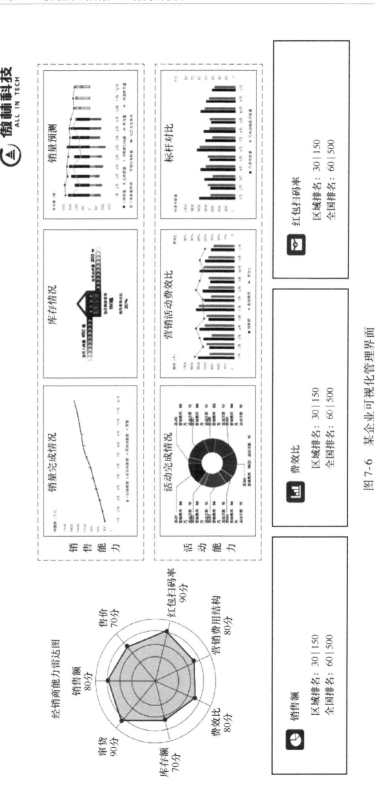

图7-6 某企业可视化管理界面

7.3 知识管理：将数据固化为经验

我们正处在浪潮汹涌的知识经济时代。知识经济催生了知识管理。当代企业只有实现知识管理才能够更好地顺应知识经济大势，才能参与到新的企业竞争格局当中去。

知识经济新形势下，对企业提出了新的要求和挑战，例如，面对浩如烟海的企业内部信息资源，不知如何下手；企业中数据孤岛林立，员工各自为战；由于决策缓慢，经常错失良机；不能在最短时间内找到恰当的人响应客户的需求；员工离职造成关键业务领域损失巨大；新员工加入一个月了，还不能进入角色；业务运作长期故步自封，难以创新；员工越来越缺少工作激情。

传统的信息技术无法应对这些难题，加强企业知识管理才是解决之道。

7.3.1 知识管理的价值和作用

1. 知识管理的定义

根据国家标准《知识管理 第1部分：框架》（GB/T 23703.1—2009）中的定义，知识管理是对知识、知识创造过程和知识的应用进行规划和管理的活动。图 7-7 所示为知识管理的概念模型。

企业知识管理应根据企业的核心业务，鉴别企业的知识资产，开展企业知识管理活动，包括知识鉴别、知识创造、知识获取、知识存储、知识共享和应用知识。

知识鉴别是知识管理活动中关键性的工作。知识管理首先应根据目标，分析知识需求，包括现有知识的分析和未来知识的分析，适用于企业战略性的知识需求和个人日常对知识的需求。

图 7-7　知识管理概念模型

知识创造是知识管理活动中知识创新部分。对于企业来说，创新过程通常是在产品或服务方面的知识创造过程，通过研发部门的专家小组开展技术攻关。创新过程不局限于研发部门，创新需要全体员工积极参与，以改善业务经营过程中的各个环节。

知识获取强调对存在于企业内部已有知识的整理积累或外部现有知识的获

取。对于企业而言,应收集整理多方面知识,并使沉淀下来的知识具有可重用价值。同时,还可以通过兼并、收购、购买等方式直接在某个领域突破知识的原始积累获取所需要的知识,或有针对性地引入相应人才。

知识存储是在企业内建立知识库,将知识存储于企业内部。知识库中应包括显性知识和存储在人们头脑中的隐性知识。此外,知识也可以存储在企业的活动程序中。

知识共享是知识在企业中转移、传递和交流的过程。通过知识共享将个人或部门的知识扩散到企业各个组织系统,知识共享方式可在企业内人员或部门之间通过查询、培训、研讨或其他方式获得。

知识在企业应用时才能增加价值。知识应用是实现上述知识活动价值的环节,决定了企业对知识的需求,是知识鉴别、创新、获取、存储和共享的参考点。

企业应从三个维度推动知识管理的实施,即组织文化、技术设施、组织结构和制度。

2. 知识管理与企业信息化、办公自动化

20 世纪 90 年代初,我国就有不少企业开展企业信息化建设工作。那时候,企业所理解的企业信息化就是建设我们常说的管理信息系统(MIS),将以前的手工劳动转移到信息系统中来提高劳动生产率。随着信息技术尤其是互联网技术的快速发展,企业信息化被赋予了更多的内容,如企业信息发布、网上电子商务等。

相比于企业信息化,企业知识管理是一种企业管理思路。信息技术为企业构筑知识管理平台提供了可能,而知识管理又是企业信息系统的一种科学的建设思路。不同于企业以往就事论事式的单一项目建设,企业知识管理系统建设是一种企业管理思路的实现,不仅包括建设企业信息系统,还包括建立健全企业管理制度等。企业知识管理系统建设以知识的积累、共享、交流为手段,以提高企业核心竞争力为最终目标,让企业所有员工都受益。

那么办公自动化(OA)系统与知识管理又是什么关系呢?如果说 MIS 主要为生产服务,那么 OA 系统则主要为管理服务。知识管理是企业为顺应新的市场经济环境及其需求而提出的新管理理论。从这个意义上来讲,可以说 OA 系统与企业知识管理系统有着与生俱来的关系。

OA 的主要目标是将企业中的手工管理工作(如公文处理、信息发布、各种审批流程等)自动化、网络化。可以说 OA 系统是知识管理的初级阶段,实现的是传统处理方式的变革。而知识管理是一种方法论,其目标是管理方法、管理制度上的提高。企业知识管理为 OA 系统提供了战略方向和方法论。

3. 知识管理给各行各业带来价值

很多人谈论知识管理时，都会想到 IT 企业、咨询企业、金融企业等，好像知识管理只与这些企业相关。事实上，作为一种管理新思路和新方法，知识管理正在广泛应用于各行各业，比如：

1）信息业。作为知识产业的支柱，信息产业是知识更新最快的行业，加强知识管理尤为重要。经过多年的发展，信息产业已经从技术型、创造型工作逐渐转变为经验型工作。IT 企业的战斗力不仅来自于现有员工的知识和技能，更重要的是所有员工的知识经验的积累。同时，信息产业中员工的"跳槽"现象也最为普遍。保证企业的知识不会因为员工的离开而损失，让知识在员工之间交流共享，是 IT 企业健康发展的重要基础。

2）制造业。制造业是实体经济的基础，是国民经济的命脉。中国是全球唯一拥有联合国产业分类中全部工业分类的国家，中国制造正在向中国智造加快演进。技术知识在这个行业中起着越来越重要的作用。以家电业为例，大家都已经深刻认识到低水平价格战的痛苦，要真正让企业能在市场中处于竞争优势地位，持续稳定发展，企业创新能力、员工知识技能才是重中之重。

3）石化业。石油是经济的血液。石油市场的变化，是国际经济环境的晴雨表。石油石化在中国经济中占据十分重要的地位，中石油、中石化、中海油等公司都是航母级企业。在这些巨型企业中，员工的培训、交流、知识共享，各种技术资料的管理，市场情报的收集、整理、分析等，都是迫切需要建立健全的知识管理体系。根据斯伦贝谢商业咨询公司 2012 年油气人力资源基准，新工程师制作非标技术需要 8.2 年左右的专业经验。石化巨头都十分重视知识管理体系建设，比如中海油在 2001 年就成立了知识管理部门，并任命了专职的首席知识官（CKO）。

4）金融保险业。中国加入世界贸易组织（WTO）后，外资银行、保险公司纷纷进驻我国，金融业呈现出百花齐放的局面。银行之间、保险公司之间的竞争越来越激烈。各家银行、保险公司提供的服务大同小异，企业的核心竞争力更多取决于员工素质、快速响应能力、客户关系管理水平、企业提供服务的水平、企业的公众形象等，而这些都是知识管理所关注和涉及的。

5）建筑业。建筑业从一开始就是一个需要经验的行业。在现代化的今天，建筑业比任何时候都需要借鉴以往的经验教训，而且对创新意识、创新能力的要求也越来越高。对任何一个建筑企业而言，施工工艺和管理水平极其重要。实践证明，不断提高知识管理水平是建筑业生存发展的必要条件。

6）农业。我国是一个农业大国，乡村振兴是国之大计。农业水平的提高，建立在农村人口和农业从业人员素质提高的基础之上。同时，新时期的农民对农业管理、农技服务的需求也已提升到前所未有的高度。知识管理在各级农业部门、农村企业中已经成为或将会成为必然选择。

总之，知识经济时代，对各行各业而言，知识管理都是不可或缺的。每个行业对知识管理的要求和理解不尽相同，但总的来说，知识管理给每个行业都带来了价值，包括降低运营成本、提高公司的运转效率、提高客户和员工满意度、促进创新、提高快速响应能力、提高员工技能等。

7.3.2 知识管理的运行机理

企业实施知识管理，归根到底就是要营造一种使得企业员工自愿交流、共享知识、开发与利用企业知识资源去进行创新创造的环境，包括硬环境和软环境两个方面。

硬环境是知识管理的基础条件，包括建立知识型企业组织结构，建立鼓励员工参与知识交流和共享的机制，建立鼓励员工创新创造的各项制度，建立企业知识库，完善企业的知识网络等。

软环境是知识管理的内生动力，即要创造出一种鼓励学习、鼓励知识交流与共享、崇尚创新创造的企业文化氛围。在这种开放、信任、分享的文化氛围中，每一位员工的价值都得到肯定，其创造性得到认可，其创新的想法或建议得到充分尊重和广泛交流，员工自觉自发地为企业的发展尽心尽力，以每个人的智慧加持、增强企业的整体智慧，从而大大提高企业面向市场的创新能力。

企业实施知识管理，就是要建立一个全局化、规范化的企业知识管理体系，促使企业的知识资源得到更加充分、有效地开发和利用，推进企业创新，从而提高企业创造价值的能力。

1. 知识管理技术

大量企业知识管理实践的成功经验表明，技术是企业知识管理成功的关键因素。知识管理技术是构建企业知识管理系统的基础，也是企业知识管理的强大推动力。没有强大的知识管理技术，企业很难有效实施知识管理。

IBM公司发布的《企业知识管理白皮书》将知识管理技术分为以下几类：

商业智能，即建筑在关系数据库之上的数据挖掘和可能采用的各类决策分析方法，包括数据挖掘技术、数据仓库技术、联机分析处理技术和其他能从存储的数据中提取有价值知识的先进技术。

知识发现技术，包括能从文本源中提取知识的文本挖掘技术和能依据人与信息之间的关系描述知识的知识地图技术。

知识搜寻技术，指能够发现、编目并提供组织决策所需的组织内部最佳经验的技术。

电子协作技术，指能够使员工共享他们的信息、经验、专长及知识的技术，这种技术能进一步丰富员工的隐性知识并促进创新。

知识传递技术，指能够扩展知识与技能传递的范围的技术，这种技术使虚拟团队能够在相当高的组织水平上进行工作，而不必考虑其成员的地理分布，如企业的培训系统等。

下面介绍几种主要的知识管理技术。

（1）商业智能

商业智能是指利用已有数据资源帮助企业做出更好的商业决策，包括数据访问、数据和业务分析以及发现新的商业机会。商业智能的实质是将企业的各种数据及时地转化为企业管理者感兴趣的信息或知识，并以各种方式展现出来，帮助企业管理者进行科学决策，从而增强企业的竞争优势。这里讲的数据不仅仅是企业内部的各种数据，还包括企业外部数据，如行业情况、市场状况和客户资源数据等。

从技术的角度来看，商业智能的过程是企业管理者以企业数据仓库为基础，借助联机分析处理工具、数据挖掘工具，辅之以决策规划人员的专业知识，从数据中获得有用的信息和知识，做出科学决策，帮助企业提高核心竞争力。

从应用的角度来看，商业智能帮助用户对商业数据进行联机分析处理和数据挖掘，预测趋势、辅助决策、对客户进行分类、挖掘潜在用户等。

从数据的角度看，商业智能将很多事务性的数据经过抽取、转换之后存入数据仓库，通过聚焦、切片或者分类等操作，形成有用的信息、规则等，来帮助企业决策者进行科学决策。

（2）知识仓库

知识仓库通常收集了各种经验、备选技术方案以及各种用于支持决策的知识。通过模式识别、优化算法和人工智能等方法，知识仓库对成千上万的信息和知识进行分类，进而提供决策支持。如此一来，知识仓库不仅可避免重新获取知识带来的成本，还通过提供对协作的支持提升企业创新能力、加速企业创新。许多人以为知识仓库就是数据库或信息库，其实不然，真正的知识仓库远比这两者复杂，与它们相比，知识仓库有以下两个突出特点。

其一，知识仓库不仅表示知识，而且表示相关语境。知识仓库拥有更多的实体，它不仅仅存储着知识的条目，而且存储着与之相关的事件、知识的使用记录、来源线索等相关信息。人们正确运用知识不仅要了解表示知识的信息、数据，还要了解与这条知识相关的语境。因此，在帮助人们利用知识上，知识仓库要比数据库更有效率。

"资源下载管理系统"就是知识仓库的一个典型例子。该系统存储和管理项目组成员各自从互联网上下载的数据、文档、软件和网络资源，同时还要让每个项目成员能够共享其他成员下载的资源。因而，一方面该系统不仅要存储下载的资源自身，还要存储相关的语境信息，如下载网址、下载时间和下载者等；另一方面该系统还应能智能地对项目组成员下载资源的网站进行统计，以便在其他成员搜索某种资源时能给出推荐网站以及相关链接。

其二，知识仓库强调对知识的更新和评价。与数据库不同，知识仓库是一个有机体，其生命力在于不断更新。如果企业决策者不断地从知识仓库中提取有用的数据，放入新的内容，知识仓库将会保持活力。相反，如果长期不使用知识仓库，就会降低知识仓库内容的可用性。此外，周期性地对知识仓库内的知识进行评价十分重要。从知识的可用性来看，有的可用周期很长，有的却很短。如果不能定期对知识仓库中的知识进行评价，那么仓库中的知识就可能因为过时而产生误导。

（3）知识图谱

近年来，随着大数据的快速发展和云服务算力的大幅提升，基于全网信息的海量知识，构建结构化客观世界的知识图谱成为可能，从而能够大幅提高互联网获取信息的效率、凝练知识的能力。在特定行业，知识图谱有助于实现业务决策自动化，并能够使得业务决策做到全局优化。

知识图谱是一种用图模型来描述知识和建模世界万物之间的关联关系的技术方法。知识图谱由节点和边组成。节点可以是实体（如一个人、一本书等），或者是抽象的概念（如人工智能等）。边可以是实体的属性（如姓名、书名等），或者是实体之间的关系（如朋友、配偶等）。知识图谱的早期理念来自语义网，其最初理想是把基于文本链接的万维网转化成基于实体链接的语义网。知识图谱运用了应用数学、图形学、信息可视化、信息科学等学科的理论与方法，并与计量学引文分析、共现分析等方法结合，利用可视化的图谱形象地展示学科的核心结构、发展历史、前沿领域以及整体知识架构。

知识图谱大致分为通用知识图谱和行业知识图谱两大类。

通用知识图谱主要解决全网信息结构化的问题。通用知识图谱通常包括现实世界的常识，可用来查询人物、地点、事物和组织的描述和联系。最早的知识图谱工业级应用是搜索引擎。为支持交互式搜索，主流搜索引擎都建设有超大规模的通用知识图谱。比如，智能音箱要提供基于语音和自然语言的交互式问答，就需要知识图谱提供精准答案。

行业知识图谱主要解决领域信息标准化的问题。以商品知识图谱为例，知识图谱中的实体也可以将不同的产品联系起来。例如，用户搜索了关于利昂内尔·梅西的纪念品，而知识图谱中表明梅西效力于巴塞罗那足球俱乐部。那么对于该俱乐部的相关商品，比如该俱乐部其他著名球员的纪念品，用户可能也会感兴趣。其他相关商品还包括一些基于足球的产品，比如签名衬衫、球鞋、足球等。以此类推，还可以从体育扩展到音乐、电影、文学、历史，以及更多的其他领域。

2. 知识管理系统

知识管理系统是以信息技术为基础，用来支持和加强由知识生产、结构化与转移所构成的知识管理过程的系统。本质上，知识管理系统是一个软件框架或者工具箱。

如图7-8所示，企业知识管理系统是由网络平台、知识流程、企业信息系统平台、首席知识官（CKO）管理体制、辅助环境及人际网络所组成的一个综合体系。

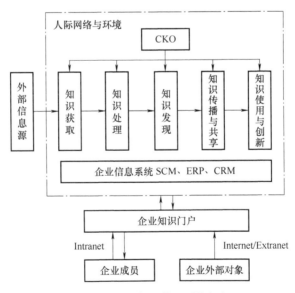

图7-8　企业知识管理系统框架

建设和实施知识管理系统需要用到大量的技术工具，主要包括两大类。一是智能分析技术，包括人工智能、神经网络、全文检索、本体构建与演化、语义分析、数据挖掘、知识可视化、决策支持系统等。二是人际沟通应用，包括知识门户、推荐系统、专家黄页、知识地图、群件、工作流系统、远程会议、项目日志、维基、即时通信等。

7.3.3 知识管理的应用案例

工业企业在产品全生命周期的各个环节，均有大量优秀经验积累、沉淀在员工中，如何将这些看不见摸不着的经验转成知识，让知识成为资产，让资产产生价值，最终增强企业"软实力"，为企业降本增效，带来持续稳定的增长，是所有工业企业管理者十分关心的问题。

以质量管理为例，一般在企业内部有很多"老专家""老师傅"，他们积累了大量一线开展质量管控的知识，在出现质量问题时能很快定位问题根源，并采取正确的处理措施解决问题，他们是企业的宝贵资源。但这些经验往常只能通过"传帮带"的方式，在解决具体质量问题的过程中，由"师傅"手把手地传授给"徒弟"，经验不好量化，难以结构化，更无法在企业内部大规模复用。

总部坐落于华北地区，为宝马、奔驰、雷诺、通用、丰田等世界众多一线品牌提供关键零部件的国内某著名汽车厂商，希望利用现代数字技术把资深员工的优秀经验进行固化，也就是要经过提炼、汇聚、传播，更科学地进行企业管理。要在企业内实现经验固化，他们面临如下挑战。

一是知识转化、获取及共享难。大部分的优秀经验还在人的"脑子"里或者计算机文档里，当出现重复的问题时，依然需要依靠"老师傅""老专家"的人工经验来解决。面对这些海量的知识数据时，新人无法高效地从中获取关键和有用的信息。

二是数据异构多元且杂乱无章。专业问题的解决方案存在于多个载体中，既有结构化的维修记录表格，也有非结构化的操作指导视频，但没有形成相应的知识体系，更缺乏直观形象的可视化查询检索方式，难以进行多层次的数据挖掘与应用。

三是知识管理及协同难。企业内部大量数据以不同格式散落在不同部门，产生了隐形的"知识孤岛"，没有统一的管理和融合。

产品全生命周期中涉及多产线、多工序、多设备、多工艺，每个环节的错误对产品质量的影响是一个错综复杂的立体关系，这个立体的关系也需要与员工经验进行融合。

经过分析研究与学习借鉴，他们利用知识图谱相关技术把老专家沉淀的非结构化经验转化成结构化数据，并与专业知识进行动态匹配，帮助快速定位问题，准确解决问题，以积极提升企业业务，充分挖掘并实现宝贵专家经验对企业运营的价值化。主要应用在以下场景中。

一是产品研发。在开展新的产品设计时,设计人员可以从大量的历史设计案例中,快速搜索和匹配到与需求相似度最高的设计,以及满足需求最优的生产场地、工艺路线和工艺参数,同时提供成本参考。

二是设备智能维修。设备维修人员通过设备维修知识体系及历史案例,在最短时间内找到故障原因,高效妥善解决故障,整体上降低维修成本。

三是客户画像提炼。通过对客户关系图谱、历史销售订单数据、客户历史抱怨数据等客户数据的精准分析,挖掘客户属性和行为,据此制定合理的销售及服务策略,保障客户利益,提升客户服务质量。

四是质量管理。对问题产品的客户抱怨、缺陷特征、批次批号等数据进行分析,从全生命周期追溯产品质量,深入挖掘质量问题根因,帮助整个企业提升质量水平。

7.4 管理模式:新技术驱动的革新

人的价值最大化是一切商业模式和管理模式的核心。海尔集团董事局名誉主席张瑞敏始终认为影响企业发展的最核心要素就是人,管理的目的就是要把人的价值发挥出来。

数字化企业的本质是通过数字化技术来打造平等、互信、开放、透明、以人为本的工作环境,发现每一个人的优秀,激发每一个人的创新创造力。当企业内部具备创新创造力的人越来越多,这些人就会像动车组车头一样带着企业往前跑,越跑越快。

7.4.1 管理模式亟待革新

转型不是转行。企业数字化转型的本质是转换不同的价值创造模式。因此,企业数字化转型始终需要回答以下三个基本问题:

创造何种价值?这个问题有关企业的愿景、使命、战略和能力,其核心是战略生态化,企业战略思维要从产品思维向生态思维转变。

能否创造价值?这个问题涉及企业生态系统的平台、结构、资源和组织,其核心是组织平台化,即平台赋能。

怎样创造价值?这个问题则要明确企业生态圈中员工与顾客的角色、激励及价值创造机制,其核心是价值共生。

1. 生态战略

一如马尔科·扬西蒂和罗伊·莱维恩所言,战略正日益成为一门管理自身并不拥有的资产的艺术。

传统战略观强调"战略即匹配",认为战略的最基本任务是识别机遇和分配资源,从而将目标和资源有效匹配企业,企业需要根据所拥有的资源来制定相应的战略目标。这是一种相对封闭的战略观,局限于企业自己所拥有的资源来制定战略目标。

新战略观认为"战略即生态",企业可以在资源和目标之间创造一种不匹配来激发创新创业精神,但这种不匹配并不是通过减少资源来实现的,而是通过提高企业目标的挑战性来实现的。新战略观是一种开放的生态战略,拥有新战略观的企业关注点不在拥有多少资源,而在整合资源为用户提供价值的能力。

生态战略型企业都有一个共同的特征,即其成员企业和伙伴都拥有鲜明、独特和共享的"共同愿景",它让不同的参与者在共同建设生态系统的行动中保持一种连贯性和一致性,让生态系统中的人在未来的事业中找到共鸣,激发出每一个人的认同、激情、承诺、奉献与忠诚。

共同愿景不会自动生成,对于生态战略型企业而言,如何让员工、伙伴、成员企业享有共同的愿景,并且将其内化成每一个成员的行为准则,是非常大的挑战。

2. 平台赋能

与传统企业相比,生态型企业的组织模式更加复杂,企业生态圈的繁荣不仅取决于各方参与者的互动参与、共创共赢,更取决于平台的能力。平台能力就是企业生态圈中的肥沃的"黑土地",黑土地上可以生长大米、高粱、大豆、土豆等各种各样的农作物。企业平台能力越强,就越能赋能创业者、赋能企业、赋能生态,让更多的小微企业、伙伴、各类资源方在平台上生长、发展、壮大,从而形成生态合力,共同为用户持续、更多地创造价值。

企业生态系统中的核心平台主要有以下四类。

第一类是为生态系统中的成员企业提供整套技术、工具和方案,帮助成员企业解决问题的智能技术底层平台。成员企业也可以利用该平台上的接口、界面、工具和技术,根据用户的需求开发自己独特的应用平台或者产品,从而创造更多的价值。这一类平台的核心特征是资源开放、价值共创和价值共享,其最重要的功能是为生态系统提供数据。

第二类是为生态系统中的成员企业提供组织能力的管理运营职能集成平台。这一类平台为生态系统中的伙伴企业提供包括财务、人力、采购、物流、信息化等一体化的整合服务。这一类平台将管理职能由"管控"转变为"赋能",服务和驱动小微企业,帮助小微企业提高一线团队的敏捷力,让它们更加快速和敏捷地发现用户的需求，及时为用户提供具有竞争力的价值。

第三类是为消费者提供体验的平台。数智化时代，企业管理者必须从"以企业为中心"转向"以消费者为中心"，学会站在个体消费者的角度来体验这个世界，将顾客价值体验视为一切问题的出发点，寻找与顾客共生的价值创造空间。新时代的企业不仅要在产品战略上坚持追求"极致的顾客体验"，而且需要通过建立多场景的体验环境，将传统的交易平台升级为体验平台，构建体验网络，将价值融入用户的个性化体验之中，让消费者在与企业的交互中获取价值，进而共创价值。这一类平台包含交易、社群、体验和定制四个核心功能。

第四类是为生态系统中的企业提供知识共享的平台。无数企业失败的故事告诉我们，绝大多数企业的没落或失败，要么是穷尽了企业的知识和智慧，要么是没有发挥企业内部成员的集体知识和智慧。反观那些取得了巨大成功的生态型企业，它们在构建生态系统时能够快速吸收、创造知识和智慧，利用知识平台构建全球知识共享网络。从个人智慧到团队智慧到组织智慧再到生态智慧，这是生态型企业建立智慧型组织的四个阶梯。"世界就是我的人力资源部""世界就是我的研发部"，生态型企业的领导者都是激活生态智慧和驾驭生态协作的高手，善于到企业外面去寻求伟大的想法，开放组织的边界，构建各种知识社群，吸纳全社会身怀绝技的知识创造者进入企业的知识共享平台，共同为用户创造价值。

3. 价值共生

生态型企业需要将用户和员工视为企业的两条生命线，致力于构建价值导向的文化和机制，创建共同繁荣的"命运共同体"，让个体价值与企业价值相互融合，企业价值与生态价值相互融合。为了实现这一目标，生态型企业需要进行组织重塑、顾客重塑、领导力重塑和激励重塑。

组织重塑。生态型企业应致力于打造生机勃勃的生态组织。生态组织有四个共同标准，即敏捷性、生物性、信任与灵活决策。这些新的组织标准重塑了我们对组织结构、组织权力、组织边界、决策模式的传统认知。

顾客重塑。生态型企业不再将顾客视为一次性交易者，而是将顾客定位为"价值共创者"，推动组织逐步演变成无边界的平台，并催生出一种新的价值创造模式，即以用户为中心的大规模个性化定制。与顾客共创价值包括三个核心要素：交互、体验与迭代。

领导力重塑。和传统企业僵化的"英雄式"管理模式不同，生态型企业更倾向于采取自组织、自运营的"共治"管理模式。在这种"共治"管理模式下，领导者如何引领每一个创业者、每一个成员企业朝着共同的目标前行是一个极大的挑战。生态圈中的每一个领导者都要树立"命运共同体"的发展理念,着眼于整个生态圈,共同谋划、同舟共济,协同推进生态系统的治理。

激励重塑。生态型企业应致力于建立以"价值"为纽带、以平台为基础的合伙人机制。企业构建管理平台,让合伙人在平台上自主创业,依据价值契约获得相应的报酬和奖励。合伙人制度将企业与员工之间的关系从雇佣关系转变为合作关系,管理模式从"控制"转向"赋能",赋能将员工从原来的"打工者"变成价值共创者,共同创造价值,共同分享价值,从而激活每一个个体的内在动力。

7.4.2 新技术新要素驱动下的管理新模式

数智化新时代,以大数据、人工智能、物联网、云计算、区块链等为代表的数字新技术和数据这个新的生产要素,对企业的管理模式和商业模式产生了极大影响,在新技术新要素的驱动下,企业管理模式不断创新。

1. "后台+中台+前台"的新型组织结构

在过去的100多年里,全世界的管理专家、企业管理者们付出了艰辛的努力,孜孜以求企业"合理的组织结构"。迄今为止,我们至少可以看到有三种适合于不同时代的"合理的组织结构",彼得·德鲁克将这三种组织结构类型分别定义为职能分权制、联邦分权制和模拟分权制。

职能分权制大约诞生于1910年,这种组织结构以任务为中心,比较适合单一产品的小型企业,尤其是制造类小型企业。

1920年前后,阿尔弗雷德·斯隆在重组通用汽车时创造了联邦分权制,这种组织结构以成果为中心,赋予各个业务单元自治权。"成果"(即绩效)和"业务单元"(即事业部)是其中最为关键的两个概念。第二次世界大战之后,联邦分权制被广泛应用到大型企业之中。

模拟分权制是联邦分权制的一种变形和补充,把本来不能成为业务单元的部门视为业务单元,这种组织结构以契约为中心,契约是组织内部对各业务单位"模拟成果"的约定。

进入数字时代,一些世界级领先企业创新了一种新型组织形式,即组织被高度扁平化为"后台+中台+前台"三级结构。

后台主要由智能技术底层平台组成,赋能整个生态系统中的小微企业,如谷歌的安卓系统、苹果的iOS系统、亚马逊的AWS云平台等。中台主要是指集成的共享平台群,为生态系统中的小微企业提供能力支持和服务,这些平台主要包括应用技术平台、数据服务平台、管理职能共享平台、用户体验平台、知识共享平台等。前台是指直接面向顾客的小微企业，既可以是具有独立所有权的企业，也可以是虚拟小微企业或个人。

数智化时代，对于生态系统中的企业而言，数据是最为重要的核心资产。要让数据流动起来，让"数据流"产生"价值流"。张瑞敏总结了"快""准""信"的海尔生态圈的大数据三原则："快"即"流数据"，是对线性流程的颠覆，所有的数据既要实时也要共时，解决传统流程中的数据孤岛；"准"即"小数据"，其背后是对数据流向的解决方案，也就是说数据价值如何产生用户价值；"信"即"诚信"，用区块链构建可信体系，这是数字经济时代的核心竞争力。

2. 在线协同的"新工作方式"

数字化给管理带来的一个直接影响是各种在线协同软件带来的"新工作方式"的兴起。尤其是在新冠肺炎疫情防控期间，很多公司开始使用类似于钉钉、企业微信和飞书这样的在线协同软件。

"新工作方式"依托于五个在线，即组织在线、沟通在线、协同在线、业务在线、生态在线。"新工作方式"所透露出来的管理思想是透明管理，即让每一个人的优秀能够被大家看到，让组织里优秀的个体脱颖而出，激发出每个人的创新力，团队也因此变得更优秀。

"组织在线"强调的是组织关系的在线化，依托构建权责清晰、扁平可视化、人脉资源共享的组织关系开创全新的工作方式。

"沟通在线"实现高效沟通，在线协同软件为每一个员工提供专属的沟通工作的在线场景，不仅能够随时联系，交流创意和想法，还有利于知识的保密。

"协同在线"加速组织变革，组织成员在线实现业务上的协同工作，各个任务管理之间能够相互支持。

"业务在线"实现业务升维，从业务流程和业务行为的数据化、智能化和移动化入手，增强企业的大数据决策分析能力。

"生态在线"实现智能决策，以企业为中心的上下游伙伴和客户都实现在线连接，数据化、智能化、移动化产生的大数据将驱动生产销售效率的不断优化提升。

"新工作方式"在人、财、事、物这四个关键环节帮助企业应用知识，提高创新力。

人是企业和组织实现数字化转型的根本。在线协同软件的企业通讯录可以实现企业组织架构的在线化、数字化，外部联系人功能可以实现企业客户和渠道关系的在线化、数字化，企业广场功能则实现需求和供给的在线化、数字化。

在"财"的环节,在线协同软件与数字支付工具相结合,可提供数字化企业支付解决方案,可以提供账号管理、账单管理、报销管理、收款、付款等功能。

在"事"的环节,在线协同软件可提供数字化智能文档中心,实现文件在云端的在线编辑和智能协同;数字化智能客服中心可以实现从企业商机跟进到分析实现的在线化和数据化。

在"物"的环节,通过与智能硬件融合,在线协同软件可帮助企业打造软硬件一体化的智能数字办公室,包括数字化智能网络中心、数字化智能前台、数字化智能会议室三部分。

3. "共治":从管控到赋能

传统的管理是为了控制别人,传统的管理者是一个高高在上的指令发布者。这种做法在数智化新时代已经行不通了。任何一个有创造力的个体都不愿意被束缚,他们更多是想找到一个能够激发他们个人潜能的平台,并在这样的平台上为他人、企业、社会、国家创造价值的同时实现自我价值。

数智化新时代的管理者必须把自己调整为赋能者,成为帮助员工更好地发挥潜能的教练。企业管理者要充分考虑年轻一代的思维方式和价值观念,努力为他们创造一个能发挥潜能的舞台,而且让企业文化变得更加有趣。比如,有些网络游戏公司采用游戏的方式做项目管理和绩效考核,并取得了不错的效果,这也塑造了这些企业的组织文化。

如今,"赋能"在各大企业的实践已经屡见不鲜,只是说法不同,比如,稻盛和夫的"阿米巴经营模式",通用电气的"无边界的组织",全食超市的"基层团队自治",海尔的"人单合一",韩都衣舍的"产品小组制",永辉超市的"基层合伙人"等。虽然概念和实践都有很大差别,但核心都是为了赋能。

谷歌公司的管理模式以推崇与员工"共治"而闻名,TGIF(Thank God It's Friday,感谢上帝,又到周五了)会议是谷歌公司共治模式的重要组成环节。1998年至今,谷歌公司每周都会召开一次由全体员工参加的TGIF会议。公司创始人和高层管理者都会参加,并向员工介绍公司一周内发生的重大事件,也常常针对某一个热点问题进行辩论,与会人员则可以直接向谷歌公司最高领导层发问,提问自己关心的任何关于公司的问题。

共治既尊重个体的权利又尊重集体的权利,而且要很好地兼顾两者。共治是让商业生态系统良性运转、生机勃勃的核心机制。在一个生态系统中,只有每个参与者都能够各自贡献自己特有的东西和智慧,才能够造就整体的成功。

为什么要从管控到赋能,实现"共治"呢?

一是外部环境发生变化。管理者已经不再像以前"一切尽在掌握"。数字化环境下,很多信息都不掌握在管理者手中,而是掌握在第一线的员工手中。正如任正非所言,要"让听得见炮声的人来决策"。这也要求每个个体在面对复杂的环境时,独立做出相应的决策,这就需要给他们赋能。

二是工作性质发生变化。随着人工智能等数字技术的不断发展,越来越多重复性的工作将被人工智能替代,但那些需要创造精神、以人际关系为导向的、专家型的工作职位仍然会保留下来,如大学教授、建筑设计师、心理咨询师等。这个时候,专家权力要大于管理权力,管理者发号施令是没用的,管理者要做的事情是服务好专家,为他们赋能。

三是从分工到协同转变。工业化时代,流水线的工作强调分工,过去的管理者的主要工作是计划、组织和控制。数智化时代,跨界融合越来越普遍,更强调协同,不只是组织内部的协同,还有组织内外的协同,管理者的主要工作也就变成了协调和赋能,让每个个体的效能总体最大化。

7.4.3 管理模式创新的实践案例

典型案例:大型乳制品集团实施数字化研发

某著名奶制品企业集团一直以来重视信息化建设,近年来更是加大对研发管理的投入,通过数智化技术的改造,实现集团"研发数字化"到"数字化研发"的转型升级,提升整体研发效率,并助力如下目标的达成。

一是能从市场信息中挖掘提炼对产品研发的需求。通过市场数据、消费者洞察报告以及访谈报告等多种渠道分析市场的真正需求,实现市场信息到研发语言的转换。

二是开发研发模型,减少时间与成本的投入。每款产品研发需要成百上千次实验,耗费近10吨原料,需要开发模拟试验系统,基于所输入的参数自动计算上百批实验结果。

三是要打破内部壁垒,为研发提供全面支持。集团现有数据存在孤岛现象,比如,研发人员不能参考工艺参数数据造成配方质量不高,亟须打破数据孤岛,为研发人员提供必要的数据支撑。

四是固化研发知识与经验,避免无形资产流失。研发过程中产生、但尚未形成知识产权成果的知识,需要进行留存与梳理,以固化形成集团新的竞争力。

基于此,集团打造了一整套数字化研发平台,由五部分功能组成。

通过技术手段,从集团现有原料、工艺、货架等系统中抽取出与研发相关的数据,并按照统一的数据标准和质量进行数据治理,完成整个研发平台的数据接入与治理工作;利用知识图谱相关技术,实现知识抽取,做好知识管理,固化研发经验,帮助集团持续提升技术竞争力。这两块不是重点,不做展开。

数智化技术对传统乳制品研发的革新改进,主要体现在以下两个方面。

一方面能大范围获取用户真实反馈,并自动转化成研发需求,为产品研发提供真实明确的方向。传统的用户调研、市场报告等了解用户需求的方式存在诸多不足。而先进信息技术提供获取海量用户反馈信息的能力,比如,从电商网站、贴吧、论坛等渠道了解用户产品使用体验,而且通过自然语言处理等技术抽取、提炼、归类成用户对产品配方、营养、阶段、功效、包装、品牌等方面的需求。而且还可以按照不同的维度进一步分析需求,比如,从产品全生命周期的角度,从产品创意、概念设计、产品试销、投放市场四个阶段,分析挖掘用户的喜好,从而勾勒出立体全面的乳制品产品画像。

另一方面能辅助配方研发,测算配料成本,大幅提升研发效率。传统研发过程只能依靠专业员工的人工经验通过实验方式摸索推进,不仅投入大量人力物力和时间,还可能因为某些不起眼的隐患导致前功尽弃。而数智化技术可以赋能集团,把研发过程所有影响条件,如微量元素等配方因素,行业标准约束等约束条件,生产性损耗等成本因子,都作为参数,综合训练出一个动态研发模型,通过在计算机里对这个模型进行运算,就能得到不同设计视角下(如不同原料配比、不同产品包装,甚至不同性价比)的最终产品,研发过程可控、高效、便捷。

最终,数字化研发平台不仅提升了该集团的研发效能,经过提炼以后的市场数据还带来了意想不到的需求信息,为集团研发人员提供了诸多研发思路。

7.5 本章小结

管理是企业永恒的主题,是企业发展的基石。创新,是现代企业进步的原动力,是增强核心竞争能力,实现持续成长的决定性因素。

我们已经进入数智化新时代,在数字技术和数据要素推动下,企业管理也迎来了新的革命。从"效率第一"到"价值第一",处在新的管理革命中的企业,正面临来自战略、组织、人才、技术等方面的多重转型压力。企业管理者不能再抱有幻想,不能踌躇犹豫,需要立刻行动,加快拥抱新思想、新技术、新模式。

新的管理革命给企业管理带来的挑战前所未有,但同时机遇也前所未有。在新管理理念、新管理技术、新管理模式的支持和推动下,数智化管理将为新时代的企业打开更广阔的发展空间,推动企业在为消费者、员工、合作伙伴、社会等创造更多价值的同时,也实现企业价值的倍增。

第 8 章
数智化运营

传统的企业信息化系统建设需要 IT 团队对业务系统进行全面系统的规划设计、开发实施、运维管理,基本遵循传统的软件工程过程,按照完整的需求、概设、详设、开发、测试、运维等一套流程环节来进行。整个过程耗费时间较长,而且系统偏工程化,业务人员需要经过培训才能上岗,在信息化建设刚刚兴起的时代,大家更关注如何实现业务的数字化,并没有对系统的交付时间、与业务的融合程度提出更多的要求。

随着信息化建设的不断推进,企业对信息系统的要求已经从"能不能用"转向"好不好用",更进一步转向"赋能",其根本目标是利用先进的信息技术帮助企业进行全面的提升,而如何提升企业运营的效率则成为"赋能"的第一步。

于是,这就要求支撑企业运营活动的业务系统尽可能快地上线,从而帮助企业在瞬息万变的市场中快速响应客户需求;其次,这也要求尽可能让了解一线市场需求的业务人员成为系统开发的主力,避免市场需求在传递到开发人员过程中的失真,最大限度保证业务系统对市场的适用性;最后,这同时还要求对来自一线客户的反馈进行充分的收集、分析和挖掘,里面蕴含着能帮助企业提升运营水平的关键信息。

数智化技术可为企业开发人员提供乐高积木似的装配式系统开发范式,帮助企业快速实现系统搭建及上线。通过把业务功能进行抽象,融合知识图谱技术和行业 Know-how,提炼出一个个组件,放置于组件库中进行统一管理。随着项目和时间的积累,组件库中积累的组件将逐渐增加,业务系统搭建所需的时间也将逐步缩短。数智化技术也可为业务人员提供低代码开发环境,赋能业务人员通过简单拖拉拽即可完成系统开发。先进的低代码平台融合多项技术,业务人员经过简单培训即可上手搭建系统,在根据市场需求及时调整业务应用的同时，还可以为企业节省开发成本。数智化技术还可以为企业提供为客户服务的智能交互系统，汇聚客户对企业产品与服务的反馈，利用大数据等技术开展分析，从中提炼出有助于改进运营的有用信息，进而帮助企业不断提升运营水平。企业价值实现构成图如图8-1所示。

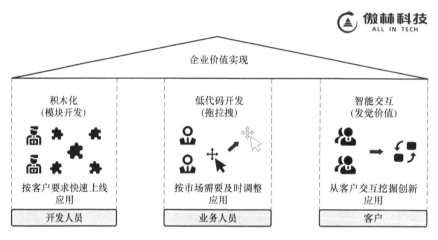

图8-1　企业价值实现构成图

8.1　高效简捷的运营手段：数字化的实施路径

在数字化时代，由于业务对数据、人工智能技术的高度依赖，数字化运营部门与传统IT部门是有很大区别的，需要新的工具和手段。

数字化转型核心目标仍然是为企业创造业务价值，对于基本的业务链协同问题，通过业务协同形成数据沉淀，通过数据的存储处理、管控治理形成数据服务能力反哺业务。同时数据持续积累又进一步为机器学习、深度学习等智能化分析应用提供服务。

在实际操作中，可以践行从单个业务到业务域，再到企业全业务覆盖的整体范围，从认知到试点应用，再到全面实践的建设。先实现信息化，再实现自动化，最终实现智能化。

基于以上的认知，可以先对企业的数字化转型做一个引导，再定量地构建企业数字化转型的能力成熟度框架，并基于当前业务和IT现状，对各个阶段的关键能力现状进行评估。最终能够结合企业实际的业务战略目标、数字化转型目标来制定企业数字化的具体演进和实施路线。

8.2 积木化：实现快速迭代

互联网时代，信息和迭代的速度得到了指数级的增长，业务需求也随着市场变化快速地更新迭代，例如线上旅游代理（Online Travel Agency，OTA）的出现让传统的旅游模式从线下点对点的单项预订模式，转变为线上吃住行游购娱整包产品的一键购买。短周期内会出现新的业务规则和业绩指标，现有的业务操作平台往往不足以满足快速迭代变化的运营需求。后台对稳定性的追求和前台对灵活性的追求，是企业运行中永远的矛盾。

以腾讯、字节跳动、美团、京东等为代表的互联网龙头企业近两年来先后将业务聚焦于数据中台的搭建，以腾讯为例，2019 腾讯全球数字生态大会上，基于在即时通讯、社交等优势领域中的技术积累，腾讯将进一步开放业界领先的通信中台、AI 中台、安全中台等技术中台能力，以及用户中台、内容中台、应用中台等数据中台能力，让企业与开发者可以灵活地将这些技术应用到业务场景中。

8.2.1 积木化的价值和作用

企业建设中台不是一个成本节约的方案，因为"前台+后台"的模式是企业面向新业务场景下最省时省力的解决方案，根据业务需求后台对应做好计算逻辑，前台完成定制化信息展示，没有多余环节，在高效的同时极大地降低了研发成本。比如为一个旅行社设计流程的时候只需要考虑财务系统和订单系统即可，不需要考虑到订单是包团订单还是拼团订单，因为这个部分可以由录入系统的操作人员来归纳整理，对于一家小公司，这项工作的人力成本相对于开发成本来说很低。这个例子也恰好说明为什么各大巨头平台在发力中台，因为他们要面对的是巨大的市场和更为复杂的业务场景。

而在产业互联网时代，不仅要考虑千人千面的业务，更要考虑的是客户群体不是普通的消费人群，而是 To B（面向企业）的服务核心对象。

To B 的产品往往是定制化而不是标准化的产品，一个 B 端商家可以类比于 To C（面向消费者）市场上的细分客户群这个概念，所以这个产品的功能生命周期往往会缩短。

例如，要为现有的 OA 系统新开发一个财务报销审批模块，以供企业员工在线上完成外出报销。虽然说在初期产品经理已经完成了对客户群体的调研并采集了需求，但是当该模块真正上线后还是会出现两种可能情况。一种情况是这个模块在推广过程中一直没有用户提出意见，说明用户接受度高，本模块能解决目前这些企业内部的报销问题。而另一种情况在 B 端市场非常常见，就是每新增一个企业用户时都会有新的需求被提出，如能否增加附件在线编辑、多人会签、审批流程自动去重，此时需要针对本模块进行迭代并增加新的功能，这其实就意味着原来的功能生命周期变短了。

所以不难发现，产业互联网最显著的体现就是任意版本的功能生命周期缩短。可以想象，除了用户需求的变化越来越多，市场中同一行业的竞争者也越来越多。这些都逼迫着每家互联网企业不断去快速更新产品来更好地满足用户需求，而正是这样的产品生产节奏恰巧暴露了前后台模式的根本弊病，即响应速度太慢。

在绝大多数企业的前后台模式中，生产流程采用的都是垂直项目体系结构，每当公司内部启动一个项目时，所有的服务都是从底层开始建立的。所以当开发一个新的业务板块时，就要成立一个新的项目组，从底层的研发开始做一个新的系统来满足针对这项业务的需求。例如，由于国外产品在折扣描述上与国内的习惯是不同的，如"-20%"等于国内的"打八折"，此时想要套用原系统就面临很多业务不兼容的问题。于是便重新开发商品中心、订单中心、会员中心，并成立独立的数据中心。这样会导致在公司内不同的项目不共享资源，更无法互相访问调用资源，这样的项目就像烟囱一样竖立在公司内，每个项目变为一个个的资源孤岛和信息孤岛。

但是实际上对于一个产品来说，用户真正能接触到的部分只是前台业务，如 App、小程序、网站等。这就造成了当要研发一个新产品时，大量底层支撑部分的建设工作与等待时间对用户来说是"无效工作"，因为真正应该快速迭代的功能核心只在于前台部分，只有这样用户才能感知到。用户是不可能为系统底层架构建设而买单的，因此对于现在的模式来说，各大公司需要的是一个最少改动底层或只开发上层就能应对绝大部分需求的新的解决方案。

随着业务模块的发展和扩大，需求变得越来越丰富，如果不能随着业务的发展来更新系统的话，系统就会成为业务端的累赘，进而导致单一业务人员无法描述清楚产品的具体功能意图。

比如参与一个会展，会务组将所举办的活动拆分为了最小的运作单元，并由一个活动板块负责联络参会嘉宾。这事实上是一个前端业务拆分的问题，方便精细化服务参会嘉宾，也就是客户，对于前端服务来说是一个优化的事情，但是这同时也带来了管理上的难度，如果一个嘉宾要参与多项会务活动的话，就会带来相同的工作要重复做多次的问题，比如注册账号，因为每一个前端业务对应的是一个为其服务的后端平台，所以看似精细化服务的同时也为客户带来了重复劳动的不便。

这个例子虽然是从客户的角度来解释的，但是同样的事情也可以应用于后台。比如一张旅游订单信息，可能包含的是餐饮、门票、购物、娱乐、交通等信息，每个部分所需要的客人信息的完整程度或者角度都不一样，酒店可能考虑的是客人的性别，而门票考虑的是客人的身高和年龄。

而很多时候研发人员在编写实现代码时会为了省事就直接编写统一的订单服务去解决上面的所有功能，在该服务中提供了订单查询接口、订单修改接口、订单支付接口、订单评价接口，而这些接口同时访问整个服务统一对应的订单表，该表涵盖所有功能所需的字段。

订单基本信息包括订单的编号、订单产生时间、购买人、店铺名称、商品名称、商品数量、商品规格等。这样的实现方式在初次建设时看似比较简单，整个实现工作量也不是很大。但是当为下一个功能去开发代码时就会发现非常多的问题，很可能有时候只想修改订单创建功能，结果因为没有考虑到关联字段的错误而影响到了订单评价等功能，此时的结果就是在每次修改完订单相关功能的时候，都需要对整个订单服务进行全链路的功能测试，而随着订单模块的功能越来越庞大，测试与维护时间会呈几何式增长。

而这个问题的症结就是在创建服务时，该功能模块的整体架构不是很清晰，并没有将一个服务对象拆分成多个边界清晰的模块，让一个独立单元只完成一件事情。

"一件事由一个单元独立完成"的思想，其实就对应了在前面中台规划设计中的能力，也是能快速完成新项目研发的核心，各大业务线将自己的业务切割成若干的事件，在实现时直接调用技术中台中早已封装好的服务单元即可。而随着技术中台的不断拓展，涵盖的能力越多，前台业务线能调用的服务越多，需要自主研发的地方就越少。

长期以来企业数字化解决方案都是从一个点出发，向线或链拓展，而企业真正需要的是一个全局优化解决方案，而这一切就是技术中台要帮助最终实现的。通过中台的通用性和复用性来解决"前台＋后台"模式响应速度慢和开发成本高的问题。

从传统 IT 架构向云、中台、移动化架构迁移，更容易实现数据集成、业务集成，实现技术架构统一、自动化运维，加速能力沉淀，快速敏捷响应客户需求，构建以用户运营为导向的新架构体系。

8.2.2 积木化的运行机理

技术中台作为中台架构的底层，其核心使命就是为各条业务线提供真正的代码实现，从而支撑各部门达成业务目标。在业务中台中提出复用与模块组合的新型设计架构，为实现这个架构底层的技术也必须改变传统的实现模式去支持这种业务需求。

1）技术前台：技术前台研发人员的核心价值是能够理解业务逻辑并将逻辑转化为技术用语。他们的 OKR 是业务实现，比如根据公司品牌年轻化的战略目标，业务部门将目标客户群体定位在 25～40 岁的人群，这就需要公司的 logo、公司的产品和公司的交互界面都呈现年轻化。这时技术前台可以做的事情是将交互界面系统的主题色简化为一或两种，同时要选取明暗两种操作界面时段，对应主题色的变更（因为对比度的原因）。

2）技术中台：技术中台的核心价值是能够将代码语言翻译为多个数据库语言。他们为上游的技术前台提供统一的操作工具，比如如果一家公司有多个数据库，那么在开发的时候面对不同的数据库都要将代码重新编辑一遍，这样不仅会增加开发的难度，还会增加无谓的工作量，导致项目推进的程度过慢。中台技术可以将各个数据库的语言链接在一个库中，前台的代码修正语言进来后，技术中台来做翻译、性能、调优这些工作，把复杂度很高的产品拆分成一些较小的模块，并遵循康威定律，每一个模块用小团队来维护以减少沟通成本，提高协作效率，更好地实现快速迭代和弹性扩展。比如分布式数据库、分布式文件存储、分布式服务架构和微服务架构等，提供的服务功能虽有不同，但总体思路都是要解决的是快速迭代、高可靠和高可用等问题。

3）技术后台：技术后台是连接代码语言与物理系统的。通过封装底层的物理机器操作而为技术中台提供对应服务，它们涉及的工作范围包括网络、安全、储存和服务器等，它们是联通实体世界和虚拟世界桥梁的入桥口。

8.2.3 积木化的实践案例

面对企业数智化转型中全链路数据集成的困境，中台战略是解决这一问题的新途径。数据中台和业务中台是一套构建数据和业务体系的方法论、工具集和组织运营新模式，在不断推动数据业务化的过程中，带来的是更快的创新、更小的试错成本、更高效的服务和更好的用户体验。

1. "中台鼻祖" Supercell

《部落冲突》《海岛奇兵》《皇室战争》，这些都是苹果游戏排行榜的经典推荐产品。这家厉害的游戏公司一年的净利润高达 15 亿美元,但是整个公司的员工人数却不到 200 人,不过最值得称奇的还是这里的工作模式。在这家公司里,5~9 个员工就可以组成一个独立的开发团队去独立负责一款类似《部落冲突》的游戏产品的启动制作。那么这么小规模的制作团队,是怎么做成了这么大的业务呢?这一切动作完全得益于 Supercell 强大的中台支撑,有了中台,Supercell 可以把这些内容作为工具提供给所有的小团队,这样在每个团队进行新项目启动时,不再需要一切从零开始建设,而是以积木搭建方式完成 1.0 版本的开发。也是正因为有了这样的中台支撑,Supercell 的每一个"细胞"才可以非常灵活地运作,同时 Supercell 才可以支撑多个开发团队在同一时间并行去开发多款新的游戏,并将游戏投放到市场去进行商业验证。

成立于 2010 年,仅凭政府借贷的 30 万欧元起家,从芬兰 30 平方米的办公室走出来的游戏公司 Supercell 在短短 4 年时间里凭借《海岛奇兵》《部落冲突》《卡通农场》这三款游戏获得了 17 亿美元的收入。该公司在成立的第五年被中国某企业高管团队登门取经,第六年被中国某企业以 86 亿美元收购其 84.3% 的股权。

2. 某企业的"小前台+大中台"战略

该企业高管将中台定义为一个横向策略,大量重复建设、大量重复劳动造成了效率低下。所谓中台战略,就是希望建设统一的技术架构、产品支撑体系、安全体系、服务体系,能够支撑上面多种多样的业务。核心的关键节点在于平衡好"更好的服务",而不是"成为障碍"。

在 2008 年年初,该集团在原业务基础上成立了新事业部,新事业部的业务量呈指数级增长,然而此时在后台依然使用同一个技术团队。为了满足日益增长的两个巨头业务方向的需求,在 2009 年一个名叫共享业务事业部的新部门便应运而生,这是一个专门负责维护相同业务研发的部门,而集团成立该部门的目的就是把两个平台中高度重合的共用业务模块都交给这个团队进行统一维护,来提升企业内部效率,就是这个想法逐发展成为了中台的雏形。

而后在 2010 年诞生了新的业务,也被集团要求必须通过共享业务事业部接入底层服务,因此,共享中台成为了一个通用方案,即企业的"小前台+大中台"的架构。"大中台"就是将提供统一服务的部门做大做强,让其负责更多的公共服务研发;而"小前台"就是让业务部门少研发,将技术团队变小,从而让更多的需求由中台去完成。这样就能在中台完成之后,将成果快速地共享给其他部门使用,从而实现一处研发、多处使用的高效研发目的。其本质上也就是将更多的资源变为公共的,当某个业务部门有新的想法需要去尝试时,完全可以在前台由一到两个人牵头,对于剩下的支持则全部向中台请求,就完成了整个业务的快速组建。

伴随着中台架构确立,该集团企业形成了一整套标准体系,即业务能力标准、对象定义标准以及中台化后的企业内部管理和运营方法,从而支持前台业务快速、低成本地创新。

3. 产业互联网中台

上海某纺织化工股份公司主要从事中高端染料和助剂的研发、生产、销售和服务,为ZARA、李宁、安踏等国内外知名服装品牌提供技术服务。2018年该公司成功登陆上海证券交易所,挂牌上市。

该公司属于传统的纺织化工行业,其下游是千千万万的小染厂和面料商,为品牌商提供面料和布料。该公司CIO认为其行业为一个完全竞争的行业,适者生存,优胜劣汰,对于成本和投入锱铢必较,因此行业中很多公司能省则省,在信息化建设上不愿投入,导致在面对日新月异的时代发展时显得手足无措,黯然退场。当然也有公司高瞻远瞩,提前落子布局,逐渐发展壮大。

该公司在2003年就开始着手自主开发购销存系统,后来逐渐使用行业标准化软件来进行管理,比如说像ERP、TMS、WMS,包括FineReport、BI等工具,信息化升级对提高企业决策效率具有重要意义。举个简单例子,之前公司需要在开发环境里编写代码,从各个数据库中抽取数据,开发一张报表可能要15天。如果遇到临时的加指标需求,可能又要花费一个星期。而现在借助轻量级工具,IT人员能很方便地取数,也许一天就能完成报表制作。随着市场变化加快,以往依靠决策层个人经验来进行商业判断的方式愈发凸显其局限性,加上复杂的内部经营管理,这些都需要清晰准确的数据来快速反应。

工业消费品的客户关系维系非常重要,产生波动时需要迅速定位原因,而与客户相关的信息分散在ERP、CRM、TMS等各个信息系统中,彼此割裂形成了信息孤岛。中台产品为合理解决这一问题搭建了重点客户、重点产品的追踪体系,将客户的收款、账期等基本情况,业务员拜访情况,客户交流反馈,物流、技术服务等内容从不同系统中抓取出来,建立贯穿的全面的客户档案分析。

中台能够使企业的精细化管理真正执行到业务底层,根据阿米巴经营理念,公司所有的销售团队、所有的经营单位都需要划分巴组织,需要根据每个核算单元、每个维度来设立量化指标,一点点剖析每个巴的收入、费用、利润情况。这种需求靠ERP是解决不了的,传统办法需要投入大量的人力,难以核算清楚且容易出错。该企业选择利用BI工具帮助财务部门进行核算,通过拖拽已经处理好的数据包,财务部门能轻松进行各维度的数据分析与报表制作,再根据自己的需求进行调整，细化指标，一定程度上解放了IT人力，提高了核算效率。相关的业务员可以通过移动端查看自己业务的报表，了解自身业绩情况。核算做得清晰直接，阿米巴管理才能真正发挥作用，企业员工的经营意识和觉悟才能进一步提升。

传统行业的信息化需要尽早做好规划，企业普遍经营压力大，所以数字化建设要根据实际需求，务实推进；同时企业经营者的观念也需要及时转变，培养数字化的企业文化认同；最后，企业信息化需要把握时代脉搏，拥抱前沿技术，在这条道路上不断探索。

4. 中台技术助力快速搭建渠道管理平台

华中某著名休闲食品品牌一直以来非常重视先进信息技术的采用，在智能制造、无纸化办公、流程自动化等方面持续投入，不断优化组织效率，提升企业管理水平。

该企业采用一级经销模式，需要有效的手段对经销商和零售终端的销售订单、库存和分销/销售信息进行管理，用来评估和管理经销商。需要通过有效手段了解经销商终端产品销售情况、市场情况和商品流向，从而帮助制定精准的市场营销和市场扩展方案，提升产品总销量。

随着企业业务的不断拓展，所接触的经销商越来越多，而且情况各有不同，必须分成不同类别管理，同时还要尝试不同的业务策略，以寻求最优的合作模式。因此，该企业需要在保持经销商相对独立的基础上，对目前已有的线上、线下统一协同的渠道管理系统进行改造，改造的重点在于能灵活根据业务对经销商的不同策略做出快速的调整响应，在满足市场需求的情况下实现数据的共享和集团整体的业务协同，助力集团数智化升级。

于是，该企业最终采用中台技术进行系统改造。在做好主数据、元数据、数据域定义等基础工作的基础上，搭建数据仓库并依据业务需要完成模型设计开发，如图8-2所示。

该数据仓库对下承接原有渠道运营管理平台，接入渠道数据并完成数据治理；对上提供多种基础能力，根据应用场景需要组合出不同的应用以支撑业务需要。

中台技术的赋能，帮助该企业实现了业务系统的快速开发和部署上线，带来了实实在在的价值。

一方面实现全渠道数字化协同管理，进一步强化了该企业的经销优势。汇集各渠道库存与销售数据，为经销渠道提供进销存管理辅助，实现线上线下渠道统一管理。

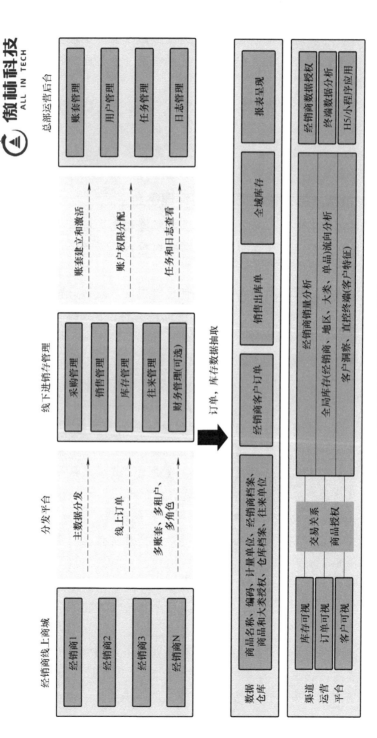

图 8-2 某企业运营管理平台架构图

另一方面通过数智化营销体系建设，推动渠道管理数智化重塑。企业围绕经营目标开始了数智化实践——以渠道经营数据为依据，开展数据资产化和数据分析，为精准营销提供数据支撑，为经营决策提供辅助依据，通过数据驱动业务增长得以实现。

8.3 低代码化：随时按市场需求调整

2019 年经济进入下行期，各个企业开始严格控制对 IT 的预算，但是 5G、VR 等技术的兴起又给企业的业务带来了更快更高的要求：从前人们在线下通过纸质化办公，然而如今随着协同的理念发展，电子化办公系统得到全面发展。虽然如此，但这些信息系统的建立依赖于大量的开发者和程序员通过编辑代码的方式来实现，这些业务的快速协同显然又离不开信息系统的支撑，于是传统编码模式开发的缺点再一次暴露并放大。

对企业来说，低代码是对传统专业企业应用软件的一种扩展和升级，符合企业业务多样性和快速发展、按需采购、数字化战略升级的需求，也符合软件大厂的宣传和技术演进路线，所以企业接受度非常高。另一方面，软件厂商从提供专业软件/软件定制化开发服务切换到提供低代码平台（最后一公里交给企业自己或者生态合作伙伴），剥离了专业业务知识，转而通过平台提供一种让企业自己积累和分享专业知识/业务经验的标准和能力，对软件厂商来说降低了实施的成本、对企业来说提升了自己的掌控力和业务响应能力，这是巨大的一个进步。国内外大量软件厂商和创业公司进入这一领域并开始服务于越来越多的客户充分证明了这种趋势。

8.3.1 低代码化的价值和作用

IT 领导者面临着围绕应用程序交付的不断挑战，比如开发人员的短缺和技能不足正在影响他们以快速、可靠的方式交付客户不断提高的业务自动化需求。

1）管理能力差、风险高。营销部门希望在发布应用程序后将高度个人化的客户信息内容添加到应用程序中。企业与开发团队无法更好地监管控制并及时地发现所有风险，导致延长交付工作时间，甚至延期进行，因此企业无法更好地提前完成任务。

2）机动性差，无法灵活顺应市场需求。变化是不可避免的，很多公司及开发团队随着经济和业务的提升，他们的应用程序并不能及时地适应当下的市场环境，这将使他们的工作流程变得复杂繁琐，用户无法快速实现新结构或操作系统模型的功能。错误或安全漏洞的可能性也大幅度增加，由于无法在更短的时间内构建更多的应用程序，因此成本会自动加大，加重了企业开发团队的负担。

3）门槛过高。由于大部分开发应用软件程序过于专业化，需要较高的专业知识水平，从而导致门槛极高，使得企业团队的一些普通员工及客户无法对应用程序的各项功能快速掌握、了解适应。

4）采购成本加大。传统的企业数字化系统大多因为业务模块的不同，需要找多家供应商进行采购。例如 OA、CRM、BPM 等这些系统，在一家供应商内难以得到满足。

5）业务无法贴合场景。由于程序开发的设计门槛极高，使得管理者、一线业务人员无法亲自参与到系统的配置和开发中去，这样一来就大大增加了业务需求和技术研发的沟通成本，降低系统的需求还原度，无法真正设计开发出更加贴合业务场景的应用系统。

6）程序延展性不足。传统管理系统从数据表的设计到流程的创建，都需要进入代码层面去修改，这带来了负面影响，系统灵活度降低、无法快速迭代以及错误的不断产生，导致企业无法适应瞬息万变的市场环境。

作为响应，低代码应用程序平台（LCAP）的供应商一直在提高可交付业务应用程序的便利性，从而提供了更广泛的功能，只需要规模较小和专业程度较低的开发人员团队。

LCAP 的特点是使用由表达语言支持的模型驱动或可视化开发范例，并可编写脚本来解决用例，例如公民开发、业务部门 IT、企业业务流程、可组合应用程序，甚至 SaaS 应用程序。这些平台有可能因其 SaaS 产品或业务流程管理（BPM）功能而闻名的供应商以及用于快速应用程序开发的专业供应商提供。主要目标是提高应用程序开发效率，同时降低开发人员的技能要求。

企业 LCAP 支持企业级应用程序。企业级应用程序需要高性能、可伸缩性、高可用性（HA）、灾难恢复（DR）、安全性、服务级别协议（SLA）、资源使用跟踪、提供商的技术支持，以及对本地和本地 API 的访问权限云服务。

LCAP 是一个应用程序平台，它使用可视化高级编程抽象（例如模型驱动和基于元数据的编程语言）以及一步式部署来支持快速的应用程序开发、执行和管理。LCAP 提供并支持用户界面（UI）、业务流程和数据服务。

Gartner 早前报告预测，2021 年市场对于应用开发的需求将五倍于 IT 公司的产能，为填补这一产量缺口，低代码/零代码技术是目前唯一可行的解决方案，必然会有越来越多企业引入这一技术。Gartner 在 2019 年 7 月份企业级低代码平台魔力象限报告中指出，到 2024 年四分之三的大企业将会使用至少四种低代码开发平台，用于信息化应用开发。届时，65% 的应用开发将通过低代码平台完成。根据国外媒体 P&S Intelligence 的报道，2018 年全球低代码开发平台市场价值为 56 亿美元，预计到 2024 年将超过 500 亿美元，在预测期内以 40% 以上的复合年增长率增长。

从国内的情况来看，伴随着工业互联网新基建政策的落地，企业数字化和信息系统建设的需求会逐步释放，将进一步加剧企业应用开发需求和有限的生产力之间的矛盾。

无论基于权威机构对全球市场的调查预测，还是基于国内实际的需求增长，低代码平台的快速发展目前看来是一种必然的趋势，它具有为业务专家（也包括专业技术人员）提供将自己的专业知识和经验落地成在线应用的能力。对企业来说，原先这些专业知识和经验很可能会因为缺乏专业开发人员的支持无法落地成应用，从而导致业务效能和其他损失，这是低代码通过赋能业务专家可以为企业贡献的增量价值。对业务人员自己来说，通过将自身专业知识和经验输出成应用从而体现自身的价值，将成为吸引业务人员持续使用低代码平台的动力，这是个人收获的增量价值。因此，低代码平台实现的正是为增量市场实现增量价值。这也很好地解释了在海外市场低代码逐渐被客户广泛接受的原因。微软围绕 Power Platform 推广时作出的预测是：今后低代码平台在企业和业务人员中会像 office 一样普及。

从供应商的角度能获得更大的收益，目前市场主流软件供应商都加大了低代码平台发展力度，一方面是希望通过平台来简化和规范应用生产的难度和流程，提升生产力；另一方面是减少对昂贵的专业开发人员依赖来降低成本。随着越来越多的企业开始接受低代码平台，资金正逐步流向低代码供应商，更加坚定了供应商投入研发低代码平台的信心。

8.3.2 低代码化的运行机理

随着技术的发展，特别是消费互联网和云计算时代来临后，信息系统的终端用户爆发式增长带动了 IT 技术加速发展，同时也带动了 IT 技术开发人员的快速增长。一方面，新技术层出不穷，技术栈越来越长，细分领域也越来越多；另一方面，参与 IT 系统设计开发人员的认知能力和技术水平参差不齐。两者相交的结果面对同样的需求，不同的开发人员的设计和使用技术往往相差十万八千里，差异性往往会带来后续的高维护成本。同时伴随着国内 IT 领域人才的高流动率，往往导致一个企业内部各种不同技术栈和架构并存，最终不堪重负。

绝大部分企业建设 IT 信息系统的主要目的是为了实现企业业务运营的数字化，这也是普通企业应用开发者应该关注的核心。但现实是我们的应用开发工程师不仅要掌握业务，而且往往还需要同时掌握云计算、容器化、k8s、中间件、微服务、devops、多端各种技术栈等大量业务无关的专业知识，这是令人沮丧的事情。因为不少中型的互联网公司在拥有许多专业方向技术人才的情况下，尚且不能为上层业务开发者提供友好业务开发环境，何况急需数字化转型的大量传统企业。因此技术的分层很重要，通用技术层实现当前主流技术架构，低代码应用开发层实现企业应用开发的最佳实践，通过低代码平台真正让企业应用开发者关注业务，才能真正提升应用开发和对业务响应的效率。

信息化 1.0、2.0 时代，先进的企业生产管理经验披着数字化外衣延伸到企业服务领域；信息化 3.0 时代，数字化以互联网形式蔓延至人类社会的每个角落；信息化 4.0 时代，数字化实践回到企业领域，核心是将企业生产管理和消费者领域的大量领域知识转变成数字生产资料。低代码平台是承载这些生产资料的最佳载体，这里所说的数字生产资料主要是指构成应用程序的各种组件。这些组件有的是标准化的技术组件，有的是承载特定领域知识的领域组件，有的是承载特定企业或行业生产管理经验的业务组件，有的是代表当前主流的人机交互组件等。低代码平台是承载这些数字生产资料，并且帮助用户利用这些生产资料实现应用开发的最佳载体。

信息化发展阶段已经对消费侧和供给侧的信息互通提出了明确的要求，领域交叉需求增多，很可能会产生一批生产数字生产资料的企业和利用这些生产资料进行商业化的企业，这两类企业很可能在云厂商和依托云提供数字化服务的云生态企业中出现。同时，随着供给侧数字化深入，企业信息技术部门会更加受到重视，数字生产资料也将为这些企业提供助力。

"低代码"一词来源于 2014 年 Forrester 的市场研究报告 "New Development Platforms Emerge For Customer-Facing Applications"。该术语的起源可追溯到 2011 年 Forrester 有关应用程序新生产力平台的报告，2013 年之前它主要关注在工作流，之后专注于加快面向客户的应用程序开发的相关领域，这也是 Forrester 的研究员通过低代码一词想表达的真实含义。此后 Forrester 和 Gartner 这两个著名的机构相继围绕低代码领域发表了不少颇具影响力的文章，对该领域的发展做了详细分析和深入的解读，从而使得低代码迅速进入公众、企业和资本的视野。

在 2019 年的微软技术大会上，微软 CEO 萨蒂亚·纳德拉（Satya Nadella）将低代码开发称为"微软 2019 年及以后最大的赌注之一"。微软全球副总裁 Charles Lamanna 认为低代码技术能使企业中每个人都可以成为开发者，而 IT 专业开发者也会基于低代码技术更加快速地完成开发工作。

低代码基于可视化和模型驱动理念，结合云原生与多端体验技术，它能够在多数业务场景下实现大幅度的效率提升和成本下降。一方面，低代码可以为专业的开发者提供一种全新的高生产力开发范式；另一方面，低代码也能够让不具备代码知识的开发者通过"拖拉拽"开发组件来完成应用架构的搭建。

对开发人员而言，图形化操作，易于使用；提供成熟的案例模板库，无需从头开始；支持所有主流应用服务器和数据库，减少开发难度；丰富的 API，节省开发时间；强大的代码调试功能提高了开发效率。对不懂代码的业务人员而言，操作简单、友好、人性化；消息驱动，合理利用工作时间；使用和更改，优化和完善软件功能；多客户进入，随时随地办公；直观地拖放以轻松构建应用程序。对企业而言，优化流程，提高企业运作效率；节约成本，提高企业效率；维修方便，改装后即可使用；一键升级，方便实用。

同时，低代码改变了使用者不可参与流程构建的现状。与传统的开发人员相比，可视化界面编辑器通过面向业务的界面设计功能为更多的应用程序参与者提供服务。低代码的目的是让更多具有不同背景知识的人能够完成应用程序流程中的不同部分（包括但不限于用户界面、业务流程、批准流程和业务逻辑），并让更多的角色参与应用程序构建过程。

低代码应用开发平台是一种用于快速设计和开发应用程序的软件系统，它提供图形化开发环境，通过可视化拖拽和配置（或少量编码），实现高效的应用开发；平台同时提供应用一键部署和运行环境，可无缝、快捷地将应用程序快速部署到生产环境。

8.3.3 低代码化的实践案例

低代码开发的历史可以追溯到 20 世纪 90 年代第四代编程语言以及快速的应用程序开发工具，当年 Visual Studio、Delphi 等 IDE 都曾提供过可视化开发环境，UML + 设计器 + MDD 也曾红极一时，与这些先前的开发工具类似，模型驱动设计、自动代码生成和可视化开发思想依然是当前低代码开发的核心。不过随着时代和技术的发展，目前低代码开发主要集中在 web 和移动端应用开发领域。

在低代码领域，目前国外活跃着六七十家供应商，而且它们的生态系统正在迅速成长。2017 年是一个分界点，在大型软件供应商中，2017 年之前只有 Salesforce 采用 Force.com 的低代码平台。随后，微软、甲骨文、IBM 和 SAP 等企业都纷纷加入了这个市场。仅仅几年的时间，看似波澜不惊之中，2020 年达到 100 亿美元的规模。

Gartner 和 Forrester 近两年在低代码领域对头部供应商进行了持续评估，可以看到包括微软、甲骨文等巨头在内的众多供应商正在迅速成长，特别是微软在 2019 年通过 Power Platform 低代码产品迅速扩大了自己在该领域的市占率和影响力。2018 年 Outsystems 获得 KKR 和高盛的 3.6 亿美元融资，估值超过 10 亿美元。低代码应用开发在海外发展可谓如火如荼。

1. Mendix 低代码平台

2018 年，西门子公司以 6 亿欧元收购企业低代码应用开发领域全球领导者 Mendix，并于 2021 年 1 月 19 日宣布，将 Mendix 引入中国市场。

上汽，围绕数字化转型"1+4"战略，采用 Mendix 打造精益制造人力资源管理应用，最终实现单车人工成本的降低。项目覆盖了国内四大基地、万余名员工，IT 开发的时间缩短了 50%，部署维护成本降低了 30%，并且实现业务上的两大突破。上汽乘用车经过非常广泛的调研和对比，在同等项目时间和成本要求下，发现 Java 语言开发或其他国内外开发平台均无法满足其需求，因此选择 Mendix。这不仅仅是为了单一项目、业务系统或 APP 的开发，同时也为未来数字化时代更广泛的企业应用群组开发进行选型和试点。

Mendix 助力企业融合开发精益管理。上汽乘用车 IT 高级经理陈峻认为，使用 Mendix 平台，业务上实现两大突破：①第一次真正意义上业务和 IT 团队紧密协同自主开发，并融合大数据平台架构全数据驱动，同时具备未来适用性；②将人力资源精益管理周期从月、天推到小时，实现真正意义的业务全流程数字化，达到中国及至全球汽车行业的领先水平。

Mendix 助力企业高效迭代紧跟市场变化。全球半挂车与专用车高端制造领导者中集车辆（集团）有限公司同样使用 Mendix 来提升其高端智能制造的能力。中集车辆（集团）有限公司 CTO 李晓甫博士表示："通过车辆合格证系统的实践，我们对 Mendix 的认识和定位有了更深入的理解，在中集车辆高端智能制造战略中，Mendix 可以发挥关键作用。未来中集各数字化业务系统将专注其核心业务能力，而其他个性化的需求可以通过 Mendix 快速高效实现，并且不断迭代，跟上市场需求变化，从而降低业务系统的复杂性，更高效支持业务增长。"

Mendix 助力企业节约成本高效运营。云智汇科技服务有限公司是富士康旗下的一家公司，其业务领域涉及智能制造、智能办公和新零售解决方案。云智汇科技服务有限公司 COO 施春豪表示："Mendix 是我们在数字化运营过程中，一直在寻找的一种可以大大加快应用程序交付速度的新方法。我们在一个月内上线 2 个 APP，现在正在开发第三个 APP，相信也能很快上线。使用 Mendix，不但帮助 IT 团队提高工作效率，节省 IT 成本，而且能够快速支持各类业务需求，帮助提高数万工厂工人的生产效率，满足疫情防控期间的开工需求，帮助管控项目成本，帮助 IT 报工等。"

2. OutSystems 低代码平台

全球十大金融服务集团 Santander Group（桑坦德集团）旗下的 Banco Santander Consumer Portugal 公司在适应市场快速变化的过程中，不断的并购重组导致 IT 架构变得复杂且难以共融，间接导致每次创新或改动的效率受限，还带来了成本的上升。2017 年，Banco Santander Consumer Portugal 公司借力 OutSystems 低代码应用开发平台，建立了一个新的 IT 架构，替换了 70% 的核心系统：新架构能够支持快速和灵活开发，更大限度地进行跨产品和系统的代码复用，进而更高效地向用户提供新的数字渠道和解决方案。目前，Banco Santander Consumer Portugal 公司已运用 OutSystems 推出 14 款新应用，在数字化的飞速发展时代引领消费金融市场。

紧跟业务脚步，满足特定需求。在一次"黑客马拉松"中，德勤与 OutSystems 一周内即构建了一个 AI 应用的工作原型达到帮助客户监控数千个电话的目的，且赛后五个月就完成了名为 BEAT 人工智能应用程序的前端构建的客户可以快速地更改 BEAT 应用程序以满足特定的需求并创建工作流，也无需重新构建应用程序或担心后台进程。

打通各个平台，数据随需调用。安盛保险通过应用低代码有效加强了与独立保险经纪人的关系。具体来说，安盛保险公司使用 OutSystems 的低代码平台，在三个月内为经纪商建立了一个保险门户，相较以前节省了一半的开发时间。更节约了打通了各平台所需的 IT 人员成本，使 3000 多名经纪人最终能够随时从任何设备在线获取客户索赔数据，简化了索赔跟踪的工作。保单持有人也可以从平台直接获取理赔信息，客户满意度也明显提升。

2018 年 6 月，美国低代码开发公司 OutSystems 获得了由私募股权投资机构 KKR 和高盛联合投资的 3.6 亿美元，后来该公司估值已超过 10 亿美元，并入选 "2018 年 Gartner 高生产力平台即服务魔力象限领导者" "2019 年 Gartner 多体验开发平台魔力象限领导者" 等称号。AWS、Google、Microsoft、Oracle 等也纷纷密集出手，推出低代码开发平台，逐步布局低代码领域。

3. 某企业可视化应用案例

（1）经济贸易可视化交互　支持集成企业、公司等部门现有资源，将产品主要全球销售额、全球分布和销售排名以 3D 面积图、3D 地球、数据表格等形式进行可视化分析,实现多指标数据的并行监测分析,全方位体现经济贸易运行态势,展现产品对全球的出口量,为企业发展、经济贸易等提供决策依据。

(2)工业制造可视化交互 通过监控、接入数据库及其他数据可视化技术,实现车间生产信息集成统一管理。从大屏幕中得到的信息能够为生产人员提供协同作业环境和设备,实现作业指导的创建、维护和无纸化浏览,将生产数据文档电子化管理,避免过多人工传递及流转,保障工艺文档的准确性和安全性,快速指导生产,达到标准化的自动化车间生产。

(3)医疗公共服务可视化交互 医疗服务信息化是国际发展的趋势,也是中国医疗改革的重要内容和必由之路。运用多种形式将医疗机构门诊挂号就诊人数、住院信息和病人疾病评估等数据进行可视化分析,避免盲目就医、导诊台繁忙,保证医疗机构的高效运转。

(4)教育机构可视化交互 通过这个系统可以全局掌握整个学校的办学规模、师资规模、教学资源、学习概况、学生发展和教务信息。通过师生分析来展现学校的整体的实力,对校内师资力量进行全局展示。通过院系分析来实时掌控院系整体建设情况。通过专业建设分析来掌控全校一流专业设点,双一流专业的获奖情况,体现校内校外优势专业的整体实力。

8.4 智能交互:便捷实现新需求

智能交互连接了物理世界和数字世界,让资源、数据、软件和 AI 算法在云边端自由流动。生活、工作各个场景中无所不在的感知节点,如道路上的汽车、工厂中的设备在制品、货运途中的集装箱、飞机发动机、室内或户外的环境监测设备都被打上了数字标签,由此带来的数据洪流将高速连接汇聚到中枢,通过 AI 的处理,再为用户提供"懂你所需"的智慧服务。

8.4.1 智能交互的价值和作用

以前,企业严重依赖观察和直接参与来收集客户互动的数据。虽然这些信息在某些方面证明是有帮助的,但组织和汇总是一个挑战,因此只提供了有限的见解。目前,企业可以审查个别客户的数千个数据点,以加强对最佳客户的理解。

现在的数字化都是局部的数字化,引用一个新的信息系统,或者使用一个新的软件功能,但并没有为运营人员实现重复工作量的减轻,多数重复劳动仍是由人工进行的而不是人工智能。智能交互是能够连接智能体的成熟技术体系,未来能够释放运营活力，为企业实现商业价值。

企业数字化管理抓手可以通过利用智慧服务平台打通内部行政、财务、人力、IT 服务流程，提升内部管理效率，为企业管理的数字化转型提供抓手。许多企业基于目前的 ERP 系统去做，但这都是浅层的数字化工作，只能局部改善，达不到质变。深层的数字化工作要看企业有没有数字化的运营系统，通过数据来探查业务的转化、指导业务的展开，企业不同机构、业务之间的数据有没有打通，现在是不是依然有数据孤岛的情况，有没有懂数字化的人才在管理企业，即"用新的头脑指挥旧的身体"，通过数据建立合理的发展观念。

产业数字化不是简单的数字技术或数字产品，而是产业和数字技术融合后产生的更大价值。一个数字化做得比较好的企业，基本都是充分结合自身应用场景、能清晰提出问题和定义问题的企业。比如工业制造领域，一个成品可能有几十个生产制造环节，过去这些环节并没有彼此打通，因此生产效率、良品率、库存率都得通过人的经验去做，那么现在这些环节能够通过数据的形式呈现在数字化平台上后，就可以实时发现生产环节中的问题，就可以通过淘宝等平台预测未来销量，从而实现良品率的提升和库存率的下降。

8.4.2　智能交互的运行机理

智能交互感知物理世界，形成对物理世界的洞察和描述，并优化和改造物理世界，使得人与物、物与物从过去的建立连接转向持续交互。智能交互运行逻辑如图 8-3 所示。

1. 语音智能

目前，由于技术的逐步发展和多地推广应用，现场应用对机器人的控制方式提出了新的要求，希望能够以语音命令控制机器人，并且实现与机器人的交互对话。着眼于智能服务机器人语音交互控制的功能需求，以语音识别和语音合成的应用开发为手段，实现了可靠快捷的机器人语音控制与交互会话。

分析机器人语音交互控制的功能需求，为实现该系统可将其分解为语音采集、语音识别、对话应答和执行操作四个模块。

1）语音采集：利用声音传感器采集交互语音信号，提供给后续环节来进行分析处理。

2）语音识别：通过对采集到的语音信号进行分析处理、提取特征进行比对识别出语音内容，然后据此判定是否是合法指令及指令类型，进而控制机器人做出相应的响应。

3）对话应答：识别出合法的应答指令，在应答列表中搜索相应的应答内容，然后使机器人说出应答内容以实现人机对话。

4）执行操作：通过语音识别确定合法的操作指令，向机器人发送指令完成相应的操作。

在上述诸环节中，语音信号采集技术成熟、结构简单，完成语音传感器（传声器）、采集卡（声卡）的物理连接，开发语音采集配套程序即可进行语音采集。语音识别是整个系统中的核心部分，对话应答和执行操作都依赖语音识别的结果。对话应答要求机器人具备说话能力，通过语音合成技术将应答内容转换为会话语音。执行操作部分是向机器人发布控制命令，可直接利用机器人已有的指令控制方式。

2. 生物识别

生物识别技术主要是指通过人类生物特征进行身份认证的一种技术，人类的生物特征通常具有唯一性、可以测量或可自动识别和验证、遗传性或终身不变等特点，因此生物识别认证技术较传统认证技术存在较大的优势。生物识别系统对生物特征进行取样，提取其唯一的特征并且转化成数字代码，并进一步将这些代码组成特征模板。目前已经发展了手形识别、指纹识别、面部识别、语音识别、虹膜识别、签名识别等多种生物识别技术。

3. 体感交互

体感交互可以通过人体各个感官的变化对虚拟世界进行操控，基本通过三个步骤实现体感交互：第一步，深度测量，通过深度摄像头测量到人物及背景物件。第二步，前景分割，把人物与事物分离开来，识别人体骨架，这是利用骨架提取技术，以机器学习上万亿人类行为样本为基础，再对人体关键骨架节点进行识别。第三步，动作识别，识别人物是跑是跳还是蹲等。

4. 屏幕控制

计算机显示屏幕上的每一点都是可编程的。计算机内存中专门分配有空间做存放显示数据用，称为显示缓冲区，它是 CPU 和 CRT 控制器都可访问的双口存储器。CRT 控制器能产生线性地址，使缓冲区的内容按序显示于屏幕上的一定位置；而 CPU 则将待显示图形或字符的特征数据在适当的时候送入显示缓冲区。所谓适当的时候，是指 CRT 控制器放弃对双口存储器的使用权后。因为双口存储器不允许可访问的双方同时对它进行读写。按照 IBM-PC 最初的系统内存分配，线性空间 A00 ~ BFFFFH 作为显示缓冲区，其中 B800 ~ BFFFFH（16KB）为文本方式下的字符显示缓冲区，每个待显示字符在该区内占两个字节，偶地址存放字符的 ASCⅡ代码，相邻的下一个地址存放字符的显示属性，它控制着字符的颜色、亮度和闪烁特性。智能交互运行逻辑如图 8-3 所示。

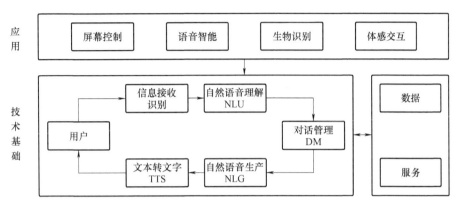

图 8-3　智能交互运行逻辑

第一阶段（强基期）：构建完整知识体系，包括知识库、知识中心、客服工单、智能客服、数据统计工单中心等核心板块，通过完整的基础体系构建为智能化系统搭建强大而有序的数据库，为实现更高层级的多种复杂功能打下坚实基础。

第二阶段（优化期）：通过系统对接、业务咨询、路由中心等核心板块将第一阶段的基础设施连接起来，初步搭建并优化整个系统，为系统打通各个板块间的数据通道，形成完整的运行体系。

第三阶段（扩展期）：扩展 400 客服、社交数据爬取、售后服务等额外功能，相当于打通系统后的进一步优化，通过这种优化手段来提升客户使用体验和产品完整性，形成前后闭环的庞大系统架构以及实现技术和服务层面的双重优化。

8.4.3　智能交互的实践案例

1. 八斗智能：企业级智能交互专家

1）意图识别：能够自动抽取用户信息，正确理解用户意图。基于前沿神经网络技术，在亿万级数据集上训练得到的意图识别模型，能够自动抽取用户问句中的时间、地点、人名等关键性信息，自动识别同一个意思的不同问法，正确理解客户的意图。

2）多轮会话技术：用户只需要在后台绘制业务逻辑，即可自主定制多轮会话。基于RNN技术的多轮会话模型，独创多轮会话定制工具，用户只需要在后台绘制业务逻辑，即可自主定制多轮会话。具有流畅的交互效果，支持对接业务接口、一次性输入多个信息、中途打断、修改等复杂逻辑。

3）知识库学习：知识库智能学习技术，机器人可以自动从历史聊天记录中发现和总结知识点，大大降低人工编写知识库的工作知识库智能学习。

4）知识图谱：提供结构化和非结构化知识文本从自动抽取、存储到应用的知识图谱全流程解决方案，完成复杂的图谱查询和图谱推理。运用多文档阅读理解算法流程，新文档无需标注即可高准确率解析。

5）智慧坐席：机器人解决85%以上的简单、常见问题，疑难问题自动转人工，人工接待时机器人进行智能辅助，实时推荐问题标准答案，大大提升客服接待效率和质量。

6）机器人协同：集团型客户可以按部门、业务等需求创建不同的机器人，来服务不同渠道的用户。机器人与机器人之间共享基础知识库，部门间可以通过分工协作来共同维护知识。

2. 数智化技术搭建智慧服务平台助力提升运营水平

客户需求是改进产品最好的源动力。但凡信息化产品，从传统PC时代的操作系统，到移动时代的各类App，设计开发的目的就是满足人们在固定场景下的需要。把人们在使用信息产品过程中的反馈收集起来，分析挖掘对产品的功能性能需求，据此持续更新改进产品，一直以来是各大软件厂商投入重金坚持在做的事情。

随着数智化技术的赋能，各行各业的企业都陆续采用先进技术改进客户服务方式，据此改进产品，改善服务，持续提升运营水平。整体上看，挖掘数智化技术在客户服务场景下的应用，可以给企业带来如下价值：

1）沉淀产品体验数据。通过自然语义理解，从内部人员、经销商到最终用户，多维度获取产品体验数据，让数据为产品的设计优化、服务优化提供洞察。

2）提升经销商、终端管控服务效率。建立直接、有效、及时的沟通反馈机制，实现产品、质量、意见的及时沟通与响应。

3）实现消费者运营。利用多种能触达终端消费者的方式，建立与消费者的直接沟通渠道，实现意见建议的直接反馈，加强用户黏性。

正是看到了巨大的赋能价值，华南某著名白酒生产制造企业利用数智化技术开发了一套智慧服务平台，据此实现"整合""贯通""智能"三大目标。

整合，即通过数据整合实现信息查询、统计、分析的一站式服务，通过在线服务整合形成统一的对内对外服务体系；贯通，即跨部门工单贯通客服体系与外部的工作流程交互，跨系统数据贯通完成多系统对接形成单点统一服务能力；智能，即建立知识库形成企业知识沉淀，结合知识库打造智能机器人实现对顾客询问的精准快速问答。

该智慧服务平台的核心是自然语言处理（Natural Language Processing，NLP）引擎设计，综合采用知识图谱、语义匹配、多轮对话、意图识别、动态学习等技术与先进的人工智能模型实现语义理解，同时融合了该企业在白酒生产、销售、服务过程中积累的行业知识。

在该 NLP 引擎的助力下，企业打造了一个机器人提供统一服务，并上线了智能客服工单中心（对内提供工单服务）、智能客服中心（协助企业开展客户管理）、智能客服报表中心（把与客户交互的过程转化成结构化数据供进一步分析挖掘）、智能客服检索中心（主题查询功能实现检索管理）。

智慧服务平台给该企业带来了直观的效果。

首先是提升运营效率。通过自动识别客户诉求和自动查询问题答案，辅助一线员工为客户提供全方位的业务应答。通过提供全天候的自助语音服务，服务接通率大幅提升，尤其是营销咨询类问题大部分都能通过自助服务得以解决，客户满意度也得到较大提升。

其次是降低运营成本。不仅直接减少了人力成本，还可以利用 AI 技术将优秀坐席人员的个人经验提炼成模型，进而转化为群体经验，也进一步训练了机器人的服务能力，实现客服中心的自我赋能。

最后是持续改进业务水平。通过智慧服务平台自动将非结构化的客户语音识别转化为结构化数据，通过相应系统接口留存下来，并汇总到大数据和人工智能算法模型中，进一步提炼出客户的需求，用于持续研发出更符合客户需求的白酒产品。

8.5 本章小结

在数字化时代，由于业务对数据、人工智能技术的高度依赖，数字化运营部门与传统 IT 部门是有很大区别的，需要新的工具和手段。

数字化转型核心目标仍然是为企业创造业务价值，对于连接解决基本的业务链协同问题，通过连接下的业务协同形成数据沉淀，通过数据的存储处理，管控治理形成数据服务能力反哺业务。同时数据持续积累又进一步为机器学习、深度学习等智能化分析应用提供服务。

数智化技术可以为企业提供为客户服务的智能交互系统，汇聚客户对企业产品与服务的反馈，利用大数据等技术开展分析，从中提炼出有助于改进运营的有用信息，进而帮助企业不断提升运营水平。

结 束 语

如同一场熊熊燃烧的烈火，数智化革命的浪潮正在汹涌蓬勃地发展着。在本书的编写时，新的技术潮流也在不断涌现。

2021年10月19日，Gartner发布了企业机构在2022年需要探索的重要战略技术趋势，将以下几个方面列入2022年重要战略技术趋势之中：

决策智能（Decision Intelligence，DI）："一家企业机构的决策能力是其竞争优势的重要来源，而如今这个时代对这项能力的要求也越来越高。决策智能是一门实用的学科，该学科通过清楚理解并精心设计做出决策的方式以及根据反馈评估、管理和改进结果的方式来改进决策。Gartner预测在未来两年内，三分之一的大型企业机构将使用决策智能实现结构化决策，进而提高竞争优势。"

数据编织（Data Fabric）："在过去的十年里，数据和应用孤岛的数量激增，而数据和分析（D&A）团队的技能型人才数量却保持不变，甚至减少。作为一种跨平台和业务用户的灵活、弹性数据整合方式，数据编织能够简化企业机构的数据整合基础设施并创建一个可扩展架构来减少大多数数据和分析团队因整合难度上升而出现的技术债务。"

组装式应用程序（Composable Applications）："在不断变化的业务环境中，业务适应性需求能够引导企业转向支持快速、安全和高效应用变化的技术架构。可组合的应用架构增强了这种适应性，而采用可组合方法的企业机构在新功能的实现速度上将比竞争对手快80%。"

2021年11月，埃森哲中国在公众号上发布了"第三代数字孪生"的概念，其认为"在智能制造的语境下，第三代数字孪生可以在三个不同层级发挥作用：在车间层，可以通过物数融合实现自适应生产执行（即黑灯工厂）；在企业层，能够对产品质量、成本、交期和安全环境保障等维度进行过程控制与动态优化；在产业链层，则有助于实现上下游的动态协同。"

这些战略与本书中提到的数字化转型能力不谋而合。在过去的几年中，作者一直倡导价值驱动的数字化转型理念，并率先提出了企业级数字孪生的概念。能够抓住数字化转型的趋势，源自于对数据的认知和对业务的理解。

充分地尊重近百年来传统工业制造业的发展路径，才能够充分地认识到企业数字化转型的困难与挑战，数字化发展一定是渐进式而非一蹴而就的，如此才能够下沉到实体产业本身。

充分地把握信息技术的本质，才能掌握技术发展的一般规律，找到数字化转型的最优路径，让软件、数据、算法、模型和应用充分地为企业服务、为社会服务。

将上述两个方面结合起来，就形成了一套数字化转型理念，即价值驱动的数字化转型方法论，可以广泛地应用于各个层面，工厂、企业、集团再到整个产业链的数字化转型之中。在数字化转型的路径中，业务的数据化与数据的业务化是一体之两翼，前者为数据价值的挖掘提供了重要的基础，后者则让数据在业务中的意义变得更加突出。而数据业务的融合中，有一个关键的纽带，就是所倡导的企业级数字孪生，构建业务到数据、数据到业务的双向映射。这种映射来源于业务，再通过分析、模拟、优化作用于业务，实现了数据价值与业务应用的一个闭环，也如同发动机一样驱动着企业数智化过程的一次次迭代。

希望这种价值驱动的数字化转型方法论能够为千万家企业服务，让更多的企业能够充分享受到数智化革命所带来的红利，成为数智化时代的全球领导者，让数据创造真正的价值！

参 考 文 献

[1] 姚磊. 数字转型加速构建平台化协同创新体系 [J]. 网络安全和信息化, 2019 (04): 20-23.

[2] 中国电子信息产业发展研究院. 协同共生: 企业数字化转型之道 [M]. 北京: 电子工业出版社, 2021.

[3] 吴晓波. 我们正处在制造业变革的台风中心 [EB/OL]. (2021-07-25). https://baijiahao.baidu.com/s? id=1706216715257647255&wfr=spider&for=pc.

[4] 中国信息通信研究院. 中国数字经济发展白皮书 [R/OL]. (2021-04-25). http://www.caict.ac.cn/kxyj/qwfb/bps/202104/P020210424737615413306.pdf.

[5] 智研咨询. 2020年中国企业数字化总体发展概况及发展建议分析 [N/OL]. (2021-08-12). https://www.chyxx.com/industry/202108/968156.html.

[6] 工业互联网产业联盟等. 工业互联网平台: 新一轮产业竞争制高点 [M]. 北京: 电子工业出版社, 2019.

[7] 中国信息通信研究院. 数据价值化与数据要素市场发展报告 [R/OL]. (2021-05-27). http://www.chuangze.cn/third_down.asp? txtid=4156.

[8] 刘震. 我国泛工业领域数字化转型发展潜力巨大 [N/OL]. 中国电子报, (2021-05-28). https://view.inews.qq.com/a/20210611A0993E00.

[9] 托马斯·西贝尔. 认识数字化转型 [M]. 毕崇毅, 译. 北京: 机械工业出版社, 2021.

[10] 工业互联网产业联盟. 工业互联网平台白皮书 (2017) [R/OL]. (2017-12-01). http://www.aii-alliance.org/index/c145/n94.html.

[11] General Electric Company, GE Digital Twin: Analytic Engine for the Digital Power Plant [R/OL]. (2016-06-01). https://www.ge.com/digital/sites/default/files/Digital-Twin-for-the-digitalpower-plant-.pdf.

[12] 邓飞. 基于云制造构建产学研创新创业服务平台研究 [J]. 科技创新与生产力, 2016 (07): 1-3.

[13] 陈佳. 数字化对国际文化服务贸易壁垒的影响研究 [D]. 北京: 北京第二外国语学院, 2019.

[14] 冯钧, 许潇, 唐志贤, 等. 水利大数据及其资源化关键技术研究 [J]. 水利信息化, 2013 (04): 6-9.

[15] 王珊, 萨师煊. 数据库系统概论 [M]. 北京: 高等教育出版社, 1983.

[16] 郭克群. 相平衡数据库软件开发 [D]. 青岛: 青岛科技大学, 2012.

[17] 郑成武, 赵道致. 网络化制造的资源运营模式研究 [J]. 中国经贸导刊, 2010 (14): 59.

[18] 王伟. 论企业管理中的资源配置 [J]. 科技视界, 2015 (26): 257.

[19] 李万予. 大数据时代 你还有隐私吗 [J]. 理论导报, 2013 (07): 9.

[20] 宋雪丰，唐国宇，孙戌杰. 大数据技术进展与发展趋势 [J]. 电子技术与软件工程，2018（21）：145-146.

[21] 余然. 5G 时代基于 AI 技术的企业声像档案管理平台的构建 [J]. 机电兵船档案，2021（04）：76-78.

[22] 新兴技术赋能溯源应用 [J]. 大数据时代，2018（12）：6-12.

[23] 赵宝柱. 会计学概论 [M]. 北京：中信出版社，2004.

[24] 林洪，徐亚辉. 对提高经济普查数据质量的思考 [J]. 中国统计，2009（5）：48-50.

[25] 杨玺，谭健聪，张俊. 数据质量管理在电力安全生产信息系统中的应用 [J]. 电子世界，2013（22）：234-235.

[26] 曹玲. 试述企业如何进行财务管理 [J]. 会计之友，2006，(017)：29-29.

[27] 鞠彦辉. 企业数据质量问题及其对策 [J]. 中国管理信息化，2007，10（009）：51-53.

[28] 张志宽，罗晓沛. 实用的数据收集与清理模型的研究与应用 [J]. 计算机系统应用，2009，18（010）：186-188.

[29] 北京市政务服务领域区块链应用创新蓝皮书 [R/OL]. (2021-07-23). http://www.chuangze.cn/third_down.asp?txtid=2098.

[30] 周芹，魏永长，宋刚，等. 数据资产对电商企业价值贡献案例研究 [J]. 中国资产评估，2016，000（001）：34-39.

[31] 助力"两区"建设，北京国际大数据交易所成立 [N/OL]. 新华网，(2013-04-01). http://www.xinhuanet.com/local/2021-04/01/c_1127282150.htm.

[32] 杜明芳. 基于数字孪生的智慧建筑系统集成研究 [J]. 土木建筑工程信息技术，2020，12（06）：44-48.

[33] 王喜文. 工业互联网：以新基建推动新变革 [J]. 人民论坛·学术前沿，2020（13）：23-31.

[34] 钱宗华. DM 深圳有限公司 OEM 部门产品研发及研发管理标准化研究 [D]. 天津：天津大学，2012.

[35] Henry Canaday，李韵. 数字孪生技术的关键在于数据 [J]. 航空维修与工程，2019（10）：15-16.

[36] 刘魁，王潘，刘婷. 数字孪生在航空发动机运行维护中的应用 [J]. 航空动力，2019（04）：70-74.

[37] 中国电子技术标准化研究院. 中国智慧城市标准化白皮书 [R/OL]. (2013-06).

[38] 电子制造行业的痛点及解决方案 [J]. 国内外机电一体化技术，2017（3）：45-46.

[39] 郜业超. 大数据时代对企业战略决策的影响分析 [J]. 商展经济，2021（06）：124-126.

[40] 龚志才. 大数据背景下企业决策管理探析 [J]. 现代商业，2021（06）：163-165.

[41] 杨建斌，张慧. 如何构建企业风险预警系统 [J]. 商业时代，2009（30）：31-33.

[42] 周海生. 风险预警在企业中的应用 [J]. 现代商业, 2010 (35): 260.

[43] 张敏, 吴亭, 李雨新. 基于大数据技术的企业风险管理研究 [J]. 中国注册会计师, 2021 (06): 22-28.

[44] 产院东, 郭乔进, 梁中岩, 等. 规则引擎发展综述 [J]. 信息化研究, 2021, 47 (02): 1-6.

[45] 约恩·里塞根. 数据化决策2.0 [M]. 北京: 中国经济出版社, 2020.

[46] 格拉斯·W. 哈伯德. 数据化决策 [M]. 北京: 世界图书出版社, 2013.

[47] 乔龙. 大数据预测将会改变哪些行业 [EB/OL]. (2014-08). http://blog.sina.com.cn/s/blog_672d101e0102uzcy.html

[48] 董鹏程. 面向智能制造生产线的丁基胶塞质量预分析研究 [D]. 北京: 北京理工大学, 2018.

[49] 舒晓灵, 陈晶晶. 重新认识"数据驱动"及因果关系——知识发现图谱中的数据挖掘研究 [J]. 中国社会科学评价, 2017 (03): 28-38、125.

[50] 陈国平, 邵洁, 张俊杰. 最优现金持有量大数据预测模型构建——来自省级电网企业的实践 [J]. 管理会计研究, 2020, 3 (03): 49-57、87.

[51] 史敏才. 大数据的具体核心价值 [J]. 计算机与网络, 2021, 47 (03): 16-19.

[52] 曹仰锋. 第四次管理革命 [M]. 北京: 中信出版社, 2019.

[53] 朱伟. 企业数字化转型的三个关键 [J]. 山东国资, 2019.

[54] 刘震. 加速推广数字化管理赋能工业企业创新发展 [N/OL]. 人民网. (2021.03.26).

[55] 陈必坤. 学科知识可视化分析研究 [D]. 武汉: 武汉大学, 2014.

[56] 陈为等. 数据可视化 [M] 2版. 北京: 电子工业出版社, 2019.

[57] 朱霞. 基于数据可视化的企业经营分析系统的设计与应用 [J]. 电子技术与软件工程, 2021 (19): 162-163.

[58] 徐晨光. 图标可视化技术在聚类算法中应用方法研究 [D]. 北京: 北京交通大学, 2015.

[59] GB T 23703.1-2009, 知识管理 第1部分: 框架 [S]. 北京: 中国标准出版社, 2019.

[60] 王悦. 企业信息管理与知识管理系统构建研究 [M]. 北京: 中国人民大学出版社, 2014.

[61] 陈红. 商务智能: 从数据中挖取利润 [J]. 中国计算机用户, 2003 (14): 18.

[62] 梁林梅, 孙俊华. 知识管理 [M]. 北京: 北京大学出版社, 2011.

[63] 王昊奋, 漆桂林等. 知识图谱: 方法、实践与应用 [M]. 北京: 电子工业出版社, 2019.

[64] 张伟, 陈华钧, 张亦弛. 工业级知识图谱: 方法与实践 [M]. 北京: 电子工业出版社, 2021.

[65] 曹仰锋. 生态型组织: 物联网时代的管理新范式 [J]. 清华管理评论, 2019 (03): 74-85.

[66] 阿里钉钉CEO陈航:"五个在线"激发员工创新力 实现"新工作方式"[EB/OL].(2018-06-25). http://www.xinhuanet.com/tech/2018-06/25/c_1123029695.htm.

[67] 陈雪频. 一本书读懂数字化转型[M]. 北京:机械工业出版社,2020.

[68] 刘天. 中台产品经理宝典:从业务建模到中台设计全攻略[M]. 北京:电子工业出版社,2020.

[69] 朱金凤. 大道至简,以快智胜——Mendix助力中国企业赢在数字时代[J]. 电气时代,2021(02):11-13.

[70] 任庚. 企业数字化转型的"一点两面三三制"[J]. 产城,2021(02):50-53.

[71] 杨国庆,黄锐,李健,等. 智能服务机器人语音交互的设计与实现[J]. 科技视界,2020(09):129-131.

[72] 张力平. "生物密钥"能破密码难题吗?[N/OL]. 计算机世界,(2016-07-18).

[73] 杨海茹,王晓彤. 虚拟现实环境中的交互技术与案例研究[J]. 数字技术与应用,2018,36(09):38-39.

[74] 王翔. 计算机屏幕控制技术及后台操作[J]. 电子对抗技术,1992(03):24-29.

[75] Gartner公司. Gartner发布2022年重要战略技术趋势[EB/OL]. (2021-10-19). https://mp.weixin.qq.com/s/kKuV6DUnUhXcYVbLaoGBUA.

[76] 埃森哲中国. 当制造业遇到第三代数字孪生[EB/OL]. (2021-10-24). https://mp.weixin.qq.com/s/Gl5dkC5l89zka2fjeEC1ow.